Study on Government Purchasing Social Services

政府购买社会服务研究

——以G省购买民办社工机构服务为案例

中国社会出版社

国家一级出版社·全国百佳图书出版单位

图书在版编目（CIP）数据

政府购买社会服务研究：以G省购买民办社工机构服务为案例／马俊达著.—北京：中国社会出版社，2015.12

ISBN 978-7-5087-5216-7

Ⅰ.①政… Ⅱ.①马… Ⅲ.①国家行政机关—社会服务—研究—中国 Ⅳ.①D630.1

中国版本图书馆CIP数据核字（2015）第305533号

书　　名：政府购买社会服务研究
——以G省购买民办社工机构服务为案例

著　　者：马俊达

出 版 人：浦善新

终 审 人：王　前

责任编辑：王晓燕　　　　**责任校对**：高建春

出版发行：中国社会出版社　邮政编码：100032

通联方法：北京市西城区二龙路甲33号

电　　话：编辑室：（010）58124812
销售部：（010）58124848
传　真：（010）58124856

网　　址：www.shcbs.com.cn
shcbs.mca.gov.cn

经　　销：各地新华书店

中国社会出版社天猫旗舰店

印刷装订：中国电影出版社印刷厂

开　　本：170mm×240mm　1/16

印　　张：21.75

字　　数：300千字

版　　次：2015年12月第1版

印　　次：2015年12月第1次印刷

定　　价：45.00元

中国社会出版社微信公众号

序

也许并没有多少人认真读过狄更斯的《双城记》，但是很多人都知道这部小说堪称经典的开头："这是最好的时代，这是最坏的时代；这是智慧的时代，这是愚蠢的时代；这是信仰的时期，这是怀疑的时期……"这段话被援引用于很多地方，甚至运用到对社会现状的观察与评述之中。文学语言的运用是感性的、抒情的、诗意的，而作为专注于社会发展的社会学者，运用科学、规范、严谨的语言去描述纷繁的社会生活，阐述是非曲直的社会规律，往往需要坚实的理论素养与科学的研究方法。社会学的学问与治学，面对的是社会万象，讲究的是严谨方法，看重的是有机联系，探索的是事物本质。在这方面，我的导师郑杭生先生在创建社会运行学派过程中，围绕中国社会转型，兼顾世界眼光和本土特质，反复强调"理论自觉""顶天立地""求真务实"等指引性原则，注重从社会运行特别是社会良性运行和协调发展的角度，创造了一系列富有开拓意义的研究成果与理论贡献，为后来学人观察、分析、讲述并投身于社会建设与复兴，提供了很好的方向指南与方法示范。

时光荏苒。我第一次读《双城记》已是30多年前的事情，郑杭生先生创办的社会运行学派发端于20世纪80年代，也已然30年过去。30年前，我们的国家正处于改革开放的起步期，人们喜欢探索尝试一切新鲜的事物，"摸着石头过河"是当时人们行动的基本依循；30年后，我们的改革已经进入"深水期"，社会主义市场经济体制总体建立的同时，我们的经济社会发展也进入到了“新常态”，机遇与挑战并存，农耕文明、工业文明和信息化文明在社会领域交相辉映，激变、问题与争鸣也层出不穷，需要当下的社会学者更加主动地站出来，冷静地分析，科学地应对，为家国天下的治理探究更好的机理与策略，为百姓福祉的提升贡献更多的见地与修为。尤其这些年来，本人所从事的社会政策、社会工作等社会学应用学科，与官方关注、民间关切都有紧密联系，与顶层设计、社会治理都有紧密聚合，与理论创新、实践创新都有紧密碰撞，更加强调“理论自觉”“顶天立地”“求真务实”，而这也成为我个人指导研究生、博士生开展学术研究和论文撰写的重要遵循。

马俊达是我指导的2011级博士生，研究方向是社会政策。他有文理交叉的学科背景和学术优势，又有长期在民政系统工作的实践经验。作为社会政策博士生，他结合实践积累，选择了一个从西方引入中国，具备时代变革意蕴的社会政策议题——政府购买社会服务，进行了博士论文的研究与撰写。实际上，政府购买服务作为西方新公共管理运动、“社团革命”的一个重要政策议题与政策工具，从事NGO研究的专家学者们率先将其引入中国。2006年，我国做出“建设宏大的社会工作人才队伍”决策部署后，政府购买服务开始广为社会工作（社会福利）理论界和实务界所垂青。当前，资源配置中市场手段的决定性作用树立，为诸如政府购买等传统经济政策步入社会政策领域，扫清了障碍。针对同一事物、同一政策的一体多面，如何“顶天立地”，进行政府购买服务的契合性研究，成为社会政策领域必须正视的时代命题。在这方面，马俊达费了不少时间，花了一些心思，下了不少功夫。刚入学时他就曾和我做过此议题的交流。以后断断续续，最终确立该选题作为博士论文核心议题。他结合现代性全球化进程和本土社会转型的定位，基于政府购买服务的对象、目标和内容，找到了能够照应和支撑社会组织、社会工作两大领域发展的社会服务购买模式创新这一核心问题。在路径上，他直接瞄准最具改革开放气息的地域，走进现场，围绕多个地市的社会工作发展及民办社工机构的服务购买，进行扎实的案例研究，并对相关国际经验和文献加以全面介绍和精准分析，尤其是掌握了大量第一手材料，拿数据说话，为研究增加了不少成色。本研究的创新除体现在选题、案例、材料（数据）等等之外，比较突出地体现在，基于本土实践，对比境外模式，联系“国家——社会”关系，尝试进行了“委托代理——互容共进”模式的理论概括、提炼和升华，为当前我国政府购买服务的理论研究贡献了独特视角，在同类研究中具有一定的前瞻性，可以为相关议题的进一步研究提供参照、借鉴乃至批评的“靶子”，也具有重要的实际参考价值。

博士论文的撰写，是一个凤凰涅槃、不断自我否定与完善的过程。马俊达在博士论文撰写过程中，和我倾诉最多的是他本科生、硕士研究生并非社会学科班出身，虽殚精竭虑、追求完美，但仍然担心自己的文风、学术规范达不到中国人民大学社会学几近苛刻的学术要求。实际上，他的担忧是存在的。前面我比较多地肯定了他的学科交叉背景和工作经验，其实这既是优势也存在相应的不足，为此，他扬长避短做出了不懈的努力。由于他职场经历和公文习惯，行文的通俗化以及用字的精炼性，在字里行间还是能够看得出来；尤其这一公开发行的论文改进版，增加了一些背景阐述和细节注释，可能更适合大众胃口，相应的社会学术语及学术化语言用得少了一些。但是，他的理工科、经济法学等多重学科背景，也使研究增色不少，除了套用其他专业领域术语、“画龙点睛”之外，他对政府采购、委托代理、宏观调控、市场投资、招投标法、合同法等理论的了解和运用，对发展生产力、激发社会活力的同等重视，打破了传统的在一定意义上存在的就社会本身谈社会政策的思维束缚，跃迁到经济社会发展的全息空间进行定点研究，能够更好地扣住全局发展的脉搏与规律，使得研究成果更具说服性与各方认可度。而在社会学理论范式运用上，他创新性地将福利多元主义理论，通过严谨的研究设计、逻辑照应以及资料处理，运用到多元主体参与的社会服务购买领域，也是可圈可点的。作为一篇社会学博士论文，这无疑是合格而出色的。

任何学科的理论创新与发展，“兼容并包”是重要路径之一，社会政策学科更是如此。当前，跨界合作、混业经营成为经济社会发展的“新常态”，市场政策、互联网经济同样可以运用到社会治理与建设之中，并成为社会政策理论与应用创新可资借鉴的成分。因此，社会治理作为政治治理、经济治理的“中间态”，既要一如既往地重视“国家——社会”关系下的理论诠释与制度建构，也要善于引进吸收再创新，重视对“市场——社会”关系的探讨与应对。就本书议题来说，政府购买非营利组织服务，我们不仅要探讨其与传统公共部门、事业单位福利供给的区别及优越性，也可进一步探讨其与纯市场供给、福利服务“商品化”“商业化”供给之间的优劣，还可从资源禀赋的社会生产与供给入手，探究社会服务资源的公平有效分配与需求满足。当前，政府向非营利组织购买服务，最大的顾虑是担心非营利组织在意识形态、政治治理领域“塌方”；实际上，到了基层，非营利组织参与到社会服务进程后，其向市场逐利方向“滑坡”的可能性及危害性将更大更实在，也更需我们加以应对和防范。而这些，也是本书付梓之后，相关研究还可进一步完善与深化的地方。

李迎生
2015 年 12 月 5 日
于中国人民大学

摘　要

20世纪中后期，随着福利社会、多元治理等学说及新公共管理运动兴起，各国和地区的治理与服务方式发生了不同程度变革；其间，政府向非营利组织购买服务等新型治理取得积极成效，非营利组织成为一支举足轻重的社会服务与治理力量。这一全球性变革潮流对当代中国的社会治理体制改革、社会服务供给格局产生了渐进而深远的影响。“政府向非营利组织购买服务”，尤其对体现“兜底”功能的社会服务购买，成为当前我国政府实行简政放权和治理变革、兑现“底线公平”的重要制度实践，成为加强公共服务供给、加快社会事业转型的基本路径选择，更是当代中国政社关系调整与社会治理创新的一场生动校验。

围绕政府向非营利组织购买服务这一新政策，当前国内理论界和实务界反响热烈，福利服务、非营利组织、社会工作、公共财政支出等维度对政府购买服务的研究各有侧重，现实操作问题接二连三，各方的共识性框架尚在形成之中，在社会服务及其购买的理念、制度、操作等层面都有待深入探讨及仔细啮合，以防政策的设计偏差或操作异化。有鉴于此，本书在梳理实践与理论两方面问题的基础上，以“模式”为平台和中介对相关问题进行集束研究，并凝练为基于购买非营利组织服务的社会服务模式创新这一核心问题的讨论。

在研究设计上，把握“模式”的经验型、典型性特征，立足社会学的社会政策理论与应用的学科方向，从社会服务（福利服务）出发，选取专业性、代表性强的社会工作（个人社会服务）领域，以G省地域内政府购买民办社工机构服务为案例研究对象，采用了实地研究、文献研究、比较研究等方式；并以福利多元主义为核心理论视角，超脱于政府与社会的二元主体对话，以服务对象（案主）为中心，在经典分析模型基础上，建立国家/政府、市场/企业、社会/非营利组织、家庭/非正式部门的社会服务供给四角分析模型和社会服务供给变化过程分析框架，对时空环境、制度环境、运行环境下的角色变迁、政策演进、行为过程进行分析，呈现现代社会服务购买模式的本土发展动因、路径、机制与规律。

围绕"模式"从何而来、因何可能、依何可能、如何可能、何样可能这五方面问题，通过社会服务供给的多维分析与全景展现，发现G省的社会服务购买存在以下规律与特征：(1) 发展背景方面，立足于现代社会福利事业发展、非营利组织体系建设的服务购买，实现了社会服务供给与非营利组织治理的路径耦合。(2) 动力机制方面，社会服务是对现代化进程中工业化、城镇化、老龄化等问题及个体失能的及时应对，通过服务购买方式落实国家责任、引入非营利组织参与，重在解决个体、家庭、公共部门及市场等服务主体供给不足的问题，避免福利服务供给格局的坍塌或失衡。(3) 政策设计方面，依托专业化、职业化、本土化社会工作政策体系的建构，将购买民办社工机构服务作为中国社会工作发展及社会服务供给的载体与抓手，推动了社会服务购买的制度化安排。(4) 运行机制方面，重视"竞争性""独立性""平等""诚信"等原则的一以贯之，强调通过契约的方式，形成公共部门与非营利组织之间的委托代理关系。(5) 互动效果方面，通过非营利组织的社会服务提供，实现了多个主体在多个环节上的互动与互信，增强了社会服务供给的"助人自助"，取得互容共进的治理效果。而这五方面表征，并非社会福利事业单位供给等传统社会服务所能具备，也非市场化、商品化服务供给所能获得，而是一定地域和领域内制度化、常态化、系统性实践安排，"模式"的创新由可能变为现实。

基于并超脱于以G省为原型的经验总结与提炼，可归纳形成"委托代理－互容共进"型社会服务模式。较之国外推崇的多元主义、自由主义供给模式，具有有序、有度、包容的互容共进优势；较之我国计划指令式的单位制社会服务供给模式，具有开放、公平与高效的委托代理优势，是对科层制社会服务供给的解构与增塑。进而发现，该模式兼具制度刚性与操作弹性，较好嵌入我国“一元垂直领导下的多元水平治理”制度体系，发挥“社会工作、社会组织、社区建设”的联动作用，助推社会良性运行，符合中国国情与发展路数，蕴含未来社会服务供给与治理的走向，具有推广价值。结合理念、规划、制度、操作等环节的建议及相关仍需深化研究事项的探讨，认为“委托代理-互容共进”模式的应用、完善与推广，可进一步有序引导和吸纳非营利组织及其背后的体制外精英、专业力量及社会资本下沉和聚焦本土社会服务，弘扬“助人自助”理念、志愿服务精神及传统“和合”思想，丰富和完善“美美与共”的我国社会服务及服务型治理格局创新。

关键词：社会服务；非营利组织；社会工作；政府购买；福利多元主义

Abstract

Since the middle and late 20th century, as the rising of welfare society, service – oriented government and pluralistic governance and other political sociology and social movements around the world, governance and services have taken place globally in different degree of changes. Among these, the government purchase services to non – profit organizations the new governance has made positive progress and non – profit organization has become a significance force of social governance and service. This global social change trend of the social governance reform has a profound and subtle influence on contemporary China's reform of social services and supply situation. Government purchase services to nonprofit organizations, especially for purchase of social services which aim to meet basic needs of the most disadvantaged, become current reform practice of our country government and important system of decentralization and governance, and strengthen the public service supply, accelerate the important path choice of social transformation, which generates immeasurable influence on contemporary Chinese political – social relationship adjustment and social governance innovation.

Around the issue of government purchase services to non – profit organizations, the current domestic theory and practice responded enthusiastically. The studies on government purchase services have emphasize particularly on different dimensions such as welfare services, non – profit organizations, social work, public spending and r a spate of realistic operational problems occurred. Therefore, a consensus – based framework of all parties concerned is still in the form, particularly the idea, system and operation and so on at all levels remain to be further discussed and engaged carefully. Considering the above situation, this study will combine aspects of practice and theory, set the "model" as the platform and the mediator to cluster studies of related issues, and concise for the social service model based on purchase nonprofit service innovation.

For the research design, in accordance with the characteristics of model, this dissertation starting from the social services (welfare services), selects representatively professional social work field (personal social services), sets the practice of the government purchasing services in G province as the specific research object, utilizes the welfare pluralism analytical paradigm and has the service object (client) as the center, on the basis of classical analysis model, to establish social service supply four corners analysis mode plus social service supply change process analysis framework of nation/government, market/enterprise, society/non – profit organizations, and informal sector. Considering the theory of governance, empowerment theory and the theater role theory, it analyses in time and space environment, institutional environment, the role of the operating conditions change, policy evolution and behavior changes to present the motivation, path, mechanism and law of the domestic development of modern social service purchase.

Around the development of model, and through the social service of multidimensional analysis and multivariate supply panoramic display, this study found that G province social service purchasing have the following rules and characteristics: (1) for the development background, it is based on the development of modern social welfare, non – profit organization system construction, reform and innovation and realized the social service supply and the coupling of non – profit organization governance path. (2) for the power mechanism, social service timely response to the modernization in the process of industrialization, urbanization and aging problems and the individual disability. The way that introducing non –

profit organizations to participate in service purchase, focused on solving the problem of insufficient supply of services such as the main body of the individual, the family and the public sector and the market, in order to avoid the collapse of the welfare services supply situation or imbalance. (3) for the policy design, relying on the localization of social work specialization, professionalization, the construction of policy system, it will buy private social work service agencies as the carrier of the development of social work and social service supply in China and gripper, and promote the institutional arrangement for social services to buy. (4) For the running mechanism, it emphasizes on the consistent principles i. e. "competitive", "equality", " independence", "sincerity" and form the principal – agent relationship between the public sector and non – profit organization by means of contract. (5) For the interaction effect, with the nonprofit social service provided, it has realized the multiple main bodies in the interaction of multiple link and mutual trust, enhancing the social service supply ability of "self – help" and the governance effect of synchronization and mutual capacitance. These findings are not shown in the social welfare institution supply or the traditional social services of marketization and commercialization, but can be achieved in certain regions with the territory and institutionalization, normalization and systemic practice. This, the innovation of the "model" may become a reality.

In conclusion, the research indicates that the G province purchasing private social work institutions of social service in the practice exploration and the entrusted agency – mutual capacitance in the new pattern of social services supply. It indicates that compared with pluralism and liberalism supply mode the praise highly by foreign countries, this new pattern has the advantage of the mutual capacitance together. In contrast with plan instruction type of social service supply model in our country, it is open, fair efficient and principal – agent, dissecting the social service supply model of deconstruction and plasticizing. Furthermore, it points out that this model is well embedded in the multiple levels of governance under the vertical unitary leadership system, complies with Chinese tradition and national conditions, and contains the future social service supply and social governance. With policy recommendations and the values and other issues still need to deepen the research discussion, the thesis regards the application, improvement and promotion of principal – agent mutual capacitance model conducive to further guide and absorb the non – profit organizations and its system of elite, professional force behind and local social services, as well as effectively and orderly enrich and support the new pattern social services and service management.

Key words: Social Services; Nonprofit Organization; Social Work; Government Purchasing; Diverse Welfare

Contents 目录

附件

Contents 图表目录

第1章　导　论

当下中国，正在开启全面深化改革的伟大进程。一代中国人具有大战略、大魄力、大智慧，朝着现代化方向迈进，直面“谁的改革、向哪改革、改到何种程度”等重大问题，努力在多个领域实现新的跨越，最终形成由转型走向定型的中华新文明。作为这场改革的重要组成，社会治理与服务领域改革的成败得失影响着全面深化改革的成效与成色，其变革不仅意味着社会场域的重构与社会资源的重置，也涉及相关社会主体与群体的利益协调与关系互动。鉴于此，秉承求真务实的科学精神，明确定位，总结规律，规划路径，推广模式，有助于更好获得“疏处应可跑马，密处必不容针”的改革效果。本研究试图立足福利多元主义的理论域，以“政府购买非营利组织社会服务”为切入点，考量政府购买服务引入和非营利组织加入后，社会服务供给模式的变迁动因、态势、机制与机理，以期回应我国社会治理与服务领域的制度改革与时代创新。

1.1 研究背景

政府购买服务，尤其向非营利组织购买社会服务，不是“无中生有”、凭空臆造，而是存在着现实的需求导向和问题导向。从境外实践看，政府购买服务已成为现代社会治理和服务的重要政策工具，发达国家和地区的经验为中国社会服务事业发展和非营利组织体制建设提供了重要借鉴。在性质上，政府购买服务已不仅仅是财政支出手段，也是社会政策工具。当前，我国政府购买服务由“幕后”走到“台前”，并非政府采购的政策边界扩大那么简单，更源于中国现代化转型大背景下的改革驱动，是社会服务多元供给主体的理性抉择与共同推动。

——政府失灵：迫切、分化的公民需求。一般而言，现代国家的重要职责是向公民提供基本、均等、适度的公共服务，至于零散、多样、个性化的物质与精神生活需求则多由个人及家庭张罗。在中国，国家与人民的关系更加亲和，相互之间负有更多责任和义务；全面建成小康社会、脱贫攻坚等战略目标的设计与实施，更加体现“不让一个人掉队”的社会公平与正义。但问题在于，首先，改革开放以来，国家聚力经济建设，“见物不见人”的基础建设及硬件投入所占份额较大①，社会发展领域的公共服务处于低档自转状态，体量与软实力有限，逐渐成为短板。其次，我国人口基数庞大、社会分层客观存在，特别是鳏、寡、孤、独、残等困难群体人数众多，精神世界的帮扶越来越与物质世界的帮扶同等重要，国家的人力、物力、财力尚不足以全单照收，尚不能自如应对规模庞大、分化多样的社会服务需求。再次，作为一个封闭的多任务主体，科层式的国家行动体系决定了其办得了大事，但未必能管得全、管得好每件小事，对救急难、补短板、零散化的特殊群体服务需求，并非件件都可及时、专业、精准、主动地予以回应与照顾。最后，虽然社会服务针对的是零散化、发声机会少、常被忽视，甚至是非主流、不入流的社会个体，但爆发的问题往往戳中公众心灵最柔软的部位，容易引发社会共鸣乃至社会波动、社会危机，近些年来流浪救助、孤儿及留守儿童养育、空巢老人突逝等公共新闻事件即是警示，社会服务问题大意不得。当前，在经济下行压力下，除了扩大公共供给外，撬动“购买服务”的杠杆，吸引非营利组织等社会力量服务社会个体，扩充社会服务的供给度及关爱量，更好地预防和化解社会风险，对国家责任的落实与底线公平的维护大有裨益。

——市场失灵：不愿进入不符资本核算规律的领域。几十年的改革开

---

① 单就高速公路建设一项，从20世纪90年代中后期，我国对高速公路的资金投入执行倾斜政策，每年建成高速公路达3000公里以上；2014年底通车里程达11.2万公里，比2013年新增7450公里。据估算，高速公路的修建成本通常为每公里5000万元至1亿元人民币。

放和市场经济建设，基本厘清了国家与市场、企业与社会的关系，建立了公平竞争的市场统一规则，甩掉了企业办社会的包袱，扩大了企业尤其国有企业的活力与自由度。就社会照护而言，市场主体虽有道义，但从法理上说，市场主体安排就业、缴纳税费、充实国库即已履行了企业的基本责任，不能再用摊派等计划经济老方式，强迫企业家变成慈善家。在尊重市场规则前提下，引导有意愿和能力的企业、民间资本进入公共服务领域，重点解决中高端群体消费需求，显得更有吸引力；面向困难群体的低收益乃至无收益服务，投资运营与收费营利困难，若以政府购买等方式吸引，或许有所关注和投入。对于企业来说，有商机，才有投机。推崇社会公益与志愿奉献的非营利及微营利事业领域，难以吸引企业蜂拥而至，这也导致社会服务领域有别于能够形成较为稳定回报的水务、交通、文化等公共服务领域，更多转向非营利组织进行服务购买。

——志愿失灵：非营利组织潜力尚未完全有序释放。中国社会的现代转型，让曾经处处与“公家”打交道的社会生活成为记忆，对于多数上班挣钱、下班花钱、关起门过日子的城镇居民，所接触到的公共服务及社区服务更多的是“查查水表”“报报户口”等零散事务；而与此同时，随着国富民强及个人生活品质提升，中国公民尤其体制外精英群体、专业人士、成功商人涌动着的结社意愿、参与意识、志愿精神及个体价值实现的需求层次都在客观上升。据官方统计口径，我国的非营利组织从改革开放1978 年的6000 多个增至2014 年年底的60 多万个；散落在民间未登记的“草根”组织以及新出现的网络社群更是规模庞大。随着公益慈善类、城乡社区服务类等四类社会组织直接登记制度的实施，我国非营利组织的增幅还将提升。但是，非营利组织管理尚未完全松绑，作用发挥空间有限，活动方式松散粗放；与此同时，积聚的能量越来越大，若不能朝好的方向引导与释放，难免具有一定的异化风险。因此，国家和政府有必要进一步放开闸口、让渡空间、提供资源和平台，引导社会力量尤其是非营利组织参与到社会事务、下沉到基层服务之中，形成温和、可控的正向聚变；尤其引导非营利组织参与到面向困难群体的社会服务中去，莫过于是一种激发“正能量”、充满暖暖善意的事情。2013 年，国家出台政府向社会力量购买服务的政策文件，明确到2020年基本建立起比较完善的政府购买服务制度，便是对这一形势的深刻把握。

——决策基调：由怀疑走向接纳。社会领域的问题不仅仅是社会问题，其背后往往涉及政治及意识形态问题。当前，一些决策部门存在“社会组织恐惧症”、部门化的“狭隘利益主义”、行政导向的“资源垄断配置”“唯我独尊”等认知壁垒，加之对“颜色革命”等事件的担忧，对非营利性的“社会组织”发展持有怀疑乃至敌视态度。但总体而言，自党的十六届六中全会（2006）作出构建社会主义和谐社会重大决定以来，尤其党的十八大（2012）及十八届三中全会（2013）以来，国家态度鲜明地修正政府大包大揽的治理观念，明确提出“党委领导、政府负责、社会协同、公众参与、法治保障”的发展理念，正视并肯定服务类非营利组织的积极作用，“放”“管”结合、分门别类治理，在政府购买服务等领域取得了一系列政策突破，初创了社会主体多元参与的善治局面，值得珍惜与巩固。

1.2 问题的提出

2013年，国家从制度层面对社会治理及政府购买服务进行了权威部署。中共中央作出《关于全面深化改革若干重大问题的决定》，首用“国家治理”一词，将“社会治理”与“政府治理”“市场治理”并列，明确提出“推广政府购买服务，凡属事务性管理服务，原则上都要引入竞争机制，通过合同、委托等方式向社会购买”，要求“正确处理政府和社会关系，加快实施政社分开，推进社会组织明确权责、依法自治、发挥作用。适合由社会组织提供的公共服务和解决的事项，交由社会组织承担”。同年9月，国务院办公厅正式印发《关于政府向社会力量购买服务的指导意见》。围绕社会治理与服务创新，推广政府购买服务，尤其购买非营利组织服务，成为制度和决策之选。那么，政府购买服务制度在从应然向实然迈进过程中，面临哪些困惑，存在哪些机理，具有哪些经验和规律呢？这些问题值得探寻。

1.2.1 政府购买服务面临诸多问题与迷思

回到现实中看，近年来，尤其是2013年国家层面制度建构以来，“购买服务”在不同领域、地域和层面呈爆发态势，各地实践如雨后春笋一般竞相推陈出新，同时问题与风险也在显现。若对相关表象及问题进行列举阐述，恐难详尽；若通过形象归纳与隐喻，概莫过于以下10类问题，或姑且称为政府购买服务的“十大迷思”。

——泛化与滥用。当前存在一种现象，仿佛一夜之间，“购买服务”成为解决问题的灵丹妙药。政府部门、群团组织、智囊机构、草根机构及网络纸媒、“两会”代表委员提案，纷纷把“购买服务”挂在嘴边、写在纸上，仿佛争取到“购买服务”投入，老大难问题即可迎刃而解，忽视了购买服务的实在动因、定位与功能。实际上，光有政策和打算，没有合格的机构和队伍，没有精准的定位和流程，很容易“竹篮打水一场空。”

——雪中送炭与锦上添花。公共部门作为服务购买的“甲方”，其投入力度、效度与持久度的大小与购买策略、实施意图密切关联。有的虚晃一枪地将购买服务作为应付上级、讨好相关方面的应景之作，有的不痛不痒地把购买服务视作构筑政绩工程、修饰公共形象的砝码，当然更多的则踏踏实实地把购买服务当作回应群众急迫需求、真切服务苍生百姓的民生项目。大浪淘沙，不同的取向终究产生不同的局面，也带来深刻的反思：究竟该优先选择购买哪些领域、哪种类型的公共服务，怎样取得务实效果?

——投机与茫然。当前，除政策理论界外，最热烈呼唤“购买服务”的，自然是非营利组织本身，特别是草根组织，他们把政府的资源传递和服务委托视为自身壮大发展乃至起死回生的关键之举，甚至觉得政府对其购买服务是“天经地义”。一些官办的行业协会商会乃至群团组织，亦热心于以“购买服务”名目争取政府支持，谋求更多财政资源支配机会。到了真刀实枪的竞标环节，一些社会组织又稀里糊涂，缺乏专业储备和应对举措。至于一些地方部门，缺乏清晰认识和大的架构，在设置购买目录和项目方面，依然是部门惯性思维或自身政绩导向，将传统委托事项“换汤不换药”地以“购买服务”方式定向委托，没有很好解决“让谁服务、为谁服务”等根本性问题，“到底该怎么做”没个分晓，往往上级部门不满意、基层群众不买账、草根组织不热衷、自己也挺憋屈。

——懒人与庸人。客观地说，中国的政府位居世界上最勤政的政府行列，“白加黑”“5+2”是许多公务人员的真实写照。但越往下责越重、权越小、升迁空间越窄，慵懒是不可回避的话题。在一些本来事不多、不干事的部门，如果还一味地“一买了之”，则是浪费与腐败。政府不该干的、干不了的，可通过购买服务委托出去，但一定该自己干的，就绝不能找“临时工”来“顶包”，这涉及“购买服务”的边界问题。另外，对购买的承担方来说，也面临“庸人”问题，新手新组织介入新的领域和项目，比方说棘手的信访闹访问题，就一定能胜任？政府干不好、事业单位做不好的事，社工就都能干好？对人的服务，凭什么一定要将新项目授予非营利组织？资源少、财力弱、底子薄的地方，是否就可以不搞或少搞呢？这些疑问需要通过实证来澄清。

——普惠与滴灌。在开展社会建设与服务过程中，一些地方和部门倾向于设计和实施普惠公众的服务项目，注重了公平问题，但“撒胡椒面”，往往导致“饱者不屑、饥者不饱”；若有针对性地投向局部的“洼地”和零散化困难个体，解决了效率问题，但若缺乏科学及公允的瞄准机制，又会有攀比之人、化外之士指责决策部门“顾此失彼”、有所偏袒，“按下葫芦浮起瓢”、好事变坏事。实际上，“一视同仁”是政府及公共部门的基本素养，实施“滴灌式”服务是非营利组织的强项，二者如何在服务购买中结合好，实现公平与效率的兼顾，值得深究。

——操纵与舞弊。“利益”二字，无须回避，公益人也有对维护自身生存质量的追求，关键要取之以“正道”。与工程、货物等政府集中采购相比，政府购买服务的资金规模并不庞大，但很具社会吸引力；而资源的掌控者与项目的分配者，在“近亲繁殖”的“熟人社会”，往往“给谁不是给”，为招投标增添了舞弊的可能与共谋的风险。加之服务购买项目，不同于货物与工程采购，缺乏可度量的标准，增大了徇私舞弊的概率。即便官方公正、公开、公平，还有非营利组织内部的营私与舞弊问题，甚至有些机构或项目打着“公益”旗号进行商业化运作或关联交易。当前，一些非专业人士、领域外人士乃至体制内退休人士投身兴办专门的非营利组织，在大多贡献正能量的同时，也有个别假公济私问题。

——购买与收买。从治理层面来看，政府购买服务不仅是资源供给和服务传递方式的改变，更蕴含着对非营利组织的资源扶持与关系重构。在当前境外NGO介入、国内草根组织接受境外资助的现实情境下，政府主动发力并持续供给非营利组织发展，意义重大。但同时也有质疑的声音，认为公权力是在拿钱收买人心，将非营利组织“收编”，这需要我们以行动与法理来回应。

——疑虑与背弃。政府购买服务兼具服务传递功能和治理功能，对于其治理功能的认识存在着分歧。在购买服务的过程中，官方有对非营利组织“吃政府的饭，砸政府的锅”的疑虑；非营利组织也有“坐下来吃饭，站起来骂娘”的现象。但是，勿论“君子和而不同”，非营利组织作为一类法人主体，自有其独立性与价值追求，不能强求与官方完全同质。这就涉及如何通过购买服务的制度设计，让非营利组织把活干好，又能让大家彼此干得开心的问题，尽量多些合作与愉悦，少些矛盾与龃龉。

——输血与造血。政府购买服务为非营利组织创造了机遇，近年来以承接政府项目为主的民办社工机构应运而生。但若取消或搁置政府购买，这些机构是否具有旺盛的生命力与可持续性？非营利组织除了依赖政府购买外，是否还需开拓与筹集其他领域资源？尤其民办社工机构，如何避免人才中介、保安公司式运营模式，实现特色运营和品牌发展？在实施购买过程中，可否实现“输血”与“造血”的兼顾、避免“资源诅咒”①？进一步来看，通过购买方式对服务对象施以服务，亦存在服务对象自身的“输血”与“造血”问题，如何提升当事人的“助人自助”功能与效果，把社会的“包袱”尽可能地转化为发展的“红利”，更需深远考虑。如此这些问题，需与长效机制挂钩并思考。

——盆景与孤岛。目前我国发达地区的政府购买服务已初现制度性、

① “资源诅咒”是一个经济学理论的借用，该理论认为丰富的自然资源可能是经济发展的诅咒而不是祝福。

项目化安排，有的立足镇街、区县、地市呈“块状”推进，有的立足专项业务领域呈“条线”推进，形成了各自的特色与风格，并以服务购买为抓手形成了社会服务与治理的新经验新模式。在“七分做，三分说”的工作套路下，外界宣扬或内部标榜的模式层出不穷、五花八门，有的以竞争型或协商型等行为方式命名，有的以地域命名；甚至在相似地域，存在大大小小的“模式”总结，“模式”的话语亦存在泛化与滥用的迹象。而在操作中，有的“模式”架不住推敲，无法推广。严格来说，不少“模式”仅是“孤岛”，甚至仅是“花瓶”与“盆景”，属于“特色产品”，不属于“标准通用件”，跑不出本地三百里，难以形成大气候，难以上升为顶层设计与制度推广，而这也正是社会政策层面所焦虑的。

1.2.2 以“模式”为平台和中介进行问题的集束研究

当前，政府购买服务在中国作为新生事物，其发展进程伴生诸多问题，大有“乱花渐欲迷人眼”之势，且裹挟着一系列可操作性争议及认知迷思，有必要找好落脚点，进行理论上的梳理、澄清与对话。如果对这些问题采取“分而击之”的研究方式，难免形神皆散，“盲人摸象”、摸到哪块是哪块，难以达成共识与全局观瞻。那么，在社会运行论的指引下①，有没有可能将上述一系列问题放在一个“篮子”里面，在统一的议题下面，进行全景式的整合研究呢？环顾这些问题，表征、范围、内涵及理论贡献度各有差异，而相互之间能够契合、取得“最大公约数”的，莫过于“模式”问题了。

在语义上，古汉语中的“模”意指一种技术或方法，《说文解字》写道：“模，法也。”② “式”则指形式、样式、格式。《现代汉语词典》对“模式”的解释是：“某种事物的标准形式或使人可以照着做的标准样

① “社会运行论”是中国人民大学郑杭生先生创立的第一个中国特色的社会学理论，也是产生了较广泛影响的一个社会学理论。社会运行论的主导观念，即社会学是关于社会良性运行和协调发展的条件和机制的综合性具体科学。

② 许慎：《说文解字》，天津·天津古籍出版社，1991年版，第126页。

式。”① 当今，“模式”的语义已发生变化，由特指实物拓展到非实物标准样式，演变成为一种方法体系、范式体系、结构体系，在社会学语境下，是指“研究自然现象或社会现象的理论图示和解释方案，同时也是一种思维体系和思维方式”②。而在英语世界，与模式语义相对应的单词有三个：Model（模式）、Patern（模型）和Paradigm（范式）。美国著名比较政治学家比尔和哈德格雷夫对模式下的定义是：“模式是再现现实的一种理论性的、简化的形式。”③ 综合观之，模式是一种简约、类比的表达形式，是对研究对象主要要素的抽象概括，从而获得对研究对象更本质、更深刻、更准确的认识，具有典型性；同时，模式是理论与实践的中介和结合，它是被理论加工后的一种可模仿、可推广、可借鉴的“标准样式”。模式既是理论的具体化，又是经验的抽象概括（如图1－1所示）。一方面，它可以在实践经验基础上经概括、归纳、综合而提出模式，经实践普遍验证后上升为理论；另一方面，它可以在有关理论指导下，经类比、演绎、分析而提出不同模式，进而到实践中加以应用，使其具有指导实践的功能。

图1－1 模式构成图

“模式”作为现实表象的典型反映，是一种集成的总体视角。“模式”的构建涉及缘由、过程、结果等诸多实践问题与理论问题的对话与连贯，具有认知功能、解释功能与规范功能的统一；一个好的“模式”必须能够解释和解决实践与理论双进程中衍生的问题。就政府购买服务的实践与理论而言，聚集“模式”问题开展研究，需对服务购买的制度演进、功能定位、操作流程、规程制约、治理结构、政社关

① 中国社会科学院语言研究所：《现代汉语词典》，北京·商务印书馆，2002年增补版，第894页。

② 夏征农：《辞海》（缩印本），上海·辞书出版社，2002年版，第1492页。

③ ［美］沃纳丁·赛菲林：《传播学的起源、研究与应用》（陈韵昭译），福州·福建人民出版社，1985年版，第14页。

系、长效机制等问题进行回应，并在实践总结基础上，去伪存真、去粗取精、由此及彼，抵达理论升华的彼岸，发挥应有的承启功能与照应作用。因此，在政府购买服务的纷繁问题面前，聚集“模式”这一主题，有针对性地选定领域和地域、梳理情况、找寻路径、探究动因、发掘规律，是相对适宜的研究路径选择。

1.2.3 核心问题的凝练：基于购买非营利组织服务的社会服务模式问题

研究范围及对象是研究的基本设定。本研究聚焦的并非大而广的“公共服务”购买领域的模式问题，而是相对自成一体的“社会服务”购买领域的模式问题研究。关于政府购买服务的全局设计，体现于国务院办公厅《关于政府向社会力量购买服务的指导意见》（2013）这一纲领性政策文件，面向于整个公共服务体系的服务购买及对企业、非营利组织及其他各类主体一视同仁的服务购买。这样的政府购买服务体系实在庞大，不仅限于社会领域，还涉及经济、文化、生态等诸多领域，并非社会学学科所能涵盖，也非一个“模式”能够“四海皆准”地套用。实际上，如前所述，当前公共服务购买的重头是在社会服务领域，该领域的重要主体是非营利组织，而这些正是社会学，尤其社会政策方向的研究兴趣与职责所在。因此，本研究落脚于公共服务体系中最基本构成，也最有民生保障和福利服务意蕴的社会服务板块，进行相应的模式问题研究。

作为实践与理论的中介体，立足社会服务购买进行“模式”研究，主要在两个层面展开。一方面，落在实践层面，从操作性功能入手，探究服务购买出现的时机、动机、流程、手法、效果等过程性问题，更多是在实证基础上归纳形成服务购买的模式，重在厘清“模式”为何形成、如何形成等问题。另一方面，落在理论层面，从价值性功能入手，探究服务购买方式及多元主体介入后，形成了何样的社会服务新模式、新理念，以及政社关系等治理层面的新概括、新判断，进一步丰富和完善社会服务模式的理论概括，重点厘清形成何种“模式”、具有何样价值与意义等问题。这两个层面的研究，作为表和里、上和下、器与玄的关系，统一为对共同的核心问题进行观察和研究，即随着政府购买服务，尤其是购买非营利组织服务方式的出现与推广，新的社会服务模式是如何形成并发挥作用的。

1.3 研究目的与研究意义

诚然，在实践与理论之间，“模式”是研究的桥梁与途径，而非研究的目的。本研究选取社会服务领域（具体为社会工作领域）、非营利组织体系（具体为民办社工机构）若干案例，通过实践经验总结、政策理论梳理、发展路径挖掘和具体行为描述，旨在通过探究和找寻社会服务购买模式这样的“船和桥”问题，探寻社会服务供给及治理的理论创新，澄清相关现实问题与迷思，提出社会服务与治理领域改革的方向性建议，促进理论与实践之间相呼应、基层创新与宏观政策之间相衔接，进而更好地促成全面建成小康社会、提升社会和谐与福祉水平、激发和创造社会活力、达到社会善治与良性运行等“过河”任务的又好又快实现。若一言以概之，本研究的主要目的是通过社会服务领域相关模式问题研究，试图更加科学精准地描述和预判中国社会服务及治理该向何处去的方向性问题。

基于这样的目的实现，本研究试图从宏观改革背景破题，从“模式”问题起讲与入题，从中观的社会政策与微观的社会行为角度展开具体研究和分析，使得研究能具有一定的理论意义与实践意义。

——理论意义。本研究试图在继承前人研究成果基础上，整合建立起一套有别于其他公共服务、商事服务购买的社会服务购买理论话语体系。重点聚焦社会服务（社会工作）领域的政府购买非营利组织服务，建立政府购买非营利组织社会服务的分析范式与诠释框架，剖析非营利组织等主体参与社会服务的历史演进、供给方式、角色分配、互动格局，助推社会服务模式及社会服务体系、非营利组织体系建设的理论创新。通过深化“国家－社会”关系、社会工作本土化等深层次问题的理论探讨，拓宽社会福利、社会治理、社会工作及非营利组织治理的理论视野，促进相关理论视角间的路径串联与耦合。关注模式总结的理论应然向制度设计的政策实然的转变，致力于将购买服务政策纳入整个社会政策制度体系框架，促进购买服务理论与社会政策理论之间的契合与衔接，提升社会政策理论与应用的科学化、制度化水平。

——实践意义。关于模式的研究源于实践、回归于实践，而当前社会服务购买的创新实践，以及背后的简政放权、吸引社会参与、激发社会活力、推进社会组织建设、发展社会工作等重大现实问题，需要相关经验模式的总结、诠释、升华与借鉴。本研究基于案例研究，力图通过总结社会服务购买先行先试地区的创新经验，并在简化、模块化、标准化处理基础上，抽取通行做法和实质特征，概括形成可推而广之的典型模式，以便更广地域更多部门更好借鉴，进一步落实相关操作措施，规范相关操作流程，警示相关操作风险，激励相关操作主体，助力地方党委、政府的本地治理及非营利组织建设，更好形成政府与非营利组织良性互动、社工专业发展、社区有机团结、社会良性运行、群众获得感大幅提升的善治局面。

第 2 章　文献述评

前述章节，主要找到了“模式”这一实践与理论的契合点，解决了研究什么的问题。本章为理论回顾和文献检视部分，希冀通过已有服务购买相关模式研究的成果梳理，找寻并分析社会服务购买的理论维度、理论突破口、理论范式。一言以蔽之，本章主要解决用什么理论视角进行研究的问题；相应地，需纵览前人成果，站在前人肩膀上拾遗补阙，探寻理论路径。鉴于本研究关注社会服务购买的模式问题，因此文献梳理和评述主要聚焦于模式研究的理论成果；同时，为方便行文，相关研究成果中关于“民间组织”“社会组织”“第三部门”“志愿部门”等称谓，皆以“非营利组织”替代；“购买服务合同”“合同外包”等称谓，亦以“购买服务”统称。

2.1 “模式”研究隐含着对模式创新可能性的认可

客观地看，关于政府购买服务的研究，尤其关于社会服务购买的研究，西方至少早于我国30年，我国进入21世纪后涌现出一批研究成果①。岳经纶、谢菲围绕政府向非营利组织购买社会服务议题，对近年来内地学者的研究成果进行了初步梳理，发现无论是理论研究还是经验研究，学者们都不约而同地在考虑政策的情景因素下侧重探讨购买模型、方式和购买流程（岳经纶、谢菲，2013：182－189）。而实际上，境外关于社会服务购买问题的研究，“模式”也是热议话题之一。关于“模式”的跨理论视角、跨国别研究的成果，下一节将专门阐述。而在此，有必要先谈及研究逻辑上的一个认识论问题，即关于对“模式”的研究与归纳，前提是要在研究者的脑海中，认为“模式”是客观存在的社会规律；抑或“模式”作为一种现象集成，是可以创造并被发现的。换句话来说，如果研究者不认同或否定“模式”存在的客观性或创新的可能性，但却基于经验分析和理论提炼、形成相关的“模式”观念，则存在悖论，导致研究结论的瑕疵或失效。因此，现有关于“模式”的研究成果，实际上隐含着研究者对“模式”的认同自觉和先入为主。但是，遗憾的是，现有相关“模式”研究，在行文上忽略了对“模式”的语义分析及其可能性的承认。最起码，在本研究收集与整理到的文献资料中，尚未有人专门点出其对“模式”研究前提的注意，“模式”的出现及语义表达，仿佛都是顺理成章。而这个不起眼的问题，当建构主义遇到解构主义时，往往架不住怀疑论、否定论的推敲与质疑，进而影响到整个研究的成色与品质。

---

① 本研究找寻到最早的购买社会服务题目的博士论文，为1973年美国Pittsburgh大学Wedel, Kenneth Richard（社会工作博士）题为《Government Contracting for Social Services：Purchase of Service in States' Public Assistance Programs》的博士论文。在中国知网数据库中，最早一篇以政府购买养老服务为题的博士论文（南京大学社会学）为2011年，最早一篇以购买社会组织公共服务为题的博士论文（上海大学社会学）为2013年，最早一篇以社会服务项目制为题的博士论文（南开大学社会学）为2013年，尚未见到以购买社会服务为题的博士论文。以“购买服务”为标题关键词检索，截至2014年年底，共有各式文章1153篇，徐月宾《西方福利国家社会服务发展趋势：政府购买服务》（《中国民政》1999年第12期）为已知最早文章，2001—2005年文章25篇，2006—2010年文章190篇，2011年63篇、2012年93篇、2013年209篇、2014年542篇，近年来增幅很大。其中，以“购买社会服务”为标题关键词检索，共78篇（最早2007年）；以“购买社会工作服务”“购买社工服务”为标题关键词检索，共119篇（最早2007年）；以“购买社会组织服务”“购买民间组织服务”“购买非营利组织服务”等为标题关键词检索，共110篇（最早2007年）。西方政府购买服务的制度性安排初创于20世纪60年代末70年代初，我国是在2013年；都基本遵循着理论与制度相呼应并同步的规律。

因此，在正式进行文献梳理前，本研究对现有相关研究成果，也对下一步的自身研究，作出一个统一注解：基于社会服务购买的模式研究与归纳，隐含着承认“模式”客观存在的逻辑前提；对“模式”尤其“创新模式”的探寻，实际上也就是基于“可能性”认同基础上，对客观存在的理论探索与升华。基于这样的注解，实际上也就是将相关理论研究与文献梳理放到“模式”这一共同的对话框架之中。

2.2 现有服务购买的相关模式研究具有多重维度

现有关于服务购买及模式问题的研究，“仁者见仁，智者见智”，不同学科、专业、方向及研究兴趣有着不同侧重点，进而具有多重维度、多种概括，需分别审视。

2.2.1 福利服务供给维度的模式研究

西方购买服务理论的兴起与社会福利服务体制改革密切相关。美国 1967 年修订《社会保障法》第 20 章“社会服务固定拨款法案”，委托非营利组织承担服务供给，社会福利领域的学者在回顾法案施行后联邦和地方政府的努力及变化基础上，指出通过购买服务达到了压缩政府开支、扩大社会服务供给的预期，建立了购买服务合同管理（POSC）模式，彰显了非营利组织的社会功能，强调了该模式超乎于传统政府供给模式的优越性（Wedel，1973：1－49；Wedel & Kat，1979：1－35；Kettner & Martin，1987：1－28）。在率先开展社区照护等服务购买的英国，社会政策学者亦表达类似观点：在福利国家危机下，近乎专卖的政府供给模式（传统福利科层供给模式）被取代，通过契约的“准市场化”机制，以非营利组织为补充提供服务，使得中央或地方政府转变为“使能”角色、本身不事生产，形成准市场的、福利多元主义的服务输送模式（Johnson，1987：16－25；Bartlett & Le Grand，1993：202－220；Means & Smith，1998：21－26）。这种模式的转变形成了多元供给，除了法定服务外，大部分社会服务由非营利组织提供；形成了契约而非科层的责任体系，政府以契约外包等方式为对价，扮演了更强的监督和检查角色，实现了“购买者与供给者分离”，创造了非营利组织、政府与服务对象更多互动机会（Means & Smith，1998：28－30）。

表2－1　公营部门、私营部门和非营利组织提供公共服务的优劣比较

类别		政府部门	私营部门	非营利组织
最适合政府部门	政策管理	有效率	无效率	取决于环境
	管理实施	有效率	无效率	取决于环境
	实行公平	有效率	无效率	有效率
	防止歧视	有效率	取决于环境	取决于环境
	防止剥削	有效率	无效率	有效率
	提高社会凝聚力	有效率	无效率	有效率
最适合私营部门	经济任务	无效率	有效率	取决于环境
	投资任务	无效率	有效率	取决于环境
	产生利润	无效率	有效率	有效率
	提高自足的能力	有效率	有效率	取决于环境
最适合非营利组织	社会的任务	取决于环境	无效率	有效率
	需要志愿劳动的任务	取决于环境	无效率	有效率
	产生微利的任务	取决于环境	无效率	有效率
	提高个人的责任心	无效率	取决于环境	有效率
	加强社区	取决于环境	无效率	有效率
	提高对他人福利的责任心	取决于环境	无效率	有效率

（资料来源：［美］戴维·奥斯本，特德·盖布勒著《改革政府：企业家精神如何改革着公共部门》（周敦仁等译），上海·译文出版社，2006年版，第263－264页）

当然，福利服务购买的模式研究，并不仅限于与原有服务供给模式比较，也并非拘泥于非营利组织的服务供给，而是利用市场的规则，将非营利组织放在与市场企业等主体一视同仁的位置，“社会化”“市场化”“私有化”等议题经常交织一起比较。公共管理学者推出“重塑政府”理论，提倡把竞争机制和规则意识引入公共服务，对公营部门、私营部门和非营利组织的服务供给模式进行了比较（见表 2 -1），增添了非营利组织供给服务模式的适用性（Osborne & Gaebler，1992）。美国社会福利学者 Segal 亦对社会福利和商业营销模式进行了比较（见表 2 -2），指出社会福利服务市场化的弊端，而政府购买服务则为可行之道（Segal，2006：28）。

表 2 -2　Segal 对社会福利（非营利）与商业（营利）营销模式的优劣比较

标准	社会福利营销	商业营销
关心之事	关心的是人、场所、组织、理念以及服务	大部分关心的是财货和服务
交换	交换可以是无形的方式（如支持、努力、实践等）回报服务的改善以及较低费用的增加	一般而言，是以金钱的方式交换财货和服务
目标	组织的目标相当复杂，且超越财务的考量	一般而言，目标是财务的，且以营利、销售或投资回报作说明
利益 - 支付关系	社会福利服务的利益往往与案主/捐献者的支付无关	利益通常与顾客的支付有关
市场部分的服务	社会服务机构也许会被期待或者往往会被要求服务经济上不可能的市场部分	商业营销仅寻找服务目前或潜在可获利的市场部分
顾客	社会福利机构有两种典型的顾客：案主和捐赠者	营利取向的商业营销仅有一种传统的顾客：顾客

（资料来源：Segal，Elizabeth A. Social Welfare Policy and Social Programs，NewYork，Thomson Learning，2006：28）

在我国台湾地区，其“内政部门”于 1997 年制定实施“推动社会福利民营化实施要点”。林万亿结合本地经验，将社会福利民营化中的政府购买服务（购买服务契约）模式进行了分类比较（见表 2 -3）。其中，市场竞争模式是政府自行在福利服务市场中，选择成本最低、品质最佳、声誉最好的非营利组织签订契约；协商模式是通过政府采购法议价过程，使政府与非营利组织产生共识的契约关系；合作模式下的非营利组织与政府合作多年，与政府是平等伙伴关系，彼此互信互助。当然，社会福利民营化也有“6C”缺点：竞争（Competition）不足（社会福利为非完全竞争性、资讯不对称，通过竞争提高效率的成果有限）、榨取（Creaming）（民间部门顾及自身成本、产生逆选择效应，倾向于中场阶级以上、提供付费服务，对无力自行负担者乏人问津)、贪污（Corruption）（官商勾结以图利，借助福利服务逃漏税)、成本（Cost）问题（巧借名目争经费，以案养案拓财源，成本降低有限度)、控制（Control）能力不足（主管机关人手少、监督对象多)、社区（Community）疏离（由于商品化，人际间情感丧失、社区团结降低）（林万亿，2006：349－352)。

表2－3　福利服务市场竞争模式、协商模式与合作模式的优劣比较

	市场竞争模式	协商模式	合作模式
优点	成本低 品质高 客观 政府可主导签约过程与执行评估	交易成本低 弹性 政府与民间关系较平等	交易成本低、弹性 充分使用民间供应者的服务知识 限制投机者进入服务市场 绩效重于文书作业程序 政府与民间关系平等
缺点	不利于新且小的民间机构 不利于资源较不足的地区 不利于缺乏资源与经验的政府 交易成本高 可能产生投机的加入者	管理成本高 有官商勾结之虞 易造成政治酬庸	缺乏客观服务判准 容易造成民间供应者坐大 价格与品质较难保证 易造成政府与民间供应者的共谋与拔权
适用环境	多家供应者的地区 政府的资源丰富（专业能力与资讯） 民间的资源丰富（专业能力与资讯） 预算、案主需求、技术确定	供应者较少的地区 政府有专业能力与经验来决定其偏好的供应、续约	供应者很少的地区 政府有专业能力与经验 预算、科技、环境不确定 民间供应者的专业能力与资讯优质 为了扶植民间供应者续约

（资料来源：法正：《社会政策与社会立法》，台北·高点文化事业有限公司，2006年版，第1－28页）

在我国香港地区，社会服务购买紧步英国后尘，起步相对较早，其社会福利服务的输送可分为公营、民营（非营利)、公办民营（非营利)、福利产业四种模式。不同模式的组合因社会政策、社会福利发展的历史、文化而不同。香港社会福利的特色是以服务为主，而推行的基本形式是公办民营，以政府购买服务方式进行资源分配（吴水丽，2002：331－341)。

21 世纪以来，内地学者在探索社会福利社会化的过程中，逐步认识到购买服务政策工具引入的重要性，认为打通了福利服务资金瓶颈的突破口，提供了社会福利发展的新路径，是一项社会福利制度安排（朱眉华，2004：8－11；张秀兰、徐月宾，2006：42－48；许芸，2009：101－105；刘蔚玮、唐钧，2012：39－41；吴玉霞，2014：141－147）。立足服务购买的运行模式，“明确需求、制订规划—公开招标、签订合同—项目实施、监督管理—评估服务、后续跟进”等基本操作环节得到认同（许芸，2009：101－105），契约合同的重要性得到了强调（张秀兰、徐月宾，2006：46－48）。黄家亮、郑杭生以社会互构论为工具，分析了北京 96156 社区服务模式通过政府购买服务等方式，形成政府和市场、社会互构并“正向谐变”的三维合作模式，实现了社区化、多元化、民生化、均等化的服务资源最优化配置（黄家亮、郑杭生，2012：70－74；2013：41－46）。总的来说，从社会福利供给角度，对服务购买模式研究的兴趣点主要集中于对其与传统福利供给模式的比较上，将其视为应对社会福利内卷化的有效途径。

2.2.2 非营利组织维度的模式研究

推行购买服务、由服务走向治理，一直是非营利组织研究领域的重要政策倡议。研究非营利组织的学者，基于“政府失灵”和非营利组织的特长与优势，对政府购买非营利组织服务的理论逻辑与实践逻辑作出了诠释（Salamon，1987：99－117；萨拉蒙，2008：15－28；王浦劬、萨拉蒙，2010：52－60；胡薇，2012：129－136）。而通过服务购买，非营利组织与政府之间建立直接联系，获取资源支持，非营利组织不再局限于补缺的角色；相反，非营利组织成为政府推动福利服务外包的重要伙伴，在肩负福利供给的重要职能的同时，自身的角色、地位和功能也发生了显著变化（岳经纶、谢菲，2013：184－189）。因此，境内外学者试图通过梳理服务购买中的关系模式，剖析政府与非营利组织关系的实质及其利弊得失，提出警示与建议，希冀非营利组织既壮大发展，又独立发展。

基于服务购买的政社关系模式划分，具有不同角度：（1）从资金的提供授权、福利服务的实际输送两个层面，可将政府与非营利组织的关系分为四种模式：资金与服务都由政府提供的“政府主导模式”、资金与服务都由非营利组织提供的“非营利组织主导模式”、资金与服务由政府与非营利组织共同提供的“双元模式”、资金由政府提供而服务由非营利组织提供的“合作模式”。显然，理想的伙伴关系偏向于“双元模式”和“合作模式”（Gidron、Kramer & Salamon，1992：6－20）。（2）从实践目标、偏好策略两个层面，非营利组织与政府之间服务购买的互动可形成合作（两者追求目标、采用策略都相似）、互补（两者目标相似，策略不同）、笼络（两者目标不同，但策略相似）、冲突（两者目标、策略都不同）四种模式（Najam，2000：375－396）。（3）从稀缺资源及功能配置角度，可将非营利组织与政府的互动模式归为三类，分别是补充型（非营利组织被视作是生产政府无法生产的公共产品的部门）、互补型（非营利组织通过政府的经费补助，协助政府进行公共产品传递）、抗衡型（非营利组织督促政府在公共政策上变革，涉及非营利组织在政策议题上的倡导功能）（Young，2000：149－172）。（4）从动力来源角度，国际上购买非营利组织服务的实践模式分为两种：发达国家的自我推动型和发展中国家的外国政府、国际组织、国际NGO等外力推动型，外力推动型多遵循充分竞争的多元主义理念，而自我推动型多是执政者为了消除社会矛盾而采取的偏向法团主义的策略（韩俊奎，2009：128－134）。这些模式的形成与划分，考虑到了非营利组织与政府双方的作用，实际上都与政社关系的调整休戚相关。

模式的形成，不代表模式一成不变。尤其通过购买服务的桥梁，非营利组织解决了生存性问题，形成了政社合作的关系，但不意味着非营利组织的发展必然顺风顺水，其迎来了不同于先前的困扰及挑战。美国学界在政府购买服务进入常态后，对非营利组织的角色定位及发展困境进行了关注。名义上，非营利组织可维护自主性、拒绝政府要求、不参与政府招标；事实上，非营利组织大多苦于财务不稳定及资源匮乏，接受政府委托成为非营利组织改变自我、摆脱困境的重要渠道；一旦非营利组织参与到服务购买，政府以项目委托、经费补助等方式换得非营利组织的“效忠”，极有可能造成“寒蝉效应”（Muzzing Effect），削弱非营利组织的政策倡导与辩护功能（Smith，1989：289－299）。从服务购买的利害关系人及互动模式来看，非营利组织通常服务案主、顾客、志愿者及捐款者四类对象，而在契约化的社会服务购买中，案主为接受服务的使用者或受照顾者，非营利组织与接受服务者、政府形成利害关系，非营利组织形成直接提供人群服务的模式，政府对此形成依赖；而契约化方式也改变了非营利组织，削弱了对其所提供服务的控制力（Wedel & Kat，1979：82－85；Kettner & Martin，1987：42－50；Smith & Lipsky，1993：115－120）。Smith & Lipsky甚至以“浮士德式的交易”比喻非营利组织在接受政府补助或委托过程中，交出自己的“灵魂”，改变原有的身份认同，形成所谓的“影子国家”（Shadow State），名义上是志愿性的，实质上已为国家及资本主义经济控制。一方面与传统互助和志愿主义理念背道而驰，破坏了其作为一个独立自主的、以社区为基础的组织身份，退化了其在国家与个人之间所扮演的“缓冲器”角色；另一方面，又难与商品化福利服务供应者区分，在政府规制与监督下，其组织的政策倡导角色受到抑制，其自诩的公共性、独立性与自主性成为攫取资源的对价。另外，政府购买服务赖以维系的效率效能将随之崩解，原先取代公共部门过度科层化与缺乏回应力的优势将受到质疑（Smith & Lipsky，1993：120）。美国全国慈善与心理卫生协会原会长O’Conell开诚布公地对非营利组织因接受政府委托而过分强调服务，模糊自身倡导和辩护功能提出了警告（O’Conell，1996：222－225）。福山针对美国和其他国家政府越来越多地将先前直接由政府部门承担的大量工作推给非营利组织，致使这类组织大量增多的说法，表达了不同看法，认为这些群体不是自发聚到一起，而是由政府授权创立，干脆可被视作现代政府的增设部分（福山，2002：64－65）。面对非营利组织独立性丧失的质疑，Baginda建议，非营利组织保持独立性的一种方式就是要通过定期、系统与公开的考核、监督与评估，强化该组织的原则和价值、对人们及社区的承诺、组织的改变与回应能力、成本收益，以及代表困难群体扮演合格并有效的政策倡导者与辩护者（Baginda，1997：127－130）。

英国学者亦指出，相较以往的非营利组织，当今的非营利组织更可能受到来自公共部门的财政风波（Fiscal winds）的冲击；如何在新形成的竞争环境中取得稳定优势，对非营利组织的运营模式产生了深刻影响。此外，在新管理主义的影响下，社会服务的接受者不再是父权主义下被动的服务接受者，需求导向和顾客中心服务模式正在福利服务领域里拓展，他们对服务及其品质结果皆有参与和表达的权利。因此，非营利组织与服务接受者之间的传统互动关系，不再仅是一种慈善的施舍或利他理念的表现，隐含的权利与义务关系悄然进入社会服务购买领域。这种转变进而影响到非营利组织、政府部门及其他利害关系人之间的互动关系（Kendall & Knapp，2001：108 – 123）。

我国港台学者亦较早注意到非营利组织在政府购买模式下的角色变迁。在我国台湾，根据创建动机和政府资源的依赖程度不同，福利服务领域的非营利组织可归为三类：传统的社会服务机构、契约式社会服务机构、邻里或社区福利服务机构。其中，传统的社会服务机构通常由大企业或地方富绅创立，提供服务多元化，政府依赖程度低；契约式社会服务机构主要回应就业训练、心理卫生和社会服务等政策，资金来源于政府，人员规模较小，近 20 年间设立的机构多是契约式社会服务机构；邻里或社区福利服务机构是应邻里或社区需求而立，主要由义工组成（黄源协，1999：52 – 54）。名义上，这些非营利组织都可扮演先驱者、改革倡导者、价值维护者、服务提供者、社会教育者及代行政府职权者等多重角色；但在福利服务领域中，拥有社会声望并具代表性的非营利组织，几乎全为政府契约委托对象，他们即使有一厢情愿的“浪漫的迷思”，但实际上面临着组织使命目标扭曲、组织角色变迁、组织结构变革（专业化、政府化与科层化）等考验与冲击（刘淑琼，1997：23 – 29）。而在香港，非营利组织对维护困难群体权益及推动社会发展虽有抱负，但政府购买成其主要来源，促使政社之间形成互相依靠关系，政府成为福利服务的主导者，非营利组织成为执行者、政府资源依赖者，其倡议新服务、促进民间参与、为社会发展建言献策的作用，并未充分发挥（罗观翠，2002：401 – 413）。

由于境内政府购买服务、推进非营利组织发展的制度设计与实践历程尚处于起步阶段，更多侧重于政社关系的理想模式来观察非营利组织如何参与服务供给。鉴于中国非营利组织与政府的多重渊源，何增科把非营利组织与政府的关系归为五种模式，即制衡关系、对抗关系、共生共强关系、参与关系、合作互补关系（何增科，2000：23－30）；康晓光则认为，行政吸纳社会是一种“理想”的国家与社会模式，它较“市民社会”“合作主义”“市民社会反抗国家”“极权主义”，更能概括我国现阶段的国家与社会关系（康晓光，2007：116－128）。因此，当前对中国非营利组织参与服务购买的模式讨论，更多停留在操作层面，将实践模式归为竞争性购买模式和非竞争性购买模式（包括体制内吸模式、体制外非正式的按需购买模式）两类，具体程序可归为竞争性购买、指定性购买和协商式购买三类模式（王名、乐园，2008：5－13；韩俊奎，2009：128－134；马庆钰、廖鸿，2015：82－85）。王名等人在一些大中城市对购买公共服务的案例进行研究分析后，提出要达到公共服务购买的效果、在公共服务社会化进程中发挥民间组织和政府部门双方的比较优势，关键是要保持民间组织在服务购买中的独立性，建立公开的竞争程序机制，形成政府部门和民间组织的契约关系，而不是行政关系（王名、乐园，2008：5－13）。在去政治化安排的操作模式下，近年来我国非营利组织通过参与购买服务等渠道，将自己限制在社会福利领域，获得了自身的快速发展与规模壮大，而与之对应及合作的许多政府部门更多体现的是父权制的家庭主义关系（朱健刚，2012：240－242）。随着社会服务提供方式由“制造”向“购买”转移幅度增大，引入了委托－代理关系，抑制了体制内生的基层政府与非营利组织之间的管家关系，形成了按参不参与合作治理、购买服务两个维度组合的四种关系模式，呈现了从购买服务到合作治理的良好态势（敬乂嘉，2011：5－25；2013：165－170；2014：54－59）。

总体评价向好的同时，相关问题亦有表征和揭露。岳经纶等人借助福利多元主义的三维分析框架，指出在目前政府购买服务缺乏竞争的情形下，存在机构异化及服务投机化、制度缺陷与资源依赖、合同管理能力不足、行政干预等问题（岳经纶、郭英慧，2013：5－14）。而且，我国非营利组织之间存在“身份差异”，不同性质的非营利组织与政府形成不同类型关系，政府和非营利组织在目标上的一致性程度决定了服务购买的成效；若非营利组织接受政府购买，将精力放在协助政务上，会出现“目标替代”（郭小聪，2013：155－162）。政府购买服务折射出基层政权的运作逻辑，其结果可能会陷入两个极端，“以领导意志为中心”挟持“以服务对象为中心”的“形式化”，抑或社会服务的“草根化”（顾江霞，2013：34－41），需要在实践与制度层面认真对待。

总体来看，境内学者对服务购买问题多持平和稳健的建设性立场，对执政党与非营利组织等体制性问题也有透彻的分析，而这是西方研究所或缺的。在中国，非营利组织与执政党的关系是非营利组织发展的决定性因素（谢遐龄，2003：257）。从历史上看，非营利组织与执政党有三种关系模型：双向互动的合作型、竞争与对抗的紧张型、相互转换型；中国共产党对非营利组织的认识经历了一个从否定到肯定的过程（生键红，2007：37－39）。当前，面对新的形势、新的挑战，政党应重视自身变革及方略调整，据此协调政党与非营利组织的关系，努力使非营利组织成为政党能够协调、合作的伙伴和社会治理力量（林尚立，2008：340－348）。党作为国家和社会的最高领导者，理想状态应在国家与社会的关系中充当调节者，既不完全站在国家一边，也不完全站在社会一边，不断修正国家与社会关系并正常发展（李景鹏，2005：36－37）。在社会服务领域，要借助一批整合型的中间组织，形成以党的基本组织为核心，党联系社会、整合社会、服务社会的“同心圆”结构的社会工作模式（周太彤，2007：310）。因此，在中国的社会服务购买格局中探讨国家与社会的关系模式，远非探讨非营利组织与政府关系那么简单，需上升到更高层面来看待。

2.2.3 社会工作发展维度的模式研究

社会工作的发展离不开社会服务的场域和非营利组织的载体。境外社会工作实践中，除了少部分临床社会工作专门机构外，很少有专称社会工作事务所之类的社工机构[①]，一般都以社会服务类非营利组织身份出现。

① 目前已知，在我国台湾地区，《社会工作师法》《社会工作事务所换照办法》赋予了社会工作事务所的法律地位；日本有社会福祉法人、福祉事务所。

因此，境外关于购买社会工作服务的研究，一般吸纳在政府购买非营利组织服务或社会福利服务提供议题下面；境内学者另辟蹊径，立足民办社工机构这一本生化载体[①]，结合高校教师领办成立机构的探索实践，将政府购买服务视为社会工作发展的实现途径，专就政府购买社会工作机构服务议题进行了密集而深入的探讨（费梅苹，2006：12－17；罗观翠，2008：30；柳拯，2010：11－12；王思斌，2013a：114－119；史柏年，2013：30－35；范燕宁，2013：14－20；易松国，2013：21－25；杨君、徐永祥，2014：101－107；陈为雷，2014：93－105；马贵侠、叶士华，2014：49－55）。

关于购买社会工作服务的操作模式（方式）问题，研究探索早于民办社工机构服务购买的制度化安排之前（闫伟，2007：8－9；马俊达，2007）。陈少强等人受官方委托，根据北京、上海、广州等地民政、医疗卫生、社区矫正等社会工作领域的实践探索，较早地对形式性、非竞争性和竞争性三种购买模式进行了分析和比较，强调了社会工作服务竞争性购买的优势（陈少强、宋斌文，2008：51－54）。根据服务需求的不同和社会工作服务机构的特点，宽泛意义上的政府购买服务可分为五种模式：一是转变现有的公共管理体制模式，即结合事业单位改革，实行政事分开，政府委托事业单位开展服务；二是授权委托（公办民营）模式，通过招投标方式，以民办社会工作服务机构之间的竞争，实现最低成本，获得最优服务；三是直接资助（民办公助）模式，包括经费资助、实物资助和政策扶持三种方式；四是服务合同（契约化）模式，这是政府购买最直接、最常用的模式；五是补贴模式，即把购买服务的经费，按照一定标准直接补贴给受众，达到间接购买服务的目的（刘斌志，2008：6－8）。总体来看，在操作层面，社会工作服务购买遵循着购买非营利组织社会服务模式大的框架，社会服务购买的相关普遍规律与经验适用于专业社会工作服务的购买。

---

① “本生化”是内生性本土化——土生化的理论概括，关于“本生化”概念的探讨，参见卫小将：《本土化与本生化：中国社会工作发展的检视与重构》，北京·社会科学文献出版社，2015年版。

在竞争性、契约化购买的共同框架体系下，学者就购买民办机构社工岗位与社工项目这两种具体购买模式进行了讨论。购买岗位是社工人才队伍建设的创新之举，购买岗位模式可促使某些关键岗位有专业的社工提供服务，并可保证服务的持续性与稳定性（徐家良，2013：26－30）。但反对意见认为，购买岗位其实是政府在职能上的延伸，导致社工独立性低、行政化特征明显，并且社工干多干少一个样，缺乏“激励效应”（代曦，2011：47－48），而项目化的最大好处是把社会工作者的人力资源成本放在了比较合理的位置上（朱希峰，2007：17－19）。购买岗位为主的模式虽目标明确、简便易行，但容易陷入行政化、科层制泥潭，不利于社工人才的作用发挥和社工服务的持续发展，有必要建立“战略购买、块状运作、伙伴关系”的政府购买社会工作服务体制机制（张时飞，2009：1－3）。当然，项目与岗位购买两者条件不同、各有优缺点，实际上并不存在孰优孰劣问题，在社工发展初期，可考虑以购买岗位服务为主，同时探索项目购买；成熟之后，社工服务应以项目为主（向木杨，2009：11－14）。

购买服务中的政社关系，亦是社会工作理论界的关注重点。罗观翠提出政府购买社工服务模式必须解决三个问题：政府的角色和定位、民间服务机构的培育和运营、政府与民间服务机构的关系（罗观翠，2008：30）。关于服务供给中合作与伙伴关系的形成，得到了较多讨论及认同。唐德龙认为，政府与民办社工机构伙伴关系的达成，需要双方基于一个相互认同的目标，在一种相对自主、参与公平、责任明确、程序透明的框架中，实现一种优势互补、相互学习、包容适应的动态平衡（唐德龙，2008：25－31）。唐斌认为，合作伙伴关系是政府与社工机构关系的理想状态，政府的主导地位和资源占有性决定着两者本质上无法基于平等基础进行合作（唐斌，2010：9－12）。赵一红认为，政府与社工机构正在形成一种新的关系模式，称之为协作模式（赵一红，2012：44－48）。崔正提出社工机构与政府是平等的契约关系，从法律意义上讲，两者是合同履行的双方主体，各有权责（崔正，2012：48－51）。

但是，基于资源依赖的客观存在，民办社工机构在政社合作过程中并非处于对等状态，社工机构既希望继续享受政府资源带来的利好，同时又不希望因为对政府资源的过度依赖而受其权力控制与牵制，更不希望“一个机构多个婆婆”，政社之间处于“博弈困境”（温颖娜，2010：4－8）。诚然，在政府购买服务的强大压力下，社工机构要走专业化方向，可按NGO化的运作逻辑和治理模式发展，走一条独立、自主、可持续之道；但对嵌入中的专业社会工作与街区权力关系进行研究，发现专业社工被吸纳到街道的权力网络过程中产生了外部服务行政化、内部治理官僚化和专业建制化；复杂的街区权力关系限制了专业社工深度嵌入社区治理，必须策略性地与街区政府建立既独立又合作的关系（朱健刚、陈安娜，2013：28－36；2014：43－64）。尤其在基层，合作性政社关系制度基础薄弱，政府基层组织和社会工作机构实际是一种行政主导的管理与被管理、行政垄断与资金依附关系，社会工作者被“同化”为行政事务协管员，削弱了社会工作服务的独立性和专业性，需要予以扭转（费梅苹，2014：74－83）。贾海薇结合购买社工服务实践，对G省社会治理格局进行了研究，认为非营利组织的产生和其他事物一样，需经历“发生期”“爆发期”“竞争期”和“稳定期”，不同发展时期宜应有不同安排策略（贾海薇，2014：41－48）。王思斌指出，与社会工作相关的社会治理制度建设可分为两个部分、三个方面；两个部分是指社会工作的外部治理和内部治理，三个方面是指作为外部治理的政府与社会工作机构关系的治理、作为内部治理的社会工作机构之间关系的治理，以及社会机构内部的治理；社会工作机构通过服务参与社会治理的主要途径是承接政府购买服务，这给社会工作机构带来生存和发展机会，也可能制造对政府的过分依赖，形成非平等合作关系；强调随着社会治理结构的进化，形成了社会工作的服务型治理模式（王思斌，2013b：58－59；2014a：30－37）。

跳出传统的政社关系探讨，王松对政府购买民办社工机构服务进行了实践性反思，认为购买服务是政府与非营利组织的共生产物；建立两者之间的互惠共生模式，是社会资源帕累托配置的最优方式（王松，2010：30－32）。顾东辉认为，建立“共生伙伴”关系是政府委托非营利组织服务的基本定位，并将“政府购买”称之为“政府委托”（顾东辉，2013：46－51）。张学东认为，政府向民间社会工作服务机构购买服务，形成了一种“买卖”契约关系，面临“逆向选择”“道德风险”“合谋”“阴谋”等四种博弈困境，需要重构政府与机构之间的良性契约关系，提高社会工作服务质量（张学东，2014：3－9）。王思斌认为，在公共服务特别是社会服务（社会工作）领域，政府出资让非营利组织实施服务，不应看作纯粹的经济性市场行为，而应看作委托性购买行为。当前，有的为了购买服务而为之，没有考虑社会最急迫的需要，有些组织缺乏政府委托服务的能力，不能一哄而上，不宜制定竞赛指标（王思斌，2013C：47－48）。这些观点对于探究社会服务购买的模式问题具有启发意义。

2.2.4 公共财政支出维度的模式研究

政府的购买服务行为，从资金输出角度，是典型的公共财政支出模式。财政管理领域关注服务购买，其动因是出于加快政府职能转变、提高公共服务供给效率、加快服务业发展、促进就业、加快财税体制改革的通盘考虑（苏明、贾西津、孙洁、韩俊魁，2010：9－17；楼继伟，2014：10－12；刘昆，2014：8－14）。财政部门对非营利组织服务的购买，落脚点是“政府公共服务合同制管理”，强调“政府将原来由直接举办的、为社会发展和人民日常生活提供服务的事项交给有资质的非营利组织来完成，并根据非营利组织提供服务的数量和质量，按照一定标准进行评估后支付服务费用”（顾平安，2008：25－26）。在购买内容上，财政部门关注购买行业规范、行业评价、行业统计、行业标准、职业评价、等级评定等行业管理与协调服务，以及科研和技术推广、行业规划、行业调查、决策咨询等技术性服务，包括一些专业性较强的社会管理服务（刘昆，2014：8－14），社会工作等社会服务购买仅是其关注的一个方面而已；理论界则认为，政府购买公共服务的范围包括维护性公共服务、经济性公共服务和社会性公共服务三个方面（易志坚，2014：23－25），政府向非营利组织购买公共服务的内容主要集中在社区服务与管理类服务、行业性服务与管理类服务、行政事务与管理类服务，但以社区服务与管理类服务最常见（王浦劬、萨拉蒙，2010：26－28）。

当前，就政府购买服务是否是政府采购制度新的表现模式，存在一定争议。一方面认为，政府采购和政府购买服务在主体、资金、目录、竞争性要求等方面存在一致性，决定政府购买服务应纳入政府采购范畴，成为政府采购主导的购买公共服务模式（肖北庚，2014：20－22；李迎玖，2014：39－40）；另一方面认为，政府购买公共服务与政府采购在购买主体、购买对象、市场化程度、购买方式等方面存在差别，在适用《中华人民共和国政府采购法》方面存在障碍（王浦劬、萨拉蒙，2010：132；周俊，2010：7－8）。而在购买服务的具体操作模式上，认识则逐渐趋同，认为推行购买服务制度将逐步成为政府提供公共服务的主流模式（彭浩，2010：48－50）。面对美国的合同外包、英国的公私合作、新西兰的激进民营化等国际模式，认为应当借鉴吸收，加快建立健全多元化、社会化、制度化、法治化的政府购买公共服务制度（李军鹏，2013：17－29）。马海涛将地方实践经验概括为上海模式（作为改善社会管理和公共服务供给的手段）、G 省模式（作为转变政府职能和创新社会组织管理的切入点）、无锡模式（用政府采购制度规范约束服务购买）三种模式（马海涛，2014：12－19），在财政界具有一定影响力。

2.3 整合多个维度对社会服务购买模式进行再研究

通过文献梳理，发现近年来关于政府购买服务模式的研究涵盖了社会学、管理学、政治学、财政学等诸多领域。尤其在涉及购买非营利组织社会服务（社会工作服务）问题上，存在操作模式、关系模式、治理模式等多个维度多个层次的讨论。虽然学科与视角不同，但很好地取得了一些能够彼此印证或呼应的研究结论，一些结论也取得了一致性及公认度，有助于对当下中国的政府购买服务理论与实践问题进行澄清。具体落到具有社会福利、社会治理性质的社会服务领域，梳理和评判现有研究成果，更需理论结合实际，从问题导向入手。

2.3.1 现有研究主要回应了哪些问题

当前，学界的研究主要立足政府与非营利组织的二元对话，在相关问题的澄清与应对上有所认同及公论。

（1）针对“谁来购买”“向谁购买”问题，突出了政府和非营利组织的双主体作用，明确了非营利组织在服务供给方面的主体地位；相应地，非营利组织与政府及政党的互动问题得到了关注，在“合作关系”“伙伴关系”的应然性探讨方面取得了共识。

（2）针对“为何购买”问题，主要立足传统公共服务提供的薄弱性、非营利组织服务供给的优越性两个方面，阐述了创新公共服务方式、适时引入非营利组织参与的必要性，并与传统福利服务供给模式、市场化福利服务供给模式进行比对，初步解决了社会服务购买的逻辑起点及功能优势问题。

（3）针对“如何购买”问题，“竞争性”意识得到推崇，基于制度化、竞争性、独立性的购买非营利组织服务的方式和方法，得到厘清和认同，提出并归纳了购买服务的相关流程与模式。具体到政府购买社工服务方面，随着一批学者走出书斋、兴办社工机构、投身一线督导，产生了一大批有分量的本土化研究成果，带动了社会服务购买由理论自觉走向实务成熟。

（4）针对“购买得怎么样”问题，不同专业就购买服务形成的政社关系达成了趋同性认识，即合作模式为主流；而非营利组织在与政府互动过程中，也受对方影响并有变化，意味着竞争与博弈依然存在，非营利组织独立性丧失的担忧不无道理。由于我国与西方购买服务的经济社会环境、发展节点与成熟度不同，西方学者研究更关注历经几十年运行、已经暴露出来的对抗性问题，而我国学者更侧重于正向合作的鼓与呼，促进初创阶段的购买服务起好步行好路。但有一点，中西方的研究是有共识的，即社会服务购买模式是多元的，而非一成不变。

2.3.2 现有研究尚未澄清或照应哪些问题

如果跳出政府与社会二元主体对话的前置条件约束，放在经济社会发展全局及服务供给多元化的整体视角下，观察现有研究成果对相关问题的解释，似乎尚未完全穷尽和对应，甚至存在“画像模糊”“水土不服”，理论应然与现实实然之间仍存一定罅隙，尚可继续跟进研究。

（1）关于动因及逻辑起点。客观地看，政府购买服务，既可向非营利组织，也可向市场企业等其他主体购买，向非营利组织购买服务并不存在天然的法理与应然性。那么，实施政府购买服务的动因，尤其向非营利组织购买服务，除了公共部门、非营利组织之间的优劣比较外，是否也存在与其他主体之间的比较与选择？早在20世纪80年代，萨拉蒙就提出了“志愿服务失灵”问题，认为非营利组织参与社会服务，相较于公共部门具有优越性，但不能夸大其词，不能认定非营利组织就一定是最理想的社会服务供给方式（Salamon，1987，99－117）。而且政府作为制度惯性依赖的庞然大物，推动其服务供给制度改革的动力，想必不仅来自于自我革新，也来自于外力推动与挤压，那么，究竟是在什么环境背景下、存在哪些外力与时机？现有研究对这方面的关注似乎不够，更多都是直接扎进实然的具体操作环节去发现问题、探寻规律。

（2）关于竞争性操作的归纳。竞争性原则是全球视野下政府购买服务制度体系的核心准则和基本标准，但并非社会服务购买制度体系的独创，也并非仅是针对非营利组织购买的创设。在政府采购制度尚不成熟时期，面向企业等主体的工程、货物及服务购买，也都面临竞争性、半竞争性、协商性等购买模式的归纳；随着市场培育成熟，最终统一于“公开公平公正”、以竞争性原则为圭臬的政府采购法及实施条例规制。因此，以竞争性标准来衡量现有社会服务购买行为，是通行标准，但非特色模式，需要进一步通过现象分析、政策文本解读及流程塑造来挖掘事物特质。

（3）关于关系模式的归纳。“合作”与“伙伴”，是研究服务购买中非营利组织与政府之间关系的“热词”。若放到政府购买社会力量服务的全局安排中看，倘若政府购买了企业的第三方服务，“合作”与“伙伴”

关系是否也会应运而生呢？而市场行为，通常是“利聚则缘聚、利散则缘散”，随着政府购买的中止或终止，政府与非营利组织的“合作”与“伙伴”关系是否仍会延续呢？何况，意识觉醒的非营利组织在自身宗旨的指引下，珍视其独立性问题，这种独立性又如何在“合作”与“伙伴”关系下予以兼顾体现呢？现有关系模式的研究似乎对这方面未有全面回应。

诚然，在致力共性问题解决的同时，不同维度对服务购买模式的探讨，有所侧重。有的关注操作层面的购买机制，有的聚焦治理层面的政社合作，有的着眼公共服务的通篇安排。相对来说，社会福利关注不同背景下供给模式之间的比较，缺乏对新模式形成之后政社关系的关注与回应；社会工作因其实践性强，驻足于社工机构承接服务购买的实证研究较多，理论视角运用及创新相对缺乏；以非营利组织发展为重心的议题，多从社会建设与公共服务的宏观层面，统论其在服务与治理中的作用及与政府的互动，缺乏领域设置、案例聚焦与话题集中。关于政社关系的探讨，多拘泥于非营利组织与政府二元主体之间，缺少对其他关联主体（如家庭、社区、市场、基金会等）的观照，缺乏对“人”这一社会个体的人文关怀，没有放在社会发展大的生态系统中考量。而且，几乎所有的研究都自觉或不自觉地将非营利组织（含民办社工机构）置于纯洁无暇、无私的道德高地，而对政府及公权力则褒贬不一。总体看，现有研究缺少价值与理念、制度与操作、实然与应然、局部与全局层面的理论兼顾，呈现分割之势，缺乏系统集成。

至于统筹社会服务、社会工作、非营利组织建设，贯穿谈及政府购买服务的更少；从社会服务角度，溯本正源、探究政府购买服务动因与机理方面的研究略显单薄。总的来说，因站位、视角与立场不同，有的研究就政策谈政策、就操作谈操作，大开大合缺失，“玄”与“器”脱节，尚未构成一个整体性、全景式、上下连贯的社会服务购买模式观，有待进一步理论建构与诠释。

2.3.3 树立模式问题的整体研究观

建构整体的社会服务购买模式观，是对已有研究成果借鉴吸收基础上的再梳理、再整合与再创造，是将片段化理论研究聚合成为相对完整的“理论链”，而非凭空再造一套理论体系出来。实际上，“福利理论并不诞生在真空的世界，它们围绕着资源、权力和地位的组织与分配及社会政治斗争有密切联系”（O’ Brien，Martin & Sue Penna，1998：1）。因此，本研究拟兼顾福利服务供给、非营利组织治理、社会工作发展、公共财政供给等多个维度，把引进吸收与消化创新结合起来，把学理性研究和政策性研究结合起来，把对非营利组织的静态研究与社会服务动态研究结合起来，关注社会运行系统中的各方主体行为，进行社会服务购买事前、事中、事后的全程观察，在分析现象本质基础上归纳和提炼特色模式。鉴于此，本研究尝试跳出政府与社会二元主体对话的前提限制，拟从服务传递与治理结构两个层面，兼顾现代化和本土化视野，将社会政策、社会工作、非营利组织管理等研究方向串联起来，将政府购买服务、非营利组织发展与政社互动、社会服务与治理、社会工作专业化职业化发展等议题捆绑起来，聚焦政府购买非营利组织社会服务的环境、动因、过程和效果，集中开展“社会服务购买模式”这一核心命题研究。

2.4 核心理论视角：福利多元主义理论范式的运用

建立整体的社会服务购买模式观，需理论工具一以贯之支撑，并最好能统一于一个理论范式之下。社会政策语境下的“社会服务”与“社会福利”及“社会工作”是一体多面的，政府购买非营利组织服务的实质是社会服务、社会福利供给的配置方式创新。在社会政策、社会福利的话语体系下，既属于本领域的专门理论工具，又可超脱于政府与社会二元主体对话，并兼顾于服务的实然供给和治理的应然互动，照应于福利服务供给、非营利组织发展、社会服务（社会工作）发展、公共部门供给支出等研究维度，莫过于福利多元主义理论了。

2.4.1 福利多元主义理论的发展与引进

福利多元主义（Welfare Pluralism）作为一种理论范式，本来即与“模式”相对应。该理论强调面对福利国家危机，通过多元组合，将国家的全面福利提供转变为多元主体的共同提供，其实质是福利的社会分工。围绕福利责任及角色分配，福利多元主义可从两个层面进行分析。在横向层面，涉及福利责任在政府、市场、社会等部门之间或公私两大领域的重新配置，表现为福利供给从公共领域向其他领域转移，分配一部分资源和职能予以非营利组织、企业或非正式部门（亲友、邻里），呈现出社会福利的民营化、商业化与社区化等福利分散化趋势（如图2－1所示）。在纵向层面，涉及福利责任在中央政府、地方政府以及社区等层级之间的再分配，表现出“地方分权化”趋势，即权威从中央向地方的下放。

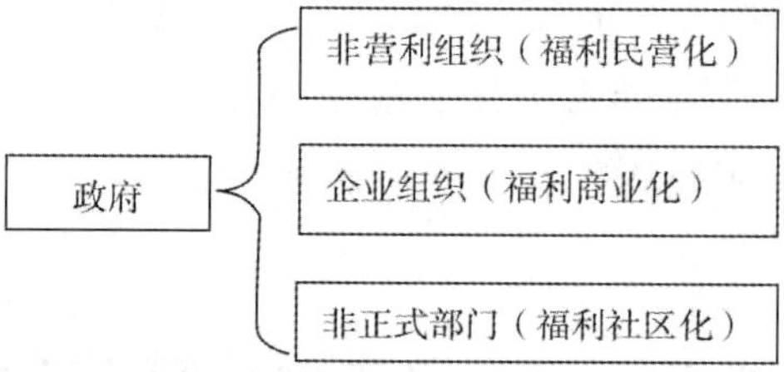

图2－1　福利多元主义视角下的福利分散化图示

福利多元主义不仅考量政府与社会（非营利组织）的关系，也把市场（企业）纳入重要的考量范围，因此与福利混合经济（The Mixed Economy of Welfare）及福利准市场化议题关系密切（如图2－2所示）。

从时间与空间维度看，福利多元主义理论是不断精进、完善与扩充的过程。其研究大致经历五个阶段：（1）萌芽阶段，1965年，蒂特马斯（Titmuss）提出“福利社会分工”问题；1974年勾勒出剩余模式、工业成就模式、制度模式三种社会政策模式，剩余模式的前提为：存在着两种“天然的”途径恰当地满足每个个体的需求——市场和家庭，只有当这两者都坍塌后，社会福利制度才能插手（鲍威尔，2011：8－9）。（2）缘起阶段，在福利危机背景下，1978年英国出台沃尔芬顿报告（Wolfenden Re-

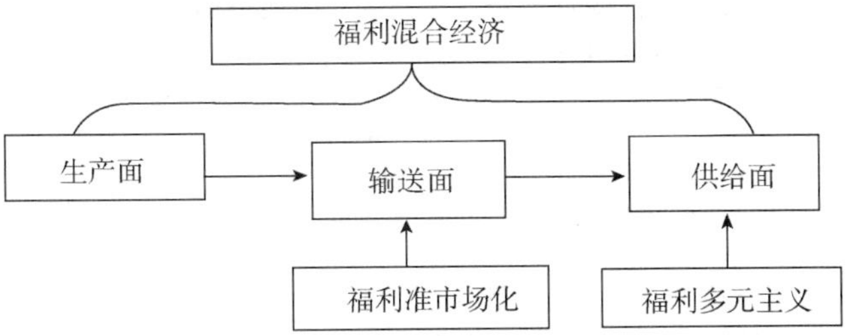

图 2－2 福利混合经济、福利多元主义及福利准市场化关系图示

port）——《志愿组织的未来报告》，承认福利国家政策产生的官僚化、集权化和低效率弊端，缩减国家在社会福利领域角色的同时，认为福利可源于家庭、市场和志愿组织等多元化的部门，强调社会福利的地方分权化与私营化。（3）明确提出阶段，集大成者为英国的罗斯（Richard Rose），将福利多元主义定位为“三个完全不同的社会部门——家庭、市场和国家——为社会的总体福利作出贡献的事实”（Rose，1986：1－26）。两年后，这一划分方式被伊瓦斯（Adalbert Evers）继承并发展成为“福利三角”（Evers，1988：15－27）。（4）修正阶段。伴随着非营利组织发展壮大、逐渐成为社会福利领域新军，伊瓦斯及越来越多的学者开始使用四分法的分析范式，提出社会福利来源于市场、国家、社区和民间社会（如表 2－4 所示）。吉尔伯特（Neil Gilbert）认为福利多元主义的结构可被视为由四个部门——政府、志愿组织、非正式部门和商业组织构成，四部门共同参与福利供给，它们相互依赖、相互渗透、相互补充而非相互竞争（吉尔伯特，2003：1－37）。（5）争鸣阶段。福利多元主义的发展并非完全乐观，许多研究对其中的民营化实践（契约外包、福利券、资产出售、政府卸责）、商业化趋势、服务的碎片化、国家控制力的减弱、非营利部门独立性以及社会福利资格等议题进行了关注（Gormley，1994；Salamon，1995；Brooks，2000）。吉尔伯特通过对美国福利政策的分析，批判了福利多元主义暗含的三种假设：私有化是提供和输送社会服务的最佳方式；地方政府比中央政府更能满足公民的福利需求；草根组织和社区组织比公共机构的服务提供更加有效（吉尔伯特，2003：1－37）。

表 2－4　伊瓦斯福利多元主义中四个部门的特征

部门	市场	国家	社区	民间社会
福利生产部门	市场	公共部门	非正式部门/ 家庭	非营利部门/中介机构
行动协调原则	竞争	科层制	个人责任	志愿性
需方的角色	消费者	有社会权的公民	社区成员	市民/协会成员
交换中介	货币	法律	感激/尊敬	说理/交流
中心价值	选择自由	平等	互惠/利他	团结
有效标准	福利	安全	个人参与	社会/政治激活
主要缺陷	不平等、对非货币化结果的忽视	对少数群体需要的忽视，降低自助的动机，自由选择的自由下降	受道德约束降低个人选择的自由，对非该团体的成员采取排斥态度	对福利产品的不平等分配，专业化缺乏，低效率

［转引自彭华民，“福利多元主义：福利提供从国家到多元部门的转型”，《南开学报（哲学社会科学版）》，2006（6）：41］

在理论引进方面，彭华民较早地将福利多元主义理论引入中国社会问题的探讨中来，发现在中国城市经济制度转型背景下，伊瓦斯理想的福利三角互动关系并没有完全在新贫穷社群的福利三角制度中实现，存在制度性社会排斥（彭华民，2007：177－186）。其后，福利多元主义理论较为广泛地运用到中国社会福利社会化的社会政策研究中来。在政府购买服务领域，岳经纶引入福利多元主义理论作为分析工具，借助福利多元主义的三维分析框架，从递送、融资、规制三个维度对政府购买服务过程中政府与非营利组织之间互动关系进行了分析（岳经纶，2013：5－14），为本研究提供了方法上的示范借鉴。

2.4.2 分析模型、分析框架的运用与改造

基于福利多元主义理论，针对服务供给的横向流动，西方社会政策界先后提出了“福利三角”“福利四角”分析模型（如图 2－3、图 2－4 所示）。

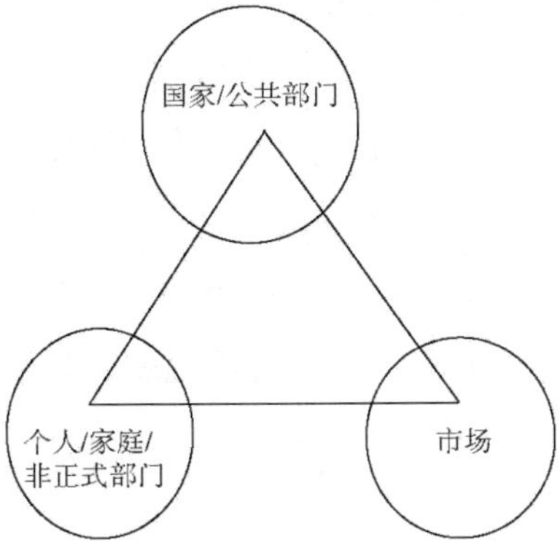

图2-3　福利三角分析模型

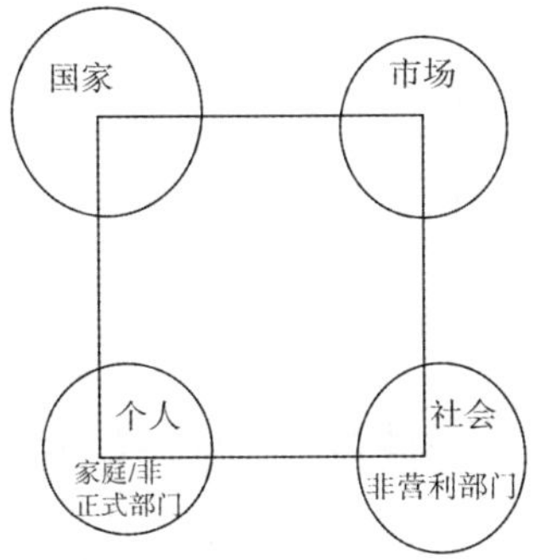

图2-4　福利四角分析模型

当下，福利多元主义对我国的社会福利制度、社会服务体制改革具有理论指导意义，而非营利组织等社会力量正在崛起，因此可援用四角分析模式并予适当改造。在这方面，田北海等人结合我国社会福利社会化改革议题，尝试建立了由国家、市场、社区和民间社会为主体的福利多元主义的四维分析框架，并将作为福利受益者的公民置于框架核心，重视福利对象由被动受助者向能动主体转变、福利主体由独立支撑向多元合作转变（田北海、钟涨宝，2009：44-47）。基于本研究的落脚点在于（个体）社会服务，对于失能个体（亦可称为案主）来说，其自我服务功能有限，更多是受助者、被施者角色；提供服务的，主要由国家/政府、市场/企业、社会/非营利组织、家庭/非正式部门四部分组成。因此，本研究认同田北海等人观点，拟对经典的福利四角分析模型略作改造，将“个人”这一主体抽离，建立以案主为中心的社会服务四角分析模型（如图2－5所示）。相应地，将社区自组织嵌入“社会”聚合体之中，将家族、宗族、亲友会等相关非正式部门归拢于“家庭”这一大类，与“国家”“市场”“社会”形成平行概念①。当然，这是一个全景化分析模型，不同时期不同主体是否出现以及主体之间有无关联、关联程度强弱，需视情而定。

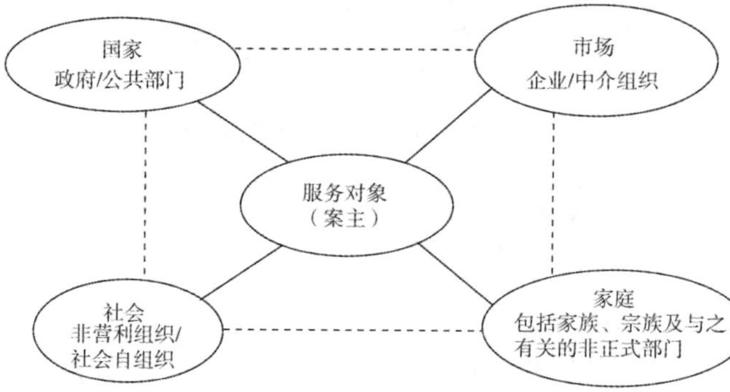

图2－5　以服务对象为中心的社会服务四角分析模型

从福利供给的角度，福利多元主义的视角从最初的单一维度（供给）到供给与融资的双维分析再到新近包含融资、供给与规制的三维分析框架，对福利多元主义的考察变得更加立体多维（岳经纶，2013：5－14）。在社会服务供给过程中，亦涉及社会福利供给的融资、供给与规制问题；具体来说，针对个体服务需求，四类责任主体都面临服务的资源调度角色的担当、服务资源传输、规范运营等方面的抉择，而它们的合力及方向决定了社会服务总量是否充足及社会服务结构是否均衡，进而决定了社会服务体系的规模和质量。因此，本研究在进行责任主体横向结构分析的同时，亦从各主体的“角色”选择出发，进行社会服务供给过程的纵向分

① 熊跃根等学者认为，“非正式部门”“社区”等概念，无法作为一类独立种属概念，与“国家”“市场”“社会”相平行。鉴于此，本研究尝试以“家庭”与“国家”“市场”“社会”相对应。

析。考虑到考量维度的可操作化，相应地将“融资”“供给”“规制”三项维度，设定为“服务角色担当”“服务资源传递”“服务运营规范”三项具体指标，并形成“总体评价”结果。为便于分析这方面的变化趋势，本研究在融资、递送与规制的三维分析框架基础上，搭建了社会服务供给变化过程分析框架（见表2－5）。其中，相关表栏内的变化程度可用“↑”“↓”“×”“—”等符号表示，“↑”代表上升、增多或加强，“↓”代表减退、下降或削弱，“×”代表基本不承担或不实行，“—”表示无力承担或无相关性。

表2－5　社会服务供给变化过程分析框架示例

服务主体	服务角色担当	服务资源传递	服务规范运营	总体评价
国家/公共部门				
市场/企业				
社会/非营利组织				
家庭等非正式部门				

2.4.3 理论分析维度及相关理念的融入

福利多元主义作为理论范式，运用到社会服务购买具体过程，理论分析维度可予进一步具体化考量：（1）角色担当维度，从态势与身份的角度，考量不同主体在不同背景下，其资源筹集及支撑服务的能力。（2）资源传递维度，从契约与行为的角度，考量不同主体通过何种方式与过程提供面向服务对象的服务输送。（3）规范运营维度，从政策与机制的角度，考量不同主体如何实现服务供给的规范化、常态化与效能化。立足三方面的分析维度，运用四角分析模型和过程分析框架，有针对性地进行梳理和分析，进而研判具体时空背景下福利服务多元供给的态势、特征与规律，可以更好地对社会服务“模式”进行理论追溯、概括及预示，建构起理论分析上的完整链条。

福利多元主义的理论范式是一个动态发展的开放体系，不同阶段、不同领域、不同视角，有着不同领悟、运用、完善及改造。尤其20世纪90

年代以来，随着非营利组织在福利供给中的作用和分量增大，福利多元主义正逐渐向福利治理靠拢（韩央迪，2012：42－49），相关理论也融入福利多元主义理论范式之下，成为具体议题讨论的子工具。相应地，为在三个维度之下，更好地讨论社会服务供给中多重主体角色互动与购买服务治理功能的发挥，本研究将相关理念（理论）引入福利多元供给的分析框架之下。

——服务主体的角色担当维度：剧场理论的引入。剧场理论将人们之间的角色互动看作是一门表演艺术，是“用现代的外衣重新装扮了迪尔凯姆的社会心理学”（鲁斯·华莱士，2006：205－212）。美国社会学家戈夫曼提出“人生是一场表演，社会是一个舞台”。其基本观点是：社会是一个舞台，全体社会成员是在这个舞台上扮演不同角色的演员，他们都在社会互动中表演自己，塑造自己的形象并更好地达到自己的目的；为使表演更符合剧本要求，每个表演者必须使自己的表演与他人的表演相互适应、相互协调（Goffman，1956：473－502）。本研究关注社会服务多元主体供给，从一定意义上看，正是以不同角色组合成“剧本”，在“舞台”上进行表演与互动。

——服务主体的资源传递维度：增强权能理念的引入。本研究重点关注专业社会服务的资源传递，而增强权能理论，亦称“增能”或“充权”理论，是社会工作理论体系中的重要组成。社会工作面对的服务对象（案主）通常是社会中权能（Power）最弱的，其拥有的资源及可调用资源的能力是最低的，而这种状态并非完全因其自身缺陷导致，需帮助困难群体和个人增强其权能（全国社会工作职业水平考试教材编写组，2012：110）。增强权能理论有五项基本假设。一是个体的无力感由环境压迫而生；二是社会环境中有直接或间接障碍，而这些障碍可以改变；三是每个人都不缺少权能，个人的权能可通过社会互动来增进；四是受助人是有能力、有价值的，且受助人的权能不是助人者给予的；五是社工与案主是合作伙伴关系。因此，增强权能理论反对社会工作者扮演施恩者角色，尊重案主自决和自我实现，鼓励案主参与服务计划制订。经过多年发展，增强权能理论成为社会工作的主要理论，且与新管理主义的顾客导向、用户导向一致，具有较为广泛的应用性（黄源协，2007：55 -60）。

——服务主体的规范运营维度：治理理念的引入。社会服务的运营规范，并非平等主体之间的契约规范，而是体现着多元主体之间的互动与博弈，表现为由政府的单方管理走向多元主体的共同治理，因而与治理理论关联密切。俞可平从政治学角度引入并梳理了相关定义，认为“治理”的基本含义是指在一个既定的范围内运用权威维持秩序，满足公众的需要；其目的是在各种不同的制度关系中运用权力去引导、控制和规范公民的各种活动，以最大限度地增进公共利益。治理与统治的本质性区别是其主体既可以是公共机构，也可以是私人机构，还可以是公共机构和私人机构的合作，具有多元性；治理是政府与非政府的合作、公共机构与私人机构的合作、强制与自愿的结合。20 世纪 90 年代善治理论的发展，推动了非营利组织的发展；当非营利组织独立行使或与政府一道行使社会管理，便不再是统治，而是治理（俞可平，2000）。治理追求善治，但善治与民主、公民社会及相关意识形态并无天然的因果关系。进入 21 世纪以来，治理理论推动了中国和谐社会建设及非营利组织发展。党的十八大报告中将“治理”作为治国理政的基本理念，增进了治理理论的学术讨论与运用；尤其社会工作机构主要依靠为困难群体服务参与社会治理是一种“服务型治理”，对建构政府与其他非营利组织之间的良好治理关系有启发意义（王思斌，2014a：30 -37）。

第3章　研究框架与研究方法

上一章回顾了与社会服务购买相关模式问题的研究成果，选择了福利多元主义理论的研究视角，解决了用什么理论进行“模式”研究的问题。那么，有了理论研究的对象与工具，下一步即要解决用什么样的路径和方法去实施“模式”的研究任务。在这方面，20世纪80年代，费孝通先生就中国小城镇发展“模式”问题，提出“从纯粹实证描述到借助比较研究认清各种不同的模式，找出模式由以存在的根据和促成模式变动的诸变化着的构成要素；在研究的范围上，从一点到几点，再从几点到由众多的点构成的面；研究方法上，从单一的定性分析，到定性、定量分析相结合，借助定量分析工具使研究数量化、准确化”（费孝通，2009：302），为开展“模式”的社会学研究指明了很好的方法与方向。

3.1 研究思路与研究框架

本研究的核心概念是“模式”问题。如前文所述，“模式”一头连接实务，一头连接理论。那么，对“模式”的研究，也存在两条线索的一以贯之。一条线索，是现实的问题导向，即怎样将诸多问题“收”到“模式”议题下面，然后再按一定逻辑顺序“放”出来，逐一进行有针对性的研究，然后再将研究结果与发现递次“收”到“模式”议题下面，获取现实问题的诠释与解决之道；另一条线索，则是理论的创新导向，在运用福利多元主义理论范式基础上，在相关环节获取新的研究发现，并最终通过

“模式”的概括、比对与讨论，获取新的理论发现。这两条线索并非“两张皮”地割裂，而是基于“模式”的“生命周期”，即背景、动因、过程、结果与状态等环节的延展，交织与融合在一起，凝聚成对“模式”的共同探寻。

3.1.1 研究思路

本研究实际上是一个“求索”的过程。主要分为 6 个步骤：（1）将诸多理论与现实问题归集于“模式”议题之下；（2）承认并设定模式客观存在这一研究前提，认为模式创新具有可能性、可期性；（3）对现有的基于社会服务购买的“模式”进行梳理与概括，既包括理论研究层面，也包括历史演进层面，以便与后续的模式发现进行比对和对话；（4）进入实证层面，去案例的现场、行为的过程，去发现社会服务购买的具体规律，归纳创新性、典型性特征；（5）在“原型”基础上，进一步进行理论加工，形成新的“模式”概括；（6）在模式对话的基础上，分析新模式的优越性及其可推广性，并提出相关意见建议，以回应和解决现实中的政策与实务问题。基于上述六步，尝试将研究的终点与研究的原点紧密地环嵌与闭合起来，形成一个相对完整和严密的社会服务购买研究的话语体系。

本研究整体上采取由“个别”到“一般”的归纳方法，集中对基于社会服务购买的模式问题进行实证研究。所要归纳的对象，分为三个层面：一是宏观的路径层面，观察并归纳社会服务模式的演变进程及服务购买方式的发端时机；二是从中观的制度层面，观察并归纳政府购买服务及其所依附的社会服务（社会工作）政策体系如何建立并实施；三是从微观的行为层面，观察并归纳中国当下的社会服务购买行为是为何发生、如何发生及其发生效果。三个层面的铺开，实际上也是对“政府购买非营利组织社会服务”问题的逐层分解：从宏观层面，考量的是政府购买服务的整体路径；从中观层面，考量的是政府购买非营利组织社会服务（社会工作服务）的政策体系；从微观层面，考量的是公共部门购买民办社工机构专业社会服务的运行过程；最后，在对不同层面问题及现象进行观察和归纳的基础上，形成新的经验概括与命题整理，归结为社会服务模式的理论创新。总体上，本研究呈现出“大处着眼，小处入手”“研究逐步缩小，分析逐步放大”的研究思路。

当然，社会科学研究的“科学环”存在理论与观察的两个入口（风笑天，2001：32－33）。通过观察的归纳及校验，形成社会服务模式的新理论；同时，也涉及理论创新对现有问题的解释及实践的指导。特别是“模式”问题的提出，其重要用意是推广其典型性、可复制性。所以，在研究思路上，将社会服务购买涉及的动力机制、运行机制、制衡机制、治理机制等理论问题，内化凝聚为“模式”理论体系的有机组成，探究其机制机理，并与其它现有模式进行比较，获取更多理论发现和实践启发。因此，本研究是一个理论建构的过程，面临着从观察到概括、从概括到理论的两大跨越，存在着研究主旨、研究命题、研究逻辑、研究环节、研究方法之间的互动（如图3－1所示）。

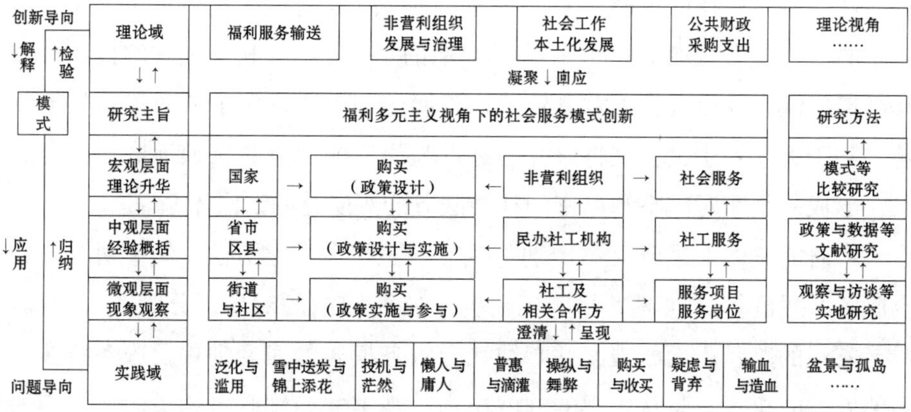

图3－1　研究思路分解图

3.1.2 研究框架与流程

本研究在福利多元主义分析框架之下，讨论社会服务购买的过程性因素和系统性状态，共同指向“模式”这一问题进行研究发现。具体来说，主要聚焦于五个角度探讨社会服务购买的模式问题：第一，社会服务购买模式“从何而来”，谈社会服务购买的历史演进问题；第二，社会服务购买模式“因何可能”，谈社会服务购买的现实动因问题；第三，社会服务购买模式“依何可能”，谈社会服务购买的政策设计问题；第四，社会服务购买模式“如何可能”，谈社会服务购买的运行流程问题；第五，社会服务购买模式“何样结果”，谈社会服务购买的运行效果问题。尝试以这五个问题为线索，作为研究流程的指引（如图3－2所示）。在该主体研究框架的基础上，结合问题的提出、文献的梳理和方法的选择，以及研究结论与讨论的开展，共同构筑起本研究的整体章节安排。其中，第一、二、三章节属于研究铺垫，然后围绕上述五个问题各设一章进行观察、分析和讨论，最后以第九章为研究发现，进行总结与讨论。

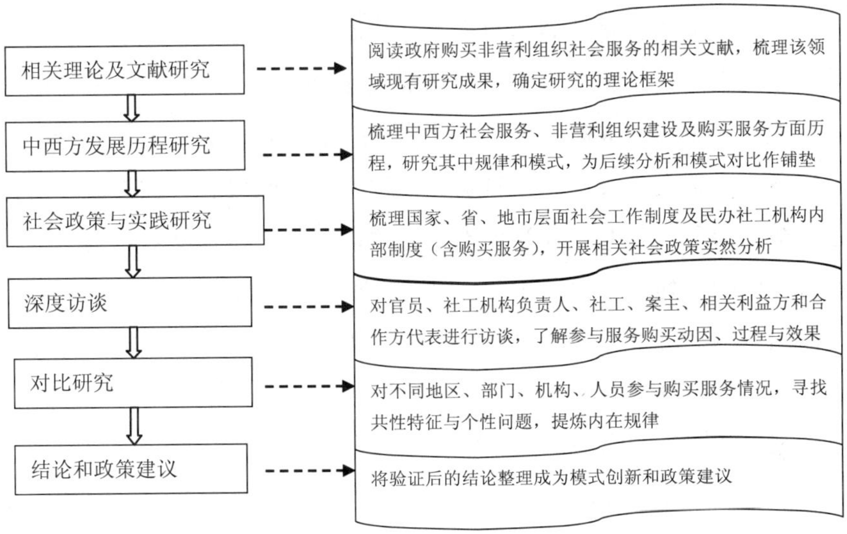

图3－2　研究流程图

3.1.3 概念的具体化和操作化

忽视清晰的概念形成，对于实际的经济政策和社会政策的讨论来说，都将是十分危险的（马克斯·韦伯，1999：45）。社会服务领域政府购买非营利组织服务，涉及“社会服务”及“社会工作”“非营利组织”“民办社工机构”“政府购买服务”等可操作性概念。在正式开展研究之前，有必要对这些概念进行界定。

3.1.3.1 社会服务

社会服务既是本研究的领域，也是本研究的对象。全球语境下的“社会服务”（Social Services）源自社会政策领域。最早由社会政策集大成者、英国社会政策学家蒂特马斯提出，他在《福利的社会分工：关于寻求公平的一些想法》中将福利分为国家教育、公共医疗照顾、住房津贴、收入维持、个人所需的社会服务，将社会服务定义为“通过将创造国民收入一部分人的收入分配给值得同情和救济的另一部分人而进行的对普遍的福利有贡献的一系列集体的干预行动”（Titmuss，1955）。20 世纪 70 年代以来，欧盟、美国、以色列、新加坡等国家使用“个人社会服务”（Personal Social Services）概念，将社会福利服务与其他公共服务区分，政府机构设置和政策法规中的社会服务即是“个人社会服务”。与标准化的公共服务相比，个人社会服务通常提供给处于具体境况中有需求的个人，典型的个人社会服务用户是老年人、儿童和家庭、残障人及照料者。在美国，个人社会服务被称为第六套人类服务系统，与教育、收入转移支付、卫生、住房和教育培训相并列（李兵，2011：12－20）。

国内从事经济学、管理学等专业研究和工作的人员，倾向于从业态角度对“社会服务”进行口径统计：大口径理解的社会服务是为社会提供各种生产和生活服务的活动；小口径的社会服务业包括教育、医疗卫生、文化体育、社会保障、民政福利、就业服务等社会事业和产业，包括依靠政府提供的基本公共服务和可依靠市场机制满足市场需求的非基本公共服务（孙长学，2012：1－2）。但在社会学视域中，对社会服务的认识与国际趋同。社会保障方向认为，社会服务又叫社会福利服务，是指直接面向社会成员尤其是具有特殊需求的个人、家庭或群体提供的福利性服务，既有针对普通居民的服务，也有针对各类群体的专门化服务，包括在各种“院舍”中对某些特殊困难者的集中服务；当代各国和地区的福利性服务政策行动，主要是基于商业化服务的不足和家庭自我服务功能的下降而设立的，其特征主要包括福利性、个体性、救助性（郑功成，2005：374－376）。社会工作方向认为，社会服务既是一个领域，也是一种活动；是以非现金形式支付或提供的优惠，是以劳务为基础的、具体的、直接满足服务对象基本需要的服务；从广义上说，社会服务是在社会福利制度框架下，由政府或社会力量向民众特别是困难群众提供的公共福利服务。社会服务大致可以分为专业服务和非专业服务，而社会工作介入社会服务可以为服务（业）的发展作出贡献，促使传统的、非专业的社会服务向现代社会服务转化，实现社会服务的专业化和职业化，提高社会服务业的行业地位（王思斌，2014b：5－11）。

通过以上引述，可以看到，社会服务是公共服务的重要组成，可以说是公共服务门类中最“卑微”、最零碎的部分，是最不易归类、属于公共服务“不管部”的服务范畴，也是狭义上社会福利服务的主要内容。立足国情实际，本研究认为：社会服务是为满足社会成员尤其是低于社会平均水准、正常状态的困难群体成员的增能需求，保证和提高其生存权益和生活质量而组织开展的各类社会活动、社会工作和社会事务的总称。从本质属性看，它是一种以劳动形式满足社会成员精神物质生活和社会交往需求的社会行动。

从服务对象看，社会服务关注失能个体，既关注其“自然人”属性方面的服务，更关注“社会人”属性方面的服务。在我国当下，社会服务重点面向老年人群体、残障人群体、青少年群体（尤其以孤残儿童为核心），重心不是解决绝对贫穷问题（主要由扶贫、社会救助功能承担）及部分相对贫穷问题（主要由津贴补助功能承担），重在解决相对的剥夺问题（即老人、残障者及长期病患等困难群体在利用社会上所提供的物品、设施、服务或机会资源时，遭受到不公平或不合适的待遇，使其生活条件受到后天不应有的剥夺或歧视）。因此，社会服务的首要特征是正义视角下的福利性，即与“商业化”相对，按照非商业性原则和方式提供服务；而且这种服务往往是非标准化的，经常量身定做，且因受众缺乏或丧失经济回报能力，具有较高外溢性，机械地套用市场机制容易导致供给紊乱甚至失灵。

从服务功能看，社会服务主要致力于解决四方面问题。首先是解困功能，帮助服务对象解决当下生理心理、物质生活、精神生活、社会交往与参与等现实问题，摆脱生活困境。其次是预防功能，帮助具有潜在风险和困难的服务对象化解危机冲突，形成正常人格和生活秩序。再次是发展功能，帮助社会适应能力不强的服务对象挖掘自身潜能，提升抵御身体机理衰退、外部社会风险的能力，建立健全社会支持网络，提升生命和社会生活质量，促进个体之间的社会融合及“熟人社会”重构。最后是教化功能，帮助服务对象摆脱愚钝，提升服务对象修养和文明程度，补齐短板，带动提升社会整体文明水平。总的来说，社会服务体现“不让一个人掉队”的全面发展观和底线保障的国家使命。

在界定社会服务概念的同时，有必要论及社会服务与社会工作、社会福利的关系。作为应用社会学的组成，社会工作是将专业手法运用于社会实践的服务活动，其发展历程，亦是社会服务事业和社会福利制度演变过程。一些研究和实务人员，经常会用“社会工作”或“社会福利”议题来讨论社会服务发展。关于三者关系，学界虽有争议，但社会政策领域大致看法相似。美国学者 E. Smalley 对此有深刻评述：

社会工作、社会服务、社会福利三个词的使用，是从三个方面对同一事件的不同看法。社会福利属于一个社会民众的理想和一个国家政府的政策这个层面，这种理想与政策的目标在于满足社会每一个成员的生活需要并增进其能力，包括衣、食、住、行、育、乐及潜能发展等方面。但这种理想与政策的实现，必须通过社会服务的活动才能逐步完成。社会服务也就是根据一个社会民众的社会福利思想和一个国家政府的社会福利政策，所进行的各种活动和所实施的各种方案、项目和程序。而社会福利要确保正确的思想与政策方向、社会服务要提高自己的功效以达到积极的社会福利目标，就需要依据于社会工作的专业知识、伦理、方法和技术。（转引自民政部管理干部学院、社会福利与社会进步研究所情报资料中心，《社会工作》，1991：192－193）

3.1.3.2 社会工作

社会工作自诞生以来，对其概念的探讨未曾中断。其作为“舶来品”

引入中国，无论近百年前的燕京大学、协和医院时期，还是 20 世纪 80 年代初恢复开设社会学师资班时期，还是 2006 年着手建立“宏大的社会工作人才队伍”、实施社会工作职业水平评价阶段，不同时期、不同阶段对元概念的争鸣一直存在。经政策界、理论界和实务界多年共同努力，经相关制度文件确认，社会工作渐获认同，认为“社会工作是社会建设的重要组成部分，它是一种体现社会主义核心价值理念，遵循专业伦理规范，坚持‘助人自助’宗旨，在社会服务、社会管理领域综合运用专业知识、技能和方法，帮助有需要的个人、家庭、群体、组织和社区，整合社会资源，协调社会关系，预防和解决社会问题，恢复和发展社会功能，促进社会和谐的职业活动”（全国社会工作者职业水平考试教材编写组，2011：3）。这一概念从基本要素、工作方法及功能的角度对社会工作进行描述，精准地阐述了社会工作的概念及专业属性，本研究自是遵循。

“社会工作者”是“社会工作”的下延概念。社会工作者通常称为“社工”。本研究坚持专业化、职业化导向，将“社会工作者”与“社会工作人才”等同，认同官方文件对其界定：具有一定社会工作专业知识和技能，在社会福利、社会救助、慈善事业、社区建设、婚姻家庭、精神卫生、残障康复、教育辅导、就业援助、职工帮扶、犯罪预防、禁毒戒毒、矫治帮教、人口计生、纠纷调解、应急处置等领域直接提供社会服务的专门人员①。

“社会工作服务”是社工专业人才运用专业方法为有需要的人群提供包括困难救助、矛盾调处、人文关怀、心理疏导、行为矫治、关系调适、资源协调、社会功能修复和促进个人与环境适应等在内的专业服务②。社会工作服务是专业的社会服务。当前，社会工作服务在社区服务、妇女儿童服务、婚姻家庭服务、青少年服务、医务服务、司法矫治、农民工服务等多个领域展开，强调多方协同与资源整合。

3.1.3.3 非营利组织及民办社工机构

界定“非营利组织”概念，有必要先梳理“社会组织”的概念。社会

---

① 中组部、民政部等 18 部门联合下发的《关于加强社会工作专业人才队伍建设的意见》（中组发〔2011〕25 号）。

② 民政部、财政部《关于政府购买社会工作服务的指导意见》（民发〔2012〕196 号）。

组织通常指人们为了实现某种共同目标，将其行为彼此协调与联合起来所形成的社会团体。广义的社会组织，包括家庭、家族、村社等初级群体，包括了所有功能不一、规模不一的社会范围（郑杭生，2013：192）。“社会学家们通常喜欢使用‘社会组织’这一概念，而不是‘社会结构’的概念，因为社会结构的含义相当模糊，更因为时至今日，理论界各派常就该词展开论战”（让·卡泽纳弗，2011：4）。在我国官方文献中，党的十六届六中全会第一次使用“社会组织”概念代替“民间组织”；党的十七大确立了社会组织在社会管理中的作用，指的是政党、政府之外的各类民间性的社会组织。不同层面的理解，使“社会组织”的严谨性勉为其难。

国际上，通行术语为“非营利组织”（NPO）或“非政府组织”（NGO）。“非政府组织”这个概念，强调其区别于政府或公共部门的独立性、民间性①。但在中国境内，兴办民办非企业单位等组织，可利用国有资产举办，只要国有资产份额不高于总财产的1/3即可；至于人员，社会团体等组织无法割裂与政府的联系；因跨界合作和人员交叉，“非政府组织”的概念使用存在局限。相较之下，“非营利组织”的概念相对准确和严谨。说“相对”，是因为中国还存在“事业单位”一类组织，《中华人民共和国民法通则》对其非营利性有明确规定。但好在有“民间组织”等概念多年铺垫，在中国语境下讨论“非营利组织”，人们大多会自然理解为国际通行意义上的“非营利组织”。

本研究将非营利组织定义为：不以营利为目的，社会自主发起，成员自愿加入，共同遵照既定组织宗旨和章程，主要开展公益性或互益性、自律性、服务性活动，并按法定程序进行登记注册及备案的正式社会组织。在我国，非营利组织在民政部门进行登记及备案。其中，进行登记的组织

---

① 在日本，NGO与NPO的概念区分相对清晰，所谓NGO，主要致力于在国外开展国际援助、灾害援助、扶贫环保等公益活动；所谓NPO，主要致力于在国内开展公益活动。欧盟1986年《承认国际非政府组织法人地位的欧洲公约》及1998年《发展和增强非政府组织的指南文件》、2002年《欧洲非政府组织地位的基本原则文件》、2007年《欧洲非政府组织法律地位的建议文件》，皆以NGO指代。加拿大《非政府组织资金筹集手册》第1条定义NGO，除了非营利组织、协会、团体，“甚至营利组织”，也可属于NGO。在国际关系、外交及对话、交流合作领域，各国使用NGO的概念广泛和通用一些。

分为社会团体、基金会、民办非企业单位三类。进行备案的组织，目前多数为城乡社区社会组织；也就是说，社区自组织在一定程度上归属为非营利组织。在数目字管理上，虽民间有大量草根性组织存在，但根据登记要件主义，通常将非营利组织数统计为经合法登记或备案的社会团体、基金会和民办非企业单位的总数。而且在我国，免于登记的社会团体及其延伸到基层的网络体系不在统计范围之内①；因此，本研究亦不予过多关注。

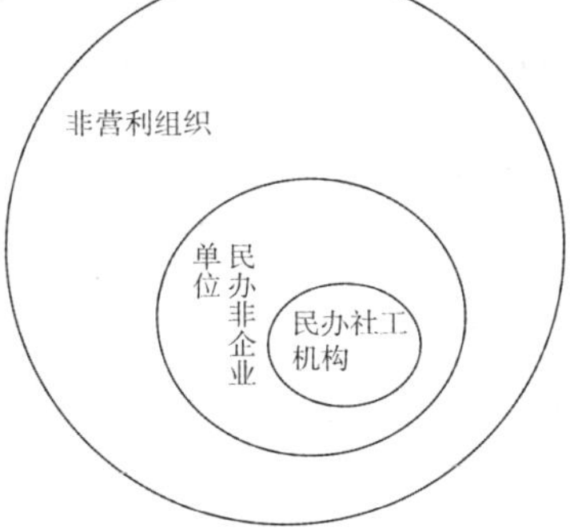

图3-3 民办社工机构与非营利组织体系图示

本研究涉及的“民办社工机构”（“民办社会工作服务机构”的简称），属于非营利组织一级体系中的三级组织（如图3-3所示）。2014年，民政部出台《关于进一步加快推进民办社会工作服务机构发展的意见》，明确界定为：以社会工作专业人才为主体，坚持“助人自助”宗旨，遵循社会工作专业伦理规范，综合运用社会工作专业知识、方法和技能，开展困难救助、矛盾调处、权益维护、人文关怀、心理疏导、行为矫治、关系

---

① 当前，中华全国总工会、中国共产主义青年团中央委员会、中华全国妇女联合会、中国文学艺术界联合会、中国作家协会、中国科学技术协会、中华全国归国华侨联合会、中国法学会、中国人民对外友好协会、中华全国新闻工作者协会、中华全国台湾同胞联谊会、中国国际贸易促进委员会、中国残疾人联合会、中国红十字会总会、中国人民外交学会、中国宋庆龄基金会、黄埔军校同学会、欧美同学会、中国思想政治工作研究会、中华职业教育社、中国计划生育协会免于社会团体登记；相应的，与其对应的地方社团组织也免于登记。从数目字上来看，不包括工青妇等传统群团组织，单覆盖城乡社区与村居的计划生育协会就自称有91.3万家，远远超出了2014年年底统计的全国合法登记的社会组织数（60万家）。

调适、资源链接等服务的民办非企业单位。成立民办社会工作机构，除符合民办非企业单位登记法定条件，专职工作人员中应有1/3以上取得社会工作者职业水平证书或社会工作专业本科及以上学历，章程必须应载明社会工作服务宗旨、范围和方式。

3.1.3.4 政府购买服务

“政府购买服务”在境外亦称“政府合同外包”。20世纪末至今，我国学者引进和推广了“政府购买服务”理念，将其视为“政府部门为了履行服务社会公众的职能，通过政府财政向各类社会服务机构的直接购买而实现政府财政效力最大化的行为”（李慷，2001：23－25），表现为“政府向营利、非营利组织或其他政府部门签订契约，由政府界定服务的种类及品质，向受托者支付费用以购买全部或部分公共服务”（虞维华，2006：46－51）。随着社会政策倡导，财政部门加大对“政府购买服务”的关注，“政府购买服务”从学术用语转变为公共财政用语，但遗憾的是尚无专门界定。本研究认为，政府购买服务是各级党政机关、事业单位和团体组织为履行社会治理与公共服务职能、更好地服务与保障民生，采取市场化、契约化方式，使用财政性资金采购非营利组织、企事业单位提供的专门服务，并按程序实施监督管理的制度安排与采购行为。

需要明确界定的是，政府购买服务是一种公共行为，其采购主体有各级政府部门，但不仅限于政府部门。在我国，承担社会治理与服务职能的，除了政府部门外，还有党委部门、工青妇等群团组织以及承担行政管理事项的事业单位，都划归财政预算范畴，都是政府购买服务的重要主体。因此，“公共部门”比“政府部门”更为全面和严谨，更能体现符合中国实际的国家中心主义。

另外，需要指出的是，政府购买服务与“政府和社会资本合作模式”（Public－Private Partnership，简称PPP模式）并非一码事，也不是完全的包含与被包含关系。PPP是由社会资本承担设计、建设、运营、维护基础设施的大部分工作，并通过“使用者付费”及必要的“政府付费”获得合理投资回报；政府部门负责基础设施及公共服务价格和质量监管，以保证公共利益最大化；具体包括 BOT、BTO、BOO、TOT 等多种模式。推行 PPP，往往要使用到招投标、政府采购等政策工具。政府购买服务与 PPP 都是通过竞争选择和契约管理方式确定服务提供主体；不同的是，购买服务由政府即时给付资金，而 PPP 主要通过产权转换和成本垫付，吸引社会投资，减轻政府当下财政支出压力（马俊达，2014e，13－15）。在对外服务收费定价方面，政府对购买服务的非营利组织更多起到监督和约束作用，而 PPP 模式下，政府更多起到的是照顾或默认的作用。至于服务券，严格意义上，也不是直接的政府购买行为。现有研究中，有的将 PPP、服务券等政府行为纳入政府购买服务主打序列，值得商榷。

对上述概念进行梳理后，为了形象表达和直观区分，本研究尝试以相关地方组织盲人“看电影”[①] 案例作解析和比对，并为后续研究列举进行铺垫：

开门见山，问个问题：看电影，算什么门类服务？对于大众来说，无论去电影院还是购买版权在家看电影，无疑是司空见惯的市场消费行为，不属于公共服务范畴。那么，如果家里有位盲人，他这些年最大心愿是想“看”场经典电影，那该怎么办？常人的第一反应是去看看市场上有没有此类服务的影院或公司（潜意识里否定了家庭服务供给的能力，由家庭服务进入市场服务）。实际上，这种根本产生不了稳定客户群和规模经济效益的生意，市场不会去做的，或者做不长久；那么，盲人及其家庭找不到市场，只能转问政府与社会可不可以帮忙提供了，“看电影”踏进了公共服务（社会服务）的场域。若找政府帮忙，对于政府来说，其估量本辖区内盲人达到一定规模数量、“看电影”的诉求已成为盲人公共文化和社会生活的强烈诉求、不得不为时，传统的应对是通过加职能、加编制、加经费等方式，让文化馆之类的事业单位提供专门服务（往往漫不经心、越做越偃旗息鼓）；假设时代进步，为盲人“放电影”成为残障人基本权益保障，甚至是法定内容，则政府

① 盲人电影就是利用普通的电影载体，通过加载旁白和解说剧中画面的周围环境和人物当时的情景，再经过后期合成，使失明人士能够更加了解剧中涉及的人物、时间和地点。

提供的该类服务就进入基本公共服务状态。若找社会帮忙，一般是由志愿者及志愿团队来提供服务，随着受众规模、放映频率、专业技巧、附加功能、活动成本的增加，往往志愿、零散的社会服务得向常态、专业的社会服务转，成立专门的非营利组织成为理性之选，实际上也就是随着社会文明程度提升，进阶到了社会服务，乃至基本社会服务领域。而随着服务提供的深入，盲人的需求又怎可能停留在简单的感官满足上？比如，对于具有一定自闭、生活生存与社会交往障碍的盲人青少年，他们也许更期待能够掌握自己随时随地“放电影”的本领以及与其他正常人群体置身同场域交流，甚至期待能够通过“放电影”学习到生存与职业技能；也就是说，他们面临着“助人自助”的增能需求，此时社会工作服务就必须出场了，“放电影”实际上成为专业社会工作开展的载体和手法。而到了该阶段，政府及社会都面临新的抉择：文化馆这样的事业单位、松散且本身无多少财力资源的志愿者组织，能够胜任吗？除了加紧传统服务的改造外，嫁接和引入专业的社会服务，组建专门的民办社工机构并进行政府购买服务，成为实现成本效益最大化的现实选择，原本简简单单的“看电影”服务实际上走进了公共服务体系中的社会服务内核领域。“看电影”这样的“小事”如此，涉及困难群体更紧迫更现实的相关生存生计“大事”亦是如此道理。

3.2 研究方法

社会学研究的一个主要手段是运用经验研究的方法收集和分析社会事实，通过对经验事实的分析解释社会现象，进而理解社会世界、预测社会发展及变迁的趋势（郑杭生，2013：457）。本研究作为“模式”问题研究，讨论和分析的主题具有社会属性，而非纯粹客观的自然现象；依托于可感知的经验事实来认识社会服务购买的整体状态，有别于思辨的研究范式；而且“模式”注重客体的个别性与特殊性，所以本研究强调深入个体及其行为过程来解释和分析社会现象及其关系，相应地在研究方法方面，注重对个案的经验事实的收集与研究，进而寻求理论的验证与创新。

3.2.1 研究方法的选取

社会学研究方法体系包含方法论、研究方式和具体的研究技术三个层面（风笑天，2001：6）。在方法论层面，本研究采用了福利多元主义的理论范式，但就研究的哲学与价值倾向而言，并非非此即彼地采用人文主义的方法论、摒弃实证主义方法论。这是因为，社会服务购买与供给涉及福利多元主体角色变化情况、需求状况、关系互动及自我评价，需要结合行为主体的认知水平、理性思维与自由意志，较为深入地到被研究者的真实情境及内心世界去理解他们的行为及其所产生的社会后果；但是，社会服务购买及社会工作本身是制度设计与政策运行的有机组成，“白纸黑字”的政策文本和统计数据亦是社会现象的客观呈现，有必要对政策过程进行具体观察，作出相对客观的研究结论。因此，在方法论层面，本研究重视人文主义方法论与实证主义方法论的兼用；在具体操作上，人文主义方法论的分量相对重一些。

在研究方式层面，本研究主要采取了实地研究的研究方式，兼顾了文献研究、比较研究等方式。（1）采用实地研究方法。利用2013年开题之前、出差相关省份调研的机会，进行了选题的试研究，了解了北京、上海、G省等地情况后，确认以G省相关地市为典型性研究对象；经过前期准备与联络，于2014年夏季，深入目标研究机构（民办社工机构）注册地、服务项目实施社区，置身于社工、服务对象及相关第三方的共存行为环境，通过参与、观察和询问，去感受、感悟研究对象的行为方式及其行为背后所蕴含的动机、因缘及困扰，以逐步达到对民办社工机构等多元主体参与社会服务购买过程的理解。（2）采取了内容分析、二次分析、现存统计资料分析等三种方式，开展了文献研究。其中，内容分析主要针对相关社会政策文本内容进行客观描述、统计与评价；二次分析是直接利用其他研究者所收集的文献资料进行深度开发；现存统计资料分析是对国家和地方民政统计年鉴、地方发展年鉴、社会工作业务主管部门内部统计等各种官方统计资料进行的分析研究。（3）兼顾现代化和本土化视域，采用比较研究，对照国际与全国情境变化，对照社会服务供给动因、过程与成效变化，探寻隐含规律和特色模式，环比中西方已有模式，增强研究结论的说服力与可适用性。

在具体的研究技术层面，本研究主要采取了访问法、观察法，兼顾采用了定性资料分析方法和统计分析方法。在访问及观察对象选取上，既考虑非营利组织共性情况，也考虑社工机构成立方式、人员构成、服务领域及社会影响力的不同，在“求异法”基础上向“求全法”靠拢。在案例选择和对象访谈上，注意“最大差异的信息饱和法”使用。具体来说，一是注意社区考察，首先“进入”，建构起可开展调查的人际关系；二是以现场访谈为主，在重视对当事人进行针对性访谈时，也注意与“旁人”交流，常有意外收获或线索；三是与社工同吃同住，在具体情境中互动，实现“共述”“共景”“共情”的递进；四是对社区基本制度、民办社工机构有关项目卷宗、管理文件等资料进行必要的事前或事后收集；五是在资料分析和统计分析方面，通过图书查阅、数据库检索、实地调研等途径，收集理论著述、统计数据、调研报告及政府公报；针对境外，重点收集相关国家及地区社会服务、非营利组织及购买服务情况；针对国内，重点收集社会工作及非营利组织发展情况。重视对最新统计数据的挖掘和利用，在整理归纳和分析核算基础上，尽量用数据和图表说话，努力做到既形象直观、表达利索，又能言简意赅、点到要害。

诚如郑杭生先生指出，社会良性运行理论本质上要求结合宏观与微观两个层次的社会研究方式，在方法论上力图突破实证主义和人文主义的严重对立与分野，既要求密切关注研究对象的具体性、特殊性和主观性，也要从系统运行角度，观察整体性社会后果和社会现象加以解释并作出预测（郑杭生，2013：461）。因此，站在社会政策理论与应用的专业方向，本研究在定性研究为主的基础上，力图综合人文主义和实证主义方法论取向、结合定性研究与定量研究，更好地完成对从微观向宏观层面跃迁的社会服务购买及其模式问题的研究。

3.2.2 案例及研究对象的选取

近年来，推行政府购买服务的地区越来越多。有代表性的，如上海、北京、南京、苏州、成都、昆明、G 省相关地市；落在省这个层面，G 省、江苏、浙江等沿海省份推行力度大，尤其 G 省面上速度快、覆盖范围广。鉴于政府购买服务涉及领域多，情况复杂，若仅对一个县市区域、一个项目、一个机构情况进行典型性研究，直接推出中观或宏观层面的社会服务购买模式，缺乏说服性与严谨性。因此，本研究选择在 G 省，立足其社会服务、非营利组织、社会工作发展全景，选取若干地市的社区、民办社工机构及人员进行组合式案例研究。

选择 G 省的社区和机构作为研究对象，不仅因该地经济发达、现代化程度高，社会工作、非营利组织及服务购买也走在全国前列。G 省的当下作为和现实成效，是一些省份奋力追赶的目标；G 省的改革方向和经验教训，是一些省份发展战略的借鉴。而且 G 省和全国一样，也面临发展不均衡问题。因此，从现代化背景下的工业化、城镇化、人口结构等维度，有差异性、递进性、针对性地选择省辖的 GZ、DG、SZ 三个城市。其中，GZ 作为历史形成的地域中心城市，城乡社区相对固化，北部山区尚欠发展，类似传统城市情况。DG 是从农村小商品经济起家的新型工业化城市，“地级市—强权镇”管理模式难以有效面对工业化发展及城市治理问题，外来人口的城市融合与服务保障短缺，而这也是全国相当一部分城市面临的阵痛。SZ 则从小渔村“一张白纸”上崛起为新型现代化城市，略去不少传统农业、工业及城镇化困扰，其如何提升各地人口会集的城市发展质量，继续走在改革开放前沿，对一些经济带新型化城市同样有参考作用。G 省及其相关地市，是中国传统社会向现代社会跃迁的缩影，从中对比、找寻规律与模式，具有可期性和方向性。

而且，从应对“西潮东进”来看，G 省毗邻香港，受境外公民社会运动及相关意识形态影响更直接更显眼。G 省不仅是中国改革开放的“试验田”，也容易成为异见人士乃至颠覆性力量进行蛊惑和渗透的首选之地及“跳板”。因此，融合境外理念和本土经验的 G 省实践模式若能抵御住风险、体现出中国道路的优越性，那么相关制度和做法在全国的推广，也更加具有案例的说服力与移植的稳靠性，而这是对内陆地区进行案例研究所无法比拟的。

表 3-1 G 省案例研究对象一览表

访谈对象及背景情况		GZ 市				DG 市				SZ 市			
社工机构	简称	NPO1		NPO2		NPO3		NPO4		NPO5		NPO6	
	成立时间	2011		2008		2009		2009		2007		2009	
	人员规模	25		260		200		220		260		170	
	代表性服务领域	农村社会发展		城市家庭		综合服务		外来人口		社会福利		企业社工	
	负责人及原始身份	LEADER1		LEADER2		LEADER3		LEADER4		LEADER5		LEADER6	
		社工教授		本地居民社工毕业生		本地居民社工毕业生		外地社工机构负责人		社工教授		企业主	
	社工情况	WORKER1	WORKER2	WORKER3	WORKER4	WORKER5	WORKER6	WORKER7	WORKER8	WORKER9	WORKER10	WORKER11	WORKER12
		外地本科	外地本科	外地本科	本地本科	本地本科	本地本科	外地硕士	本地本科	外地本科	外地硕士	外地本科	本地本科
服务对象	社区和机构	COM1		COM2		COM3		COM4		COM5		COM6	
		自然村落		传统城市社区		城乡结合部新社区		街道机构		福利机构		外资企业	
	案主	CASE1	CASE2	CASE3	CASE4	CASE5	CASE6	CASE7	CASE8	CASE9	CASE10	CASE11	CASE12
		中年妇女	青少年	老年人	残障人	农民工子弟	新市民	老年人	残障人	孤儿	低保对象	青年	青年
公共部门代表		PUB1	PUB2	PUB3	PUB4	PUB5	PUB6	PUB7	PUB8	PUB9	PUB10	PUB11	PUB12
		村委干部	居委干部	街道干部	区民政局干部	市民政局干部	市民政局干部	市民政局干部	市财政局干部	市社工委干部	省民政厅干部	省社工委干部	省政府干部
其他方面代表		THIRD1		THIRD2		THIRD3		THIRD4		THIRD5		THIRD6	
		DG 社工协会		SZ 社工协会		评估机构		基金会		企业		社工督导机构	

在具体的调查对象安排上，兼顾福利多元主义分析范式，按大类划为四类：社工机构、服务对象、公共部门代表、其他方面代表。其中，社工机构主要访谈负责人，并随机访谈一线服务社工；服务对象的选择是与社工机构正在承接的政府购买项目直接挂钩的，直接深入项目实施所在社区，与案主及其家庭（非正式部门）进行近距离的接触和交流；公共部门的代表，为保证“求异”与“求全”的兼顾，选取了省、市、区、街道、村居不同级别，党委和政府、民政、财政、社工委等不同部门接触和熟悉政府购买服务项目的人员，既有政策制定者，也有政策传递者和一线实施者；而其他方面代表，既有企业主作为市场主体代表的出现，也有社工协会、评估机构、基金会、社工督导机构等社会服务支持机构的存在，进而共同构筑起社会服务供给的全息网络体系（见表 3－1）。

至于具体案例涉及的民办社工机构，同样考虑到在典型性基础上兼顾到全面性，试图将当前社会工作不同领域、不同形态的机构发展情况，尽可能地囊括与展现开来，本研究对案例访谈对象及研究机构进行了综合选取并注意到了隐私处理（见表 3－2）。

表 3－2　6 家民办社工机构简况

机构编码	登记部门及时间	主创人员情况	人员规模	服务领域	备注
NPO1	G 省民政厅 2011	大学社工师资	25	以城乡合作、公平贸易为平台，在 GZ 偏远山区开展农村社会工作	G 省民政厅批准成立的第一家民办社工机构
NPO2	GZ 市民政局 2008	社工师资和专业毕业生	260	坚持“源于社区、立于需求、富于弹性”准则，开展“家综”类城市社区社会工作	专业社工 180 人，GZ 市民政局批准成立的第一个专业社工机构

续表

机构编码	登记部门及时间	主创人员情况	人员规模	服务领域	备注
NPO3	DG 市民政局 2009	当地企业家和当地社工毕业生	200	老年人服务、妇女服务、社区矫正及禁毒服务等城市社会工作	DG 市民政局培育成立，涉及社会工作岗位服务、社区综合服务中心运营、项目运作三大板块
NPO4	DG 市民政局 2009	外地社工机构负责人	220	社区、工会、企业、青少年、司法、妇女儿童（婚姻、家庭）、社区服务中心等镇街社会工作	为 2008 年在 SZ 成立的社工机构旗下的第二家机构
NPO5	SZ 市民政局 2007	大学社工师资	260	民政、教育、妇联、残障等系统以及反家暴项目、劳务工服务项目及 22 个社区服务中心等	SZ 市民政局培育扶持的、民间组织管理局注册批准的 SZ 市首家社会工作专业服务机构
NPO6	SZ 市 LG 区民政局 2009	热爱社会事业的企业家	170	以企业社工为品牌、社区服务中心为主力、民政及信访为基石，涉及社区、民政、信访、劳务工、企业、学校等服务领域	拥有社工岗位 28 个，社工项目 5 个，社区中心 14 个

（资料来源：各机构官网，2014 年 8 月 31 日）

3.2.3 资料的收集、处理与分析

本研究在 2013 年做好相关研究设计、试调查和提前沟通的基础上，于 2014 年 8—9 月，赴 G 省 GZ、DG、SZ 三地市进行了实地调查研究，在办公地或项目活动地拜访了 NPO1—NPO6 这 6 个社工机构，探访了 COM1—COM6 这 6 个城乡社区，与社工机构、服务对象、公共部门及相关其他方面代表进行了个案访谈或者直面交流，在 DG 市召开了一次小型座谈会，

在 GZ、SZ 市通过圆桌餐叙的方式进行了座谈，收集了地方社会工作及其服务购买的政府报告、机构社会工作发展及其服务购买承接的年报、具体服务项目招标文件、合同、工作方案等过程性材料、第三方评估机构评估报告等相关文件。

在实施参与观察过程中，尤其是社工与案主在一起的工作环境下，为保障“融进去”、不让原本正常的交流环境与工作场景显得突兀与尴尬，更多依赖于看和听，尽量不掏出纸和笔作记录，而是在场下将关键信息、有启发的对话、有价值的线索及时地记录，防止信息失忆与失真；在实施个案访谈过程中，在与访谈对象建立良好对话关系、对话环境基础上，做好录音的同时，进行眼神、语言的交流和必要的文字记录。实地研究结束后，对现场笔记进行分类、建档和开放式编码；同时，在整理和编码资料、提炼概念与观念过程中，不断将自己的零星想法和观点予以记录，形成分析性备忘录。

在集中调研之后，对个案研究资料进行了初步浏览、阅读编码、分析抽象三个阶段的处理与分析。尤其是实地调研过了一段时间后的分析抽象阶段，尽量保持相对冷静和客观的态度重新回味让自己感知、感触与感动的人与事，回过头来对整理后的资料、记号以及编码进行反复审阅、比较和思考，进而找出其中的共性与差异性，建立命题陈述，尝试归纳初步的问题解释和模式凝练。与此同时，亦发现当初集中调研阶段相关访谈和资料收集仍有疏漏，采取 QQ、微信、电话等方式继续与相关访谈对象进行议题交流，并索取了相关细节性材料或数据，进一步填补案例或论据上的不足。2014 年下半年、2015 年上半年，赴 G 省 GZ 市、SZ 市等地再调研，对相关细节问题又进行了资料的收集、处理及后续分析，进一步增进案例研究的针对性、全面性与严谨性。

3.2.4 研究的信度与效度

资料收集的真实性、可靠性程度是研究信度的重要保证，尤其访谈对象对研究议题的反应、对调查者的态度直接影响其观点的可信度、真实度及保留度。当前，不同社会主体有不同的语言习惯，官员受访会习惯性地用“官话”对付；服务对象尤其困难对象面对官方、半官方的结构化谈话调查，有的半天不吭声，有的会夸大困难程度，甚至会离题千里、倒半天苦水；年轻的一线社工，往往在严肃话题面前，显出拘谨和羞涩，失去与服务对象交流时的神采；社工机构负责人及企业主，面对官方代表，往往也显示出相对正式的语言风格。因此，面对不同的访谈和调查对象，需采取不同的交流方法和语言风格，化解他们的交流障碍或话语防御。具体来说，就是要树立中立的研究者身份定位，淡化甚至隐瞒研究者自身的职业身份限定，收起大张旗鼓搞专题研究的“招牌”或“噱头”，由当地社工圈的朋友带着，“悄悄地进村”，不带“之乎者也”的学究气，拿出“朋友哥们儿”“旁观者”“倾听者”“中立者”的身份，自然地进入谈话现场，该吃饭吃饭、该喝茶喝茶、该吹牛侃大山就聊，听取对方真情实意、顺理成章的话语及观点，并获得对方提供的相关原始材料或数据。当遇到一些方言（白话）听不懂、而非听不清时，为表示尊重并不打断对方思路，一般不专门请对方重述，而是凭当地朋友旁白或录音整理予以澄清。因此，让一些官员、社工机构负责人及一线社工说出真话、大白话，有利于本研究的信度及效度。另外，在研究初稿形成后，亦征求了相关访谈对象的意见，起到了核实的作用。

由于定性研究的观察法是直接目睹行为和事件的发生与演变，因此它比其他的方法具有更大的表面效度（内容效度）（袁方，1997：354）。为确保本研究的效度，尤其是内在效度，在访谈过程中，恪守研究伦理中的保密原则，与受访者建立互信的关系，让受访者在安心的环境中接受访谈，增加其所提供资料的可靠性；在资料处理阶段，尽量杜绝根据自己的偏好来决定资料的取舍，不挑选有利的数据来构建自己喜好的理论或理想化模型，确保观察结论的准确性与客观性，进而保证社会服务购买模式的特质程度。另外，本研究存在隐含前提设置，即社会服务购买领域具有模式存在的可能，为了寻求和印证这样的“模式”结论，选取了有代表性的区域和机构进行案例研究，实际上也是保证研究效度的一种尝试。

3.3 研究创新及研究限制

本研究立足福利多元主义理论及应用，尝试按照“由大到小，再由小到大”“由上到下，再由下到上”等逻辑思路进行抽丝剥茧式分析和案例式研究，试图进行一些创新和突破，但也面临一些困难和障碍。

3.3.1 创新点

在研究设计基础上，基于社会服务购买模式的本土化诠释及“国家-社会”关系的制度化安排，试图在四个方面进行创新。

（1）从理论范式角度，尝试结合我国国情，利用福利多元主义理论视角，将社会组织、社会工作、社会福利服务等社会学的方向性议题凝聚起来，提出社会服务供给（购买）的分析模型和分析框架，重新建立对社会服务供给模式与非营利组织发展的叙述形式和研究范式，形成对中国社会服务购买模式新的概括。

（2）从逻辑体系角度，尝试发掘政府购买服务政策的逻辑与功能。一方面，针对体现大众路线（弱者路线）、需求导向的社会服务与体现精英路线、治理导向的非营利组织发展路线，探寻政府购买非营利组织社会服务的耦合作用；另一方面，针对国家政策与地方政策、以人的职业化专业化为聚焦的政策和以实务推进事业发展为聚焦的政策之间的设计、动员与传递，探寻政府购买服务政策具有的催化等触媒作用。

（3）从理论创新角度，通过对政府购买民办社工机构服务的案例研究，分析社会服务供给过程中多元主体之间的角色变迁和互动，诠释非营利组织成为我国社会服务供给体系重要主体具有应然性和实然性，提出委托代理-互容共进的社会服务供给与治理模式。认为较之国外推崇的多元主义、自由主义供给模式，它具有互容共进的优势；较之我国计划指令式的单位制社会服务供给模式，它具有开放、公平与高效的委托代理优势，是对科层制社会服务供给模式的解构与增塑。进而论证，这种模式较好嵌入了我国“一元垂直领导下的多元水平治理”的制度体系，符合中国传统与国情，蕴含着未来社会服务供给与社会治理的走向。

（4）从理论运用角度，立足委托代理－互容共进模式的服务型治理功能发挥，提出模式推广的战略布局、政策安排、路径与措施等方面的建议，提议加快建立健全与国情社情民情相适应和匹配的社会服务供给体系、非营利组织治理体系，提出社会工作本土化发展的相关政策建议；关注非营利组织在社会服务、社会福利及社会工作事业中的作用发挥，提出大力发展个体社会服务事业、推动以社会工作为引领的民办社会服务机构发展战略，助推社会良性运行。

3.3.2 研究限制

任何研究关注都会受到四种限制：科学的、实施的、伦理的和政治的（艾尔·巴比，1987：373）。在研究方法的科学性方面，定性研究侧重的是典型性研究，其特长并非是全面性研究。本研究虽有意将案例研究的区域、机构及对象规模放大，努力由“求异法”向“求全法”靠拢，但是得到的研究结论及典型模式缺乏充分的向全局推广的量化分析支撑。在研究的实施方面，存在着时间、财力、资料收集渠道等方面制约，研究者进入现场的时间也不是很长，与受访者还未真正“混熟”，而且还存在南北方语言沟通上的现实障碍。在伦理层面，虽然最大限度地坚持被研究者自愿参与、不伤害研究参与者、对于被调查者匿名和保密、不从研究者憎恨对象处收集资料等原则，但是在社会工作行当的内部“圈子”，有心人仍然能从匿名化隐私处理背后寻找到蛛丝马迹，进而“对号入座”、勾勒出研究对象的身份背景来。在政治方面，研究者的职业身份与政治立场显然会对研究过程、研究结果产生影响。

当然，研究的限制不仅源于研究方法的限制，政府购买社会服务本身属于尚未定型的议题。在客观方面，政府购买服务、非营利组织建设是动态系统工程，易受国力集聚、财政收支、经济波动、社会心态等要素影响。而且引自西方的购买服务理念，隐含全面城镇化的逻辑前提，而我国城乡二元结构及非均衡性依然存在，政府购买社会服务的实践与研究主要聚焦城市，对农村关照不够、投入不足，有“以偏概全”之嫌。更何况，我们正处于工业社会向网络信息社会跃迁的重大变革期，工业文明下的治理手段及其创新，包括所谓现代意义上的非营利组织体系、社会福利服务制度及其资源供给模式，能否适应、如何适应新的社会文明、网络生活的需求、冲击及改造，虽是未知数，但必是迟早之事。诸如购买服务、网络众筹这样的手段创新及非营利组织等主体的跨界合作，乃至无界、非线性、多向度、模糊态（混沌态）的融合创新，让人拭目以待。

在主观方面，知识的立场要求免受意识形态干扰，对多元信仰保持开放和沟通的态度，而社会科学知识中隐含着意识形态内容，又在研究过程中，对其他不同的意识形态采取排斥态度（张静，2008：16－17）。在中国“强人政治”“能人治理”的制度环境下，无论政治家态度、政治风向怎么转，就是掌管职事的部曹小吏的态度、想法与干劲，都会影响政策措施的用与不用、如何用、用到何种程度等问题，并非理论研究即可推演得来。本研究重点关注了工业化、城市化、信息化的社会变迁影响，忽略了官僚化、民主化、商业化对社会运行的影响，更多地从社会政策的工具理性层面去探究机理、发现规律。而且还有一个现实状况无法彻底回避：新生代理论研习者多居于现代都市，“高大上”环境耳濡目染过多、接触穷乡僻壤较少，甚至没有感受过多少底层社会的艰辛，以及个别人和组织的狡黠，多多少少会犯“理想主义”“以偏概全”“夸夸其谈”的毛病，乃至会按自己臆想的世界去抒发“替民做主”的浪漫情怀与理想言论。须知，社会服务所面对的群体、个体及真实环境、利益诉求，只会比落到纸面上的情况还要令人震撼与深思。

第 4 章 从何而来：社会服务购买的轨迹耦合

事物及理念并非凭空而来。“要解释某一较为复杂的社会事实，只有观察它在所有的社会种种的全部发展过程才能做到。”（E. 迪尔凯姆，1995：150）基于前三章的铺垫，从本章开始，深入社会运行与社会现象之中，观察和解释社会服务购买模式的发端、运行与结果。这当中，首要解决的问题是：社会服务购买是在什么样的历史条件下衍生的。只有了解了“从何处来”，才能更加清晰地探究“因何可能”“依何可能”“如何可能”等问题。当下，追根溯源，落到社会服务多元供给的时空变迁和现代非营利组织治理的具体情境，顺着社会服务购买、非营利组织服务购买的两条线索，探寻和比对中西方购买非营利组织服务的发展谱系和路径，显得十分有必要。

4.1 政府购买是现代社会服务供给的重要方式

过程概念是社会发展之关键（詹姆斯·米奇利，2009：91）。运用福利多元主义视角，对社会服务发展进程及供给方式进行梳理，建立全息镜像，进而用这面“镜子”照向现实情境，有助于对社会服务及其购买问题进行更加清晰准确的方位判断和路径选择。

4.1.1 西方社会服务模式演变及推行购买服务的轨迹

有学者提到，18 世纪时，西方人的生活方式实质上与古代的埃及人和美索不达米亚人的生活方式相同（斯塔夫里阿诺斯，2005：477）。改变这一切的，是历经启蒙运动到来的工业革命，以及与之交互作用的科学革命、思想革命、政治革命及社会运动，当然也包括社会服务与治理领域的制度演进与方式创新。

4.1.1.1 自由资本主义阶段：民间供给为主的社会服务模式

该阶段自 18 世纪工业大革命至 20 世纪 30 年代“大萧条”时代，是工业化、城市化大发展时期，也是推崇“物竞天择”的自由经济理论盛行时期。从个体发展角度，伴随城市化运动及人的迁徙流动，导致“从历史规定的、在传统和支持的传统语境意义上的社会形式与义务中脱离”的解放维度及“与实践知识、信仰和指导规则相关的传统安全感丧失”的祛魅维度、“重新植入”的控制或再整合维度的三重叠加（乌尔里希·贝克，2011：14 - 18）。据统计，1851 年英国城市化率即达 50.2%（林雄斌，2012）。城市兴起、工业兴旺及“圈地运动”开展，如同一台“大马力的抽水机”，吸引大批农村人口流向城市，甚至移民“新世界”。而人一旦离开土地及本乡本土，家庭的生产职能、教育职能及养老抚幼职能减弱，失业危机、流离失所、朝不保夕等风险迎面而来，社会服务需求激增。

从市场的角度，该阶段既无担当也无业态提供社会服务。企业想方设法从劳动者身上榨取剩余价值，而非提供福利保障；“资产阶级撕下了罩在家庭关系上的温情脉脉的面纱，把这种关系变成了纯粹的金钱关系。”（马克思、恩格斯，2005：89）。市场竞争使落败者破产，经济危机使工人赤贫，资本主义罪恶及不道德性激起一轮又一轮批判和斗争，与弱势的社会个体呈对抗关系。

从国家的角度，在自由主义的掩饰下，政府更多是“守夜人”角色。老牌资本主义国家镇压工人运动的同时，以福利换取服从。19 世纪 80 年代，德国等国建立社会保险制度，推行劳工、雇主和政府三方投入与风险共担，但不为非工人提供福利。英国等国延续和完善济贫制度，对污名化的“社会中无用的人”进行院内救济，但对困境老人、残障人、儿童扶助并不热衷。在美国，政府对弱势群体无动于衷，说辞上却是“千百万人陷入绝境，当然不是咎由自取，可是社会工作者们却一再说：失业的人自觉羞愧”（威廉·曼彻斯特，2006：23）。

从社会的角度，非营利组织刚有雏形。在社会工作领域，受福音运动、睦邻运动推动，“汤恩比馆”于1884年出现，1877年美国水牛城建立第一家“慈善组织会社”，1915年奠定社会工作专业性的《社会诊断》一书问世。社会服务主要依托非正式部门，包括家庭、邻里、亲友、同乡及族裔照顾、宗教及慈善组织服务，以及社区互助、行会或工会帮扶（甚至帮派支持）等。美国进步时代（19世纪90年代至20世纪20年代）民间自发的“社会自我保护运动”主要立足于大城市。这些服务，对于广大新市民、新移民来说，仅是杯水车薪。

总的来说，该阶段的现代化首先是提升一国经济和政治能力的过程（罗纳德·英格尔哈特，2013：4），社会培育及社会服务发展尚不成熟，比经济、政治现代化慢了半拍，仍沿袭以非正式部门为主的社会服务供给格局（如图4－1所示）。政府的民生投入有限，向第三方购买服务无从谈起。

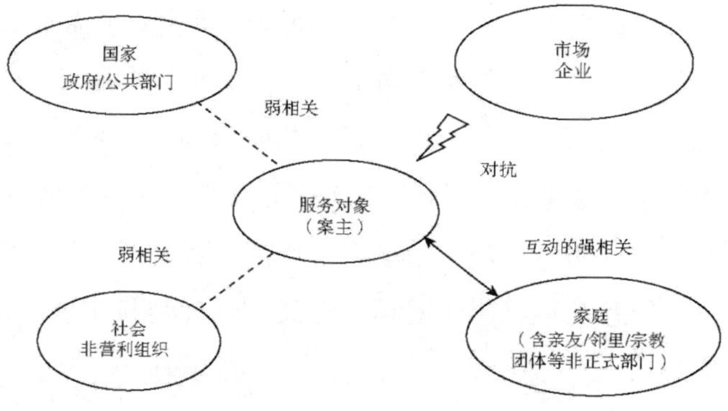

图4－1　自由资本主义阶段的西方社会服务供给基本格局

4.1.1.2 福利国家阶段：国家供给为主的社会服务模式

该阶段始于20世纪30年代，止于70年代。在该阶段，社会主义公有制及福利供给，成为西方资本主义的压力传导，一些国家“开始于一个全方位的新社会药方，并意图将其实现”（詹姆斯·C. 斯科特，2012：111 –112）。20 世纪 30 年代美、德等国推行国家干预政策，履行社会保障职能，虽扭转了经济危机被动局面，但寡头之谋、国力之争让民生福祉一度落空。经历世界大战的痛定思痛，西方国家纷筑“福利国家”，社会服务事业渐入正轨（变化分析见表 4 –1）。

从个体的角度，经济危机的阴影、战争的残酷与威胁，让人潜移默化把自己的命运与国家捆绑并予遵从，认识到贫穷仅是制约个体发展的因素之一，病、愚、脏、懒等问题更难应付，非一己之力可以克服，更需国家物质救助同时，提供社会照顾和服务。

从市场的角度，随着电气革命和“欧洲复兴计划”施行，企业从战前萧条和战争创伤中走出，认同并担当对员工及相关利益方的社会责任和有限的职业福利供给。工业社会结构下的福特主义式生产，提升了劳工的消费能力；工业反哺农业，增强了农民保障。总的来说，“西方社会国或福利国的建立是在其经济史上的扩张期所进行”（Franz –Xaver kaufmann，2002：177）。

从社会和非正式部门的角度，战争的悲欢离合及对人类社会的痛苦反思与迷茫，让家庭、家族及邻里的往来渐行渐远，脱离宗教信仰群体及互助组织的人员增多。至于非营利组织，主要分布在经济与科教文卫领域，从事社会服务的依然不多。社会工作仍处于发展阶段。1944 年，小组工作、社区工作方法形成，以美国为代表的社会工作教育和服务模式开始推行。20 世纪 50—60 年代，通过留美学生学成归来，挪威、英国、加拿大等国推广社会工作，但专业社工主要分布在政府部门、院校、医院等组织，从事法定服务。

表 4 –1　福利国家阶段社会服务供给变化过程分析框架

服务主体	服务角色担当	服务资源传递	服务规范运营	总体评价
国家/公共部门	↑	↑	↑	↑
市场/企业	×	×	—	×
社会/非营利组织	—	↑	—	↑
家庭等非正式部门	↓	↓	—	↓

从国家的角度，在冷战“二元对抗”格局下，建立“福利国家”渐成自觉。以“中间偏左”面貌示人的欧洲政党及政府，推行“普遍主义”原则，树立“社会公民权”，倡导国家对全体公民“从摇篮到坟墓”的权利保障。英国在《贝弗里奇报告》基础上发布社会保险白皮书，创建社会服务部并公布《地方政府社会服务法》（1971）。20 世纪 60 年代，北欧国家推进社会服务及专业社会工作建设，将其纳入社会救助、社会照顾法律范畴。美国连续修正《社会保障法》（1956、1962、1967），提出“向贫困宣战”，实施“伟大社会”计划。总的来说，无论社会民主式、组合式还是自由主义式，抑或全民性福利、选择性福利、制度福利、剩余福利的选择组合，政府的投入和责任都成为主导。对比前一阶段（见表 4 –1），存在国家/政府与失能个体间的强相关关系（如图 4 –2 所示）；在此阶段，政府重视依托自身力量供给服务，购买第三方服务尚未形成气候。

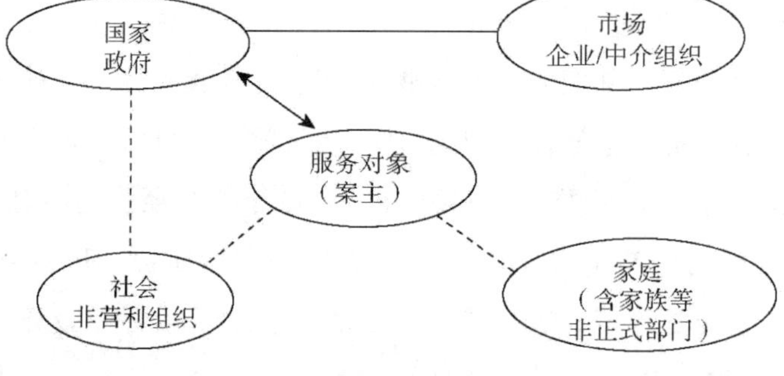

图 4 –2　福利国家阶段的西方社会服务供给基本格局

4.1.1.3 福利社会阶段：多元供给的社会服务模式

该阶段始于 20 世纪 70 年代“人们在遗忘了几十年之后，重新发现社会部门是民主试验中最核心、最不可取代的部分”（Don，2000：3），进入了西方的后现代化时期。尤其 20 世纪 70 年代，受石油危机及第三世界运动影响，财税危机、经济危机、科层危机、合法性危机蔓延，加之社会服务的增加带来了税赋负担和慢性通货膨胀，引发对“福利国家”的反思及道德批判，促成了“福利社会”构建及购买服务方式的运用。

从个体的角度，第二次世界大战后的“婴儿潮”，紧接着“迷失的一代”，再接着是“银发潮”，导致“社会的迷思”。儿童、残障人、老年人等群体社会照顾及药物滥用者等亚群体的照护需求增多，政府应接不暇、无力胜任。经过几十年制度“驯化”，个体及家庭将儿童养育、老人照护等方面的职责更多地抛给了政府，形成了福利依赖。供给遇到瓶颈，危机的爆发只是时机问题。

从市场的角度，以第二产业为主的经济发展停滞与货币通货膨胀同期相遇，西方经济增长受挫，国库收支受到影响。对于企业来说，投向第三产业发展，无疑是突围之举。这就包括公共事业服务和面向个体（包含家庭等非正式部门）的部分社会服务，可按约定收取费用，具有“商品化”可能。工业社会在向商业社会转变的同时，随着社会进步，加之遗产税改革，富豪开始反思金钱作用和人生意义，投向社会公益慈善，资本主义阶级矛盾相对缓和。

从政府的角度，随着“慷慨的”社会福利开支扩大，政府包办难以为继。英国推行市场化、民营化改革，提倡“机会而非依赖”“促进工作的福利”，培育积极的工作道德和社会投资型国家；继而推行“公民宪章”运动，将社会服务机构照顾向社区照顾转变。美国修订《社会保障法》第20章“社会服务固定拨款法案”，将社会服务委托非营利组织和市场力量去做，政府在压缩福利、削减开支的同时，试图实现消极的“社会消费”向积极的“社会投资”转变①。经济建设“后来者居上”的日本，当局正准备追随福利国家轨迹，环顾左右之后，改弦易辙，认为日本不需“福利国家”，珍视已有的“福利社会”。北欧国家率先完善税制，“用富人的钱补贴穷人”。加拿大、瑞典、冰岛等国健全法律，设立了社会服务专职部门（见表4－2），社会服务体制得到进一步完善。

① 20世纪80年代，虽然美国政府的社会服务支出有所下降，但1987年依然支出430亿美元，占当年GDP的0.4%、财政支出的1.32%，且社会服务机构大幅增长，1977—1987年，私人社会服务机构数量增长了66%（来源：［美］萨拉蒙：《公共服务中的伙伴》（田凯译），北京·商务印书馆，2008年版，第195页）。

表4-2　部分西方国家社会服务政府主管机构和职责内容

国家	政府机构	政策法规	主要社会服务对象
英国	卫生部	《地方当局社会服务法》（1970）	老年人，儿童支持、儿童照料和青少年犯罪，家庭，患有身体残障和学习残障的人，存在精神健康问题的人，药物滥用者、酒精依赖者和吸毒者
美国	卫生和人类服务部	《社会保障法》（1974）	贫困家庭，儿童，孕妇，残障人，老年人，HIV/AIDS患者，无家可归者
瑞典	卫生和社会事务部	《社会服务法》（1980）	儿童和未成年人，老年人，残障人，功能损伤者，药物滥用者，犯罪活动受害者，提供照料的照料者
挪威	劳动部	《社会服务法》（1991）	儿童，残障人，老年人，酗酒者和吸毒者，其他社会处境不利的人
冰岛	社会事务和社会保障部	《市政当局社会服务法》（1991）	社会咨询（资金、住房、儿童教育、离婚等）、资金援助、居家社会援助，儿童、未成年人，老年人，残障人，嗜酒者和药物滥用人员
丹麦	社会事务部	《社会服务法》（1998）	儿童和未成年人，身体或精神功能损伤成年人，残障或患有严重疾病的、有紧密血统（或婚姻）关系的人，有严重社会问题的人
捷克	劳动和社会事务部	《社会服务法》（2006）	社会咨询，社会照料服务（儿童、残障人、老年人），社会预防服务（处在危机的人、物质成瘾人士、无家可归者）
以色列	社会事务和社会服务部	《社会福利法》（1958）	老年人，单亲家庭、儿童、青少年，残障人，药物滥用者，新移民、司法矫正对象
芬兰	社会事务和卫生部	部门政策	儿童、未成年人和家庭，残障人，老年人、参战老退伍军人，药物滥用者

（资料来源：李兵：《社会服务》，北京·知识产权出版社，2011年版）

从社会的角度，自由主义开始盛行。该阶段非营利组织建设，虽夹杂与政府对抗意蕴，或兼具宗教色彩，但通过政社合作，增添了耦合性。特别随着政府购买服务的推进，以助人为宗旨的非营利组织迅猛发展。社会工作成为独立的行业与职业。1983年，国际社会工作教育联盟有66个国家、476个会员学校（詹姆斯·米奇利，2009：22）。社会工作成为个体社会服务（社会照顾）的主力，发达国家和地区社会工作专业人才占总人口的比例通常达到 2‰—5‰[①]。在此阶段，社会领域及其非营利组织开始大放光彩，社会“治理”之意开始名正言顺。

总的来说，该阶段是多元主体共同参与并策应互动的时代（变化分析见表 4－3）。经过几十年修正，西方发达国家不同程度地走向了混合福利供给的道路，基本建立了均衡的社会服务供给格局（如图 4－3 所示），政府购买与第三方提供成为制度安排的重要内容，对平抑经济波动、塑造良性运行、选择多元、鼓励兴业、激励创新的柔性社会功不可没。

表 4－3　福利社会阶段社会服务供给变化过程分析框架

服务主体	服务角色担当	服务资源传递	服务规范运营	总体评价
国家/公共部门	↓	↑	↑	↑
市场/企业	↑	↑	↑	↑
社会/非营利组织	↑	↑	↑	↑
家庭等非正式部门	↓	↓	—	↓

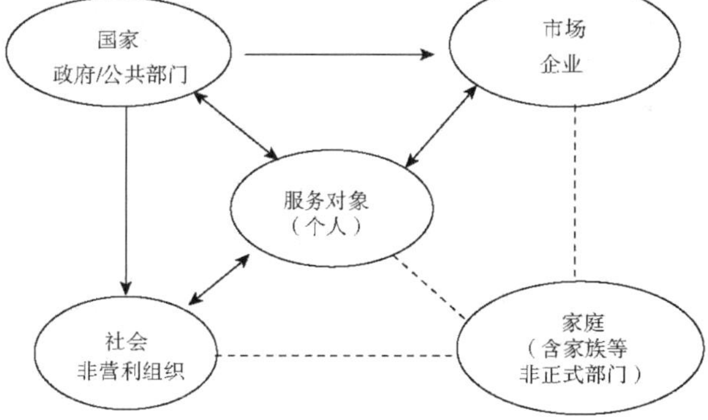

图 4－3　福利社会阶段的西方社会服务供给基本格局

① 美国专业社工 85 万人，占总人口的 2.8‰；英国专业社工 12 万人，占总人口的 2‰；中国香港专业社工 4 万人，占总人口的 5.7‰。数据出处：本书编写组：《〈关于加强社会工作专业人才队伍建设的意见〉辅导读本》，北京・中国社会出版社，2011 年版，第 58 页。

当然，现代化永无止境，“成熟”仅相对而言，西方社会服务依然面临挑战，自由度、分散度、集中度之间依然博奕，社会服务供给模式亦非完全定型。第一，网络社会的挑战。互联网、物联网时代的自组织、自服务作用渐显，网络临床社会工作等服务成为新需要。第二，金融危机及全球化、去工业化背景下的结构性失业问题突出，贫困线以下人口未减，社会福利模式受到挑战与质疑。第三，非白人族裔比例增高，族裔矛盾增多，加之恐怖主义和非传统安全，族群均等化服务面临挑战。第四，出现重回传统、回归宗教倾向，邻里、宗教等非正式部门作用复苏，家庭功能开始重塑。第五，“欧盟”一体化进程下，原“华约”国家社会服务体系需重构并匹配。第六，西方“人口红利”殆尽，结婚率和生育率低，养老和医疗费用高，退休年龄延迟，“世代公平”问题发酵，老龄化对经济社会的冲击仍未见底①。正如哈贝马斯所言“现代性是一项未完成的工程”，西方社会服务仍处于现代化的应变之中。

4.1.1.4 伴随西方多元服务供给的服务购买发端

政府利用市场手段购买服务，古来有之；但是，政府购买社会服务并非随时随地都能成为制度性安排，其与成熟均衡的现代社会服务格局密切相关。只有政府、社会及市场等多方主体都有意愿并有能力在社会服务供给中发挥作用，购买服务的桥梁方能搭建并畅通，资源的输入和输出方可成为可能和必然。正因如此，制度化的政府购买服务到了20世纪60—70年代才首创于英美国家；80—90年代，澳大利亚、德国等国开始援用；20世纪末，欧盟、OECD成员国家纷纷建立政府购买服务制度。纵览西方实践，存在两种典型操作模式。

一种典型模式是以美国为代表的合同外包（Purchase of Service Contracting，简称POSC），采取通用的政府采购规则与招投标程序进行服务购买。20世纪60年代末至70年代初，美国联邦“经济机会办公室”首

① 据统计，2007—2009年，OECD国家平均公共社会开支从占GDP的19%增加到22%（欧盟国家接近30%，北欧国家接近40%），至今未见跌落。OECD预测，从2009—2050年，OECD国家用于医疗和长期护理服务的公共开支将从7%上升到13%（美国已超过10%），几乎翻一番（来源：OECD网站）。

开先河，进行低收入家庭的教育服务购买。到 70 年代，美国通过立法形式购买私营部门、非营利组织服务。80 年代里根政府时期，实行发挥市场机制作用的“供给学派”经济政策，市场机制被更多运用进来，儿童日托，老人照顾，吸毒、酗酒、赌博成瘾人群帮扶，残障人士，移民和其他边缘人群服务被纳入制度性购买范围。据美国学者萨拉蒙估算，1980 年，仅联邦政府对非营利组织的服务购买资金就达 404 亿美元，大约是联邦政府在这些领域总支出的 36%；其中，对社会服务领域的支出份额很高，当年联邦政府支出 77 亿美元投入社会服务领域，其中 40 亿美元用以购买非营利组织服务，达到 52%①。进入 21 世纪以来，虽然财税政策屡有调整，但美国政府购买非营利组织服务的规模、内容及态势没有大的变化。

另一种典型模式是在政府和社会资本合作模式（PPP 模式）下，将购买服务融入政社合作的整体策略安排中去。英国最早将政府与民间伙伴关系作为国家战略提出，几乎所有政府部门都有业务通过购买方式完成，每年用于采购公共服务的资金高达 2000 多亿英镑②。1998 年布莱尔首相与代表志愿及社区部门的 COMPACT 工作组共同签署《政府与非营利组织及社区组织的关系协定》，所辖“资金与政府购买协定”是其关键。2011 年英国政府发布《公共服务开放白皮书》，确立了选择、放权、多元化、公平性、问责等五大原则，将购买社会服务分为个人服务项目、社区服务项目和委托服务项目三类。当前，英国城市社区服务体系中，政府直接提供服务比例很低，主要让非营利组织、营利组织及邻居亲戚对需照顾者提供直接服务，并出现无偿服务、志愿服务、收费服务、混合保险等多元方式，以此满足不同个体需求，“实质上延续多元化福利体系”③。

---

① 参见［美］萨拉蒙：《公共服务中的伙伴》（田凯译），北京·商务印书馆，2008 年版，第 92－93 页。从 30 多年前这组数据，对比我国当前社会服务经费支出数据，可以看到差距。

② 数据出处：周学荣：《英国公共服务改革及其启示》，载《国家行政学院学报》2010 年第 12 期，第 37 页。

③ 具体分析参见：王燕锋：《去机构化的多元服务：英国城市社区治理》，2014 年 6 月 30 日《中国社会报》第 4 版。

相较而言，第一种模式体现“实用主义”，将市场化手段“拿来”，直接用于社会服务供给，具有工具理性意蕴。第二种模式更具价值理性意蕴，强调政府购买围绕政社互动，赋予了政府购买社会服务的治理功能。从发展逻辑来看，两种模式都有工业主义逻辑存在：为了回应新兴的城市工业社会问题，社会福利体系发生多次建构，服务内容的丰富、购买服务的出现，以及专门化的社会福利与社会服务部门的设立，属于应有之义。从发展风格来看，不同模式的选择根源于不同国家的社会结构、社会关注及社会文化。即便同属自由主义风范，英国作为老牌资本主义国家，更加关注于社区的重构及面向社区的资源直接传输，着力从较为稳定的社会结构中挖掘现代社会发展的新动力与活力，所以更加注重基于社区单元的社会服务购买及治理体系建构；而对于美国来说，立国以来的政府责任有限性及民间社会的自由风尚，决定了国家和政府更多依赖市场机制和民间自治发挥服务社会的作用，对于社会问题更多采取“头痛医头、脚痛医脚”的策略，何况“新大陆”社会乃纯粹的原子化重构、没有太多回归传统的余地，所以政府购买服务仍停留在操作工具层面，未赋予更多深意。若推及欧洲大陆国家，法国、德国等国及北欧诸国的做法，大都在这两个模式的象限之内，无非偏向程度、投入比例、操作重心有所不同，而这实际上都与本国社会服务供给格局及多元主体的培育情况、政社关系密不可分。

4.1.2 境内社会服务模式演变及推行购买服务的轨迹

中国社会，千年来立足“小农”经济和儒家文化，“乡土气息”支配社会生活，“差序格局”决定社会结构（费孝通，2012：35）。传统社会服务依赖家庭自给、宗族互济、邻里互助及“普济院”等乡土资源供给，呈现以家庭家族为纽带、社会关系为核心、政府责任为补充、道德自律为支撑的格局（周悦，2014：28－30），没有购买服务的传统。而现代语境下的社会服务，肇始于世界潮流冲击，间断于外侮共御和兄弟阋墙，扭转于新中国建立，兴盛于市场经济改革，购买服务的出现兼具曲折性和必然性。

4.1.2.1 被动现代化下的社会转型：民间供给为主的社会服务模式

从 1840—1949 年，中国“几乎对西方出现过的各种现代化模式都进行过快速的试选择”（罗荣渠，1995：339），但未从根本意义上改变中国社会结构。在个体层面，大家庭群居聚居仍是主流，个人面临的多是衣食住行等基本生存问题，而非提高个人生活品质的舒适性需求。在市场层面，民族工业在求索中挣扎，阶级对立与经营危机之下，企业提供社会服务微乎其微，实业家熊希龄兴办香山慈幼院、潘达微筹设 G 省公立孤儿教育院的事例屈指可数。在社会层面，宗族组织式微，农会等对抗性组织、革命性团体处于血雨腥风的动荡，行业社团商会、赈灾组织的作为空间有限。在国家层面，清政府于光绪三十二年（1906 年）始设民政部，下辖民治司保息科，“掌官办绅办育婴、抚恤、济良等局、所及慈善事业”；至民国，循旧制设内政部，1938 年国民党党管机构“社会部”改隶行政院，并将内政部所掌社会福利划归，实施《非常时期救济难民办法大纲》《抗战建国时期难童救济教养实施方案》《救助社会福利事业暂行办法》等法令，聚众之力纾难解困（段凤东，1996：65 –95）。

在 G 省，清光绪二十九年（1903 年），基督教两广浸信会在 GZ 首开恤孤院；1927 年，G 省民政厅厅长朱家骅筹设贫民习艺所；1929 年 G 省 GZ 市社会局成立，贫民教养院划其管辖；1939 年，G 省社会服务处在韶关成立，并依省赈济会、粮食救济会、赤贫民众救济委员会等组织开展救急难（李仲伟，2000：96 –100）；1942 年，G 省政府拟订《各县市办理社会福利事业办法大纲》，将社会福利事业划为劳工福利、社会福利、儿童福利三类，官办、民办、教会办三种体制并存（广东省地方史志编纂委员会，1993：142）。但在国家破败飘摇之际，执政政权更多扮演“救火队员”“裱糊匠”角色，社会服务的制度性安排举步维艰，福利供给格局坍塌，一盘散沙难以为继。生存在这个时代的弱者，除了听天由命，只能以命抗争。

随着西方教会福音传递和中国精英学成归来，该阶段的专业社会工作并未落后于世界。北京基督教青年会于 1912 年创办北京社会实进会；1919

年，位于G省的岭南大学社会科学系成立；1921年协和医院社会服务部成立，医务社会工作“同步于美国”（Ida Pruitt，2014：2－16）；1925年，燕京大学社会学系更名为“社会学与社会服务系”；20世纪二三十年代，以沪东公社等为代表，探索城市社区工作，以晏阳初的平民教育运动、梁漱溟的邹平试验、燕京大学的清河试验等为代表，探索农村社区工作；抗战期间，大后方社会工作、边疆社会工作陆续开展。但是，“一个本来贫弱、落后的国家，绝不可能瞬间变成一个富强、文明的社会”（阎明，2010：353），此时社会工作更多依赖理性、理想和理论“建构”，而非工业化、城市化等现实问题催生。一定程度上，其专业化进程超前于当时中国现代化进程。皮之不存，毛将焉附。没有深深扎根于本土，当风云变幻之际，易被湮灭。

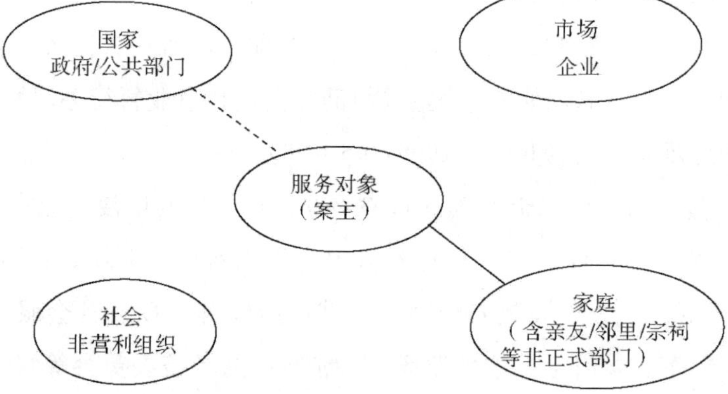

图4－4　1840—1949年中国社会服务供给基本格局

4.1.2.2 计划经济时代下的一体化：计划指令式的单位制社会服务模式

一国现代化，必须建立在独立自主基础之上。新中国的成立，“把现代化看成是国内社会经济动态运动过程的观念，与将革命理解为根植于并有利于社会发展的观念之间，有着高度的契合性”（西达·斯考切波，2013：20）。在个体层面，社会翻天覆地变化、传统宗族结构被打破、社会运动驯化人心，人口康健水平及思想觉悟得到提升。在经济层面，资本主义及手工商业基本实现国有化改造，除了保姆等个别雇佣关系外，商品化的社会服务荡然无存。在社会层面，成功地对旧社会无业游民、国民党散兵游勇、妓女、流氓及无家可归者进行了改造，行业协会商会等民间组织成为一体化结构的附庸或转为群团部门；新中国成立初期，G省各地接管民间福利机构，20世纪60年代后因人员减少，设置社会福利院统一管理与分类教养。在国家层面，在社会主义意识形态下，国家吸纳了社会、消弭了市场，国家与个人之间形成了直接的责任关系，“为人民服务”成为执政追求，党委、政府、厂矿、队社大包大揽社会服务成为应有之义。在该阶段，不是没有社会服务，而是在“单位人”制和“强政府－弱社会”格局下，公共部门吸纳了民间社会服务，社会上基本没有“游离态”。因此，采取兴建事业单位、“企业办社会”“大锅饭”“统购统销”等方式及五保、赤脚医生等创新，进行了服务产品的计划生产和统一分配，总体上与该阶段超稳定的社会结构相匹配与适应。

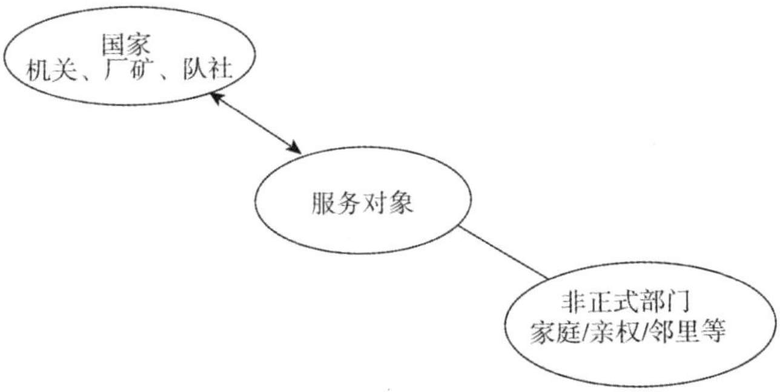

图4－5　计划经济时代中国社会服务供给基本格局

但是，计划时代的社会服务供给有其客观局限性。这期间的国家建设（包括G省的建设），缺乏工业化、城市化的演进和技术革命的推进，试图以较快速度、机械化地城乡隔离、“没有城市化的工业化”和“以农哺工”，理想化地从“一穷二白”农业社会跃迁到工业社会，违背了不以人的意志为转移的社会发展规律，磕磕碰碰，甚至头破血流。计划经济时代的社会服务供给，学理上虽可归为全民性的、制度性的福利供给模式，但却是低起点、零散态分布，技术创新与制度改革拘囿，无法超越时代环境，[①] “充其量只能满足人民最低层次的生存条件，其结果是普遍贫穷”（李迎生，2012：17），势必会随势而变。

4.1.2.3 市场经济时代的多元化：尚未定型的供给格局

1978 年，中国进入新纪元，重新回到全球语境下的现代化轨道。在改革开放的工业化、城市化、信息化、国际化过程中，经济发展取得新成就，社会发展面临新变化。在个体层面，传统思想禁锢渐被打破，社会流动加快，个性化、多向度社会需求激增。在市场层面，随着市场经济体制从被认可到遵从，形成了“社会需求在哪，利润在哪，投资就跟进到哪”的动员机制。在社会层面，“街居制”“单位制”式微，城乡流动加剧了家庭小型化、家族解构及社会离散度，共利互益的非营利组织成为新的聚合方式。在国家层面，经济发展及税制改革，增添了财政投入社会福利与保障的实力，社会发展被提上日程。党的十六届三中全会首提建设“四位一体”的和谐社会之后，“小福利迈向大福利”的时机逐渐具备（景天魁，2011：6－10）。

表 4－4　改革开放以来社会服务经费支出、GDP、财政支出及服务情况

年度	全国（亿元/万人）					G 省（亿元/万人）			
	社会服务支出	GDP	财政支出及社会服务所占比例%		主要服务对象	社会服务支出	GDP	财政支出	主要服务对象
1978	13.7	3645.2	1122.1	1.22	－	－	－	27.0	－
1979	18.4	4062.6	1281.8	1.43	－	－	－	28.0	－
1980	17.5	4545.6	1228.8	1.43	－	－	－	24.9	－
1981	19.2	4889.5	1138.4	1.69	－	－	－	27.2	－
1982	19.6	5330.5	1230.0	1.56	－	－	－	30.8	－

① 1958 年 2 月，内务部王子宜副部长赴布拉格参加社会主义国家社会保障工作会议回国后，即着手开展兴办社会福利生产试点，但因其被打为“右派”不了了之。同年 11 月，内务部在社会主义“大跃进”运动中，提出民政部门的主要任务是搞福利，要为全体人民的福利发展。同年 12 月 31 日，中共内务部党组向中央写了《关于民政部门的机构设置问题的请示报告》，提出民政部门既不能撤，也不要同其他部门合并；名称若要改的话，可以改为社会福利部。（参见《民政部大事记 1949 年－1986 年》）。由此可见，故人的思想认识不亚于后人，后人亦不见得都很高明，皆受客观规律与环境约束。

续表

年度	全国（亿元/万人）					G 省（亿元/万人）			
	社会服务支出	GDP	财政支出及社会服务所占比例%		主要服务对象	社会服务支出	GDP	财政支出	主要服务对象
1983	21.6	5985.6	1409.5	1.53	–	–	–	34.3	–
1984	24.2	7243.8	1701.0	1.43	–	–	–	42.7	–
1985	29.6	9040.7	2004.3	1.48	–	–	–	60.8	–
1986	34.4	10274.4	2204.9	1.56	–	–	–	82.9	–
1987	35.9	12050.6	2262.2	1.59	–	–	–	89.9	–
1988	39.6	15036.8	2491.2	1.59	–	–	–	115.2	–
1989	46.6	17000.9	2823.8	1.65	–	–	–	141.2	–
1990	51.9	18718.3	3083.6	1.68	–	–	–	150.7	–
1991	62.5	21826.2	3386.6	1.85	–	–	–	182.5	–
1992	63.7	26937.3	3742.2	1.70	–	–	–	219.6	–
1993	69.9	35260.0	4642.3	1.51	–	–	3469.3	331.3	–
1994	87	48108.5	5792.6	1.50	–	–	4619.0	416.8	–
1995	103.5	59810.5	6823.7	1.52	–	–	5933.1	525.6	–
1996	121.2	70142.5	7937.6	1.53	531.9	–	6835.0	601.2	–
1997	133.5	78060.9	9233.6	1.45	536.2	–	7774.5	682.7	–
1998	161.8	83024.3	10798.2	1.50	631.1	–	8530.9	825.6	–
1999	194.7	88479.2	13187.7	1.48	702.0	–	9250.7	965.9	–
2000	229.7	98000.5	15886.5	1.45	845.0	–	10741.3	1080.3	–
2001	284.8	108068.2	18902.6	1.51	2006.7	–	12039.3	1321.3	–
2002	392.3	119095.7	22053.2	1.78	3021.5	–	13502.4	1521.1	–
2003	498.9	134977.0	24650.0	2.02	3872.2	–	15844.6	1695.6	–
2004	577.4	159453.6	28486.9	2.03	4742.8	–	18864.6	1853.0	–
2005	718.4	183617.4	33930.3	2.13	5440.8	–	22557.4	2289.1	–
2006	915.4	215904.4	40422.7	2.28	7208.9	–	26587.8	2553.3	–
2007	1215.5	266422.0	49781.4	2.45	11049.5	72.0	31777.0	3159.6	408.09
2008	2146.5	316030.3	62592.7	3.44	14010.2	83.4	36796.7	3778.6	459.99
2009	2181.9	340320.0	76299.9	2.88	15206.5	102.1	39482.6	4334.4	480.06
2010	2697.5	399759.5	89874.2	3.0	16960.1	115.4	46013.1	5421.5	521.43
2011	3229.1	468562.4	109247.8	2.96	18221.6	148.1	53210.3	6712.4	579.62
2012	3683.7	518214.8	125953.0	2.93	17165.8	166.9	57067.9	7387.9	580.98
2013	4276.5	566130.2	139744.3	3.06	17553.1	198.2	62164.0	8411.0	532.78

（数据来源：民政统计年鉴、广东统计年鉴。服务对象以城市低保、农村困难群众救助、医疗救助对象、优抚对象、孤儿为统计口径。从表中可看出，2006 年、2007 年前后，是全国社会服务发展拐点；当前，全国社会服务支出占财政支出比例基本达到 3% 水平，但 G 省近年来社会服务支出占财政支出比例徘徊在 2.2%—2.4% 之间，尚未攀升到 3%）

相应地，改革开放后，社会建设从“配属”地位逐步跃升至具有全局意义的战略位置。1983 年第七次全国民政会议提出“发动社会力量”；1984 年 G 省 GZ 老人院率先向社会开放，1986 年成立第一家民办社会福利服务机构“GZ 岭海颐老会老人公寓”。1986 年，民政部开始倡导社区服务；1987 年，G 省在 GZ 海珠区、江门等市区以“敬老、助残、便民”为重点开展社区服务试点。1988 年，第八次全国民政会议将“社会服务”列入政府职能和制度化安排，开启了城市社区建设和行政性社会工作新局面；1992 年，拟筹“中国社会服务促进会”，探索了社区包护服务①。其后十余年，推进社会福利社会化，于 1999 年在 G 省召开现场经验交流会。虽其间面临市场化及“内卷化”考验，但纯市场化、产业化的改革路径没有得到认同，主要实现了由“依靠生产、推动福利”② 向“依靠社会、推动福利”的转变。2006 年以后，救急难的最低生活保障及社会救助制度形成，大多省份建立了高龄津贴制度，G 省“三无”老人的 2007 年供养标准是1979 年的31. 8 倍③，社会服务的财政供给加大（见表4 -4），由“补缺型”向“适度普惠型”转变。2012 年以来，国家启动“阳光计划”“月光计划”“星光计划”“霞光计划”“幸福计划”“明天计划”等与社会力量合作开展的服务项目，进一步扩大了社会服务的供给规模和开放程度，夯实了政府购买服务的基础。

---

① 包护服务的对象包括孤寡和退休老人、残疾和精神病人、优抚对象、轻微违法和缺乏正常教育的青年以及遭遇各种生活困难的居民，服务形式有单项包护、双向互助包护、协同综合包护、帮教包护等，参加人员有居委会成员、退休者、学生与青年、服务行业人员、军人、家庭妇女等。在养老包护方面，1986 年成立了 36000 个包护组，包护孤老 66000 人；到 1988 年末，发展为 54000 个包护组，包护孤老 88000 人，分别增长 50% 和 33%。包护服务经费以社区自筹为主，政府少量资助，除了无偿或抵偿提供方式外，部分包护服务业收取低额的费用。在包护服务基础上，社区志愿服务工作得到推进；但遗憾的是，进入本世纪，包护服务却逐渐销声匿迹了。相关介绍参见：朱传一：《包护服务——具有中国特色的社区服务》，载于张蕴岭：《北欧社会福利制度及中国社会保障制度的改革》，北京·经济科学出版社，1993 年版，第 217 -222 页。

② “依靠生产、推进福利”是新中国第一任内务部部长谢觉哉提出的发展社会福利事业的指导方针。

③ 数据来源：刘洪：《民政 30 年广东卷（1978 年—2008 年）》，北京·中国社会出版社，2008 年版，第 119 页。

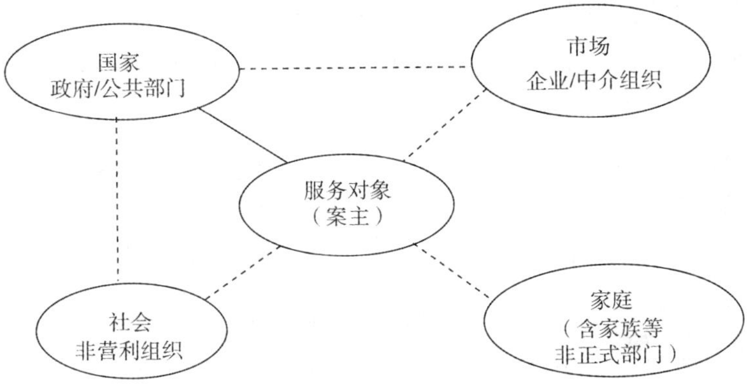

图 4－6　我国“十二五”期间社会服务供给基本格局

4.1.2.4 伴随我国社会服务现代化及多元化的购买服务发端

改革开放以来，尤其进入到本世纪后，伴随多元主体培育的社会服务现代化进程加快，加之财力积聚尤其中央财政充裕，我国开始推行政府购买服务。实践中走的是两条路往一条路并的过程，体现了“基层实践—政策倡导—制度创建”的社会政策发展规律。

一条路是履行社会管理和服务职能的“购买服务”路径，体现的是问题导向和需求导向。首先，购买“为我服务”。20 世纪 80 年代，我国建立第一代身份证件系统，面对浩繁的信息采录，通过报酬付费方式，征集其他职业群体参与，开启了政府购买服务先河。其次，购买“与我服务”。20 世纪 90 年代，公安、城管、环境卫生等部门探索购买保安公司等市场主体的派遣服务，建立“协管员”“协警”等队伍，引入体制外力量并肩工作。最后，购买“替我服务”。20 世纪 90 年代末、21 世纪初，民政等部门立足福利事业改革，征选合格寄养家庭并付费，使孤残儿童回归类家庭成长；2001 年 G 省在全国率先制定涉及服务购买的《福利院家庭寄养暂行规定》；2005 年，G 省采取购买服务方式开展社区居家养老服务，2007 年 G 省 5 万多位居家老人享受到用户服务①。10 余年来，民政及卫生、社

① 数据来源：刘洪：《民政 30 年广东卷（1978 年—2008 年）》，北京・中国社会出版社，2008 年版，第 120 页。

保等部门将“购买服务”视为事业发展转型的重要抓手和突破口，推动了政策倡导、试点、实施及顶层设计（近年政策制定趋势如图4－7所示）①。

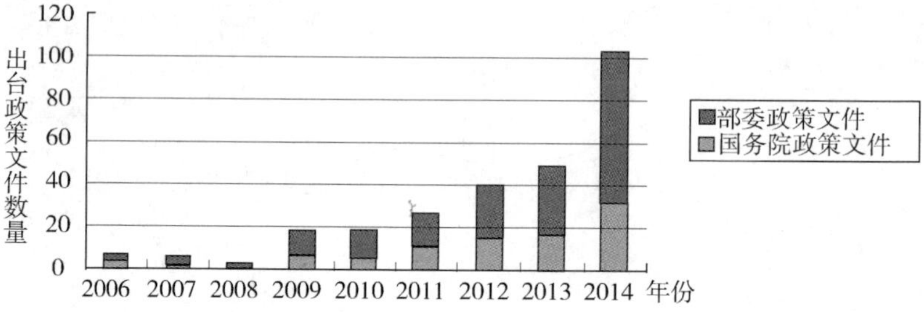

图4－7　我国涉及购买服务表述的政策文件制定进展情况

另一条路是履行公共财政管理职能的“政府采购”路径。由财政部门结合中国实际，接轨国际采购及WTO规则，逐步完善制度设计。2002年6月，全国人大通过《中华人民共和国政府采购法》，规范财政性资金购买货物、工程和服务，其中对“服务”界定相对笼统，称之为“除货物和工程以外的其他政府采购对象”②。相当长一段时间内，仅将物业保洁、文印等维护机关运行的服务纳入采购范畴③。伴随政府改革和部门倡导，财政部门逐步认识到须将购买第三方公共服务纳入政府采购制度范畴。2009年，G省东莞、四川成都等地将购买社会力量服务纳入政府采购制度体系；

① 通过“北大法宝”检索系统，截至2015年1月，以“购买服务”为标题的国务院规范性文件1件，部委规范性文件6件，地方规范性文件122件。收录涉及“购买服务”表述或工作布置的法律1件、行政法规及国务院文件94件、部门规章及规范性文件317件，地方性法规93件、地方政府规章55件、地方规范性文件7308件。对收录行政法规及国务院文件、部门规章及规范性文件进行冗余排除，梳理了截至2014年年底的89份国务院政策文件（含2部行政法规）、182件部委政策文件。部委政策文件，民政部发文或联合发文为61件，占1/3；其次是财政部门，发文或联合发文48件。在制度建构上，涉及购买服务表述的，目前已知最早一份国家级文件为国家计委制订的人口、就业和社会保障重点专项规划（2001年7月）；最早一份地方规范性文件是上海市老龄事业发展第十个五年计划纲要（2001年10月）。

② 参见《中华人民共和国政府采购法》第二条。

③ 2003年，我国的服务采购规模（103.8亿元）占政府采购规模（1659.4亿元）的6.26%，2012年服务采购规模（1214亿元）占政府采购规模（13977.7亿元）的11.1%，虽然规模和比例都有上升，但在总盘子中规模不大。而根据美国亚利桑那州立大学CAPS研究中心估算，该国服务采购在政府采购中的份额略高于企业采购占总采购成本的30%比例。中美之间相差甚大。具体分析参见阳光：《我国政府购买公共服务的经验总结与问题分析》，载《中国政府采购》，2014年第4期，第37－38页。

2012 年 G 省发布了全国第一个省级层面服务购买目录（涉及 5 项一级目录、49 项二级目录、262 项三级目录）。2013 年，国务院办公厅出台政府向社会力量购买服务的指导意见，正式建立由财政主导、纳入政府采购程序的规范性制度。自此，“购买服务”和“政府采购服务”开始纳入了同频共振的现代治理范畴，初步实现两条路径的合二为一及政策增速。

但是，第一条路与第二条路的侧重点及分歧依然存在。在我国，公共财政为“行政主导型”，有异于西方“民主互动型”公共财政。财政部门更多仅把购买服务当作公共财政支出方式的创新，而社会服务部门不仅把购买服务当作管理手段创新，更希冀争取更多财政资金，把社会服务的“蛋糕”进一步做大。

根据中国民政统计年鉴（2014），2013 年，社会服务经费支出 4276. 54 亿元，其中直接发放到服务对象的“人头费”3369. 07 亿元，占 78. 8%；基本建设投资 292. 80 亿元，占 6. 84%；行政管理事务 296. 74 亿元，占 6. 94%；行政事业单位离退休费 43. 58 亿元，占 1. 02%。刨掉这些，剩余资金 274. 35 亿元即使全部用来开展院舍照顾、护理及特殊人群个人社会服务，也只占 6. 42%；而这其中，2013 年事业单位举办经费为 229. 36 亿元；如此再一减，最多也只剩 45 亿元能自由支配，真正能拿出去面向社会力量购买服务的空间很有限。而且，社会照顾的硬件投入还面临很大缺口。截至 2013 年，60% 的城区没有社区综合服务中心，50% 的街道没有社区服务中心，65% 的社区没有社区服务站；80% 多的行政村没有社会服务机构，如果全靠财政投资，又是一个庞然大数与浩大工程。而老龄化浪潮正汹涌而来，我国养老床位低于发达国家每千人 50—70 张的水平，尚低于发展中国家 20—30 张的平均水平，今后的社会服务尤其照护任务非常重、缺口很大，不能完全指望事业单位体制下的院舍照顾。今后，国家和政府在“照护型”社会服务方面，不出钱不行，全埋单也不可行。通过政府购买服务等方式，发动社会力量，拉动社会资源，成为必不可少的路径选择。当下，推行政府购买社会服务，正在路上。

4.2 购买非营利组织服务是现代社会治理的重要方式

非营利组织作为独立主体类型，参与到利他的、第三方的社会服务供给，是历史演进的产物。具有结社与共益性质的非营利组织，尤其社团，起源于河流文明。2000 多年前，古罗马出现“协会”；我国古代社团始于春秋，同步于当时西方。但是，我国非营利组织在封建社会超稳定结构及“官本位”文化浸染下时间太长，面对传承与开拓中全球非营利组织的现代化转型，尚需迎头赶上。

4.2.1 境外非营利组织发展及购买服务的轨迹

由于历史传承、法律体系、经济发展程度、社会文化背景不同，各国和地区在非营利组织建设方面各具特色。尤其西方非营利组织的种类、结构与功能随着劳动分工、社会分化、经济混合、志愿精神培育而趋于多元化和制度化，成为社会治理与服务领域的重要力量。

4.2.1.1 境外非营利组织发展历程

西方的社会制度是社会组织（利益集团）与政府的矛盾统一体，逐渐形成了“国家与社会”两分的制度和以团体为单元的社会格局。其现代意义上的非营利组织体系建设，不同阶段倚重不同，但与社会服务现代化历程有相似之处。

第一阶段，在资产阶级革命大背景下，受启蒙运动影响，出现行业协会商会等社会团体，政治结社、学术结社摆脱皇权和神权约束，基于自治精神的“结社习惯”成为民主制度的重要渊源（托克维尔，1989：27）。但到 1825 年英国废除禁止结社法之前，工人结社一直被认为是犯罪行为（李龙，1997：5 – 8）。

第二阶段，19 世纪末 20 世纪初，伴随“有限政府”的不作为及贫富两极分化加剧，红十字会（1864）、救世军（1897）、卡耐基基金会

（1911）、洛克菲勒基金会（1913）、克里夫兰社区基金会（1914）、救助儿童会（1919）等慈善结社出现，慈善组织逐渐摆脱宗教依附；政治结社、社会运动亦是不断，维权性、工会型非营利组织与政府争锋对抗，但总体上无法与国家和政府抗衡。

第三阶段，两次世界大战及其后若干年，虽战后重建、福利国家建设及“铁幕”冷战令部分非营利组织边缘化，投身环保、人口问题、南北问题、人权问题的非营利组织却独树一帜，获取了联合国经社理事会的“咨商地位”；美国 90% 的非营利组织于 1950 年后创立，1950—1960 年，非营利部门占新就业人员 50% 以上，1960 年非营利组织雇员 528. 3 万人（占全国就业人口 7. 78%）；20 世纪 70 年代前后，伴随社会福利运动和服务业发展，非营利组织成为科教文卫领域主力军，加之政府购买服务制度的推行，非营利组织数量猛增，“这个领域内将出现要求社会变革的巨大压力”（丹尼尔·贝尔，1997：161）。

第四阶段，20 世纪 80 年代以来，随着全球市场化、民主化、民营化及东欧剧变，非营利组织遍地开花。尤其政府改革及“第三条道路”兴起，非营利组织地盘扩大，开始与政府平分秋色，渐成相互竞争态势。进入 21 世纪以来，伴随市场参与、海外推广与国际分享，进一步激发了全球“社团革命”及“社会企业”创新发展的新浪潮。

总的来说，非营利组织发展是个蓄力、借力、发力过程，也是经济、政治、社会变革之后，最终向包裹一个国家、一个民族传统精髓与文明内核的社会领域纵深突破的一招，具有现代化转型与变革意蕴（马俊达，2014d：54 －55）。社会组织的发展与治理，成为现代国家政权不可回避、必须正视且须亮招的重要议题。相应地，在不同国家和地区，由于发展的背景、转型的阶段、变革的着力点不同，对非营利组织发展的重心和目的也不尽相同。在欧美国家，市场经济和资本主义促使了人的分化，政府的科层力量有限，各类精英表现活跃，而传统社群支离破碎、人口资源红利有限，“陌生人”社会、“无缘”社会的趋势在加深，依托“公民社会”这套理论和志愿精神这套价值观，发展非营利组织并发挥其服务社会、团结社会的作用，成为国家治理的不二法门。相应地，他们更情愿将非营利组织称为“公民团体”“志愿部门”“第三部门”“慈善团体”等等，以便与其发展用意吻合。

4.2.1.2 西方非营利组织现状及其治理

当前，西方非营利组织的数量规模及每万人均拥有量取得长足进展。(1）在英美法系国家，2011/2012 年度，英国慈善法人总数为 161300 个，总收入 392 亿英镑，平均每万人接触 26 家非营利组织，29% 的英国人至少每月参加一次志愿服务①。2012 年 12 月，在美国国内税务局登记的非营利组织（公共慈善组织、私人基金会等类型）有 144 万个，资产 48400 亿美元，平均每万人接触 46 家非营利组织②。截至 2009 年 6 月底，澳大利亚有 177109 家有着活跃纳税状态的组织被澳洲税务局归为非营利组织，平均每万人接触到 80 家非营利组织③。(2）在大陆法系国家，截至 2010 年，德国已登记非营利组织（社团、基金会、有限责任公司）57.6 万个④，平均每万人接触到 68 家，另有大量未登记组织存在。2012 年，法国有各类社团 130 万家、基金会 1684 家、留本基金 1200 家，加入各种社团的人口有 2300 万（全国人口约为 6500 万），红十字会等国际知名协会总部多设该国，平均每万人接触非营利组织 200 家⑤。日本公益法人共有 8560 个(2013)、社会福祉法人 19498 个（2012)、学校法人 7951 个（2012)、医疗法人 47825 个（2012)、宗教法人 182709 个（2007)、特定非营利活动

① 数据来源：NCVO UK Civil Society Almanac（英国全国志愿组织联合会公民社会年鉴）http：//data. ncvo. org. uk/category/almanac/voluntary – sector/big – picture/。当然这仅是小口径统计数据，根据该年鉴估算，英国约有 90 万家公民社会组织（除慈善法人外，还有合作社、住房协会、社会企业、体育俱乐部等组织及未注册的社区组织），2011/2012 年度收入 39 亿英镑、资产 1050 亿英镑。

② 数据来源：Brice S. McKeever and Sarah L. Pettijohn . The Nonprofit Sector in Brief 2014 Public Charities, Giving and Volunteering. http：//www. urban. org/publications/413277. html。

③ 数据来源：廖鸿等著：《澳大利亚非营利组织》，北京 · 中国社会出版社，2011 年版，第 34 页。

④ 数据来源：中华人民共和国民政部内部考察报告。这些社会组织基本上都是德国联邦志愿福利组织联合会旗下的德国明爱联合总会、德国福音教社会服务联合总会、工人福利总联盟、德国红十字总会、德国平等福利联合总会和德国犹太人中央福利办事处的六大全国性志愿福利服务联合会的会员。德国联邦志愿福利组织联合会也算是世界上最大的非营利组织。

⑤ 数据来源：中华人民共和国财政部网站 http：//gjs. mof. gov. cn/pindaoliebiao/cjgj/201308/t20130821 _980382. html。

法人 48110 家（2013），总数超过 30 万家，平均每万人接触到 25 家非营利组织[①]。（3）在转型国家，2012 年，根据《非商业组织法》（1995）、《社会组织法》（1996），在俄罗斯司法部注册登记的非商业组织（俄对从事非营利活动各类组织的统称）共有 21.9 万多个（平均每万人接触 15 家），其中社会组织 10.5 万个、外国非政府组织 261 个。截至 2011 年 6 月，波兰有 4.5 万个协会和超过 7000 个基金会登记在册（平均每万人接触 13.5 家）[②]。相较之下，我国依法登记 60 万家非营利组织，平均每万人接触不到 5 家，尚有不小差距。

在非营利组织的领域分布上，萨拉蒙对有可靠数据的 39 个国家情况进行了汇总分析。虽各国有差异，但非营利组织主要集中于四个领域：教育、社会服务、文化娱乐和卫生，组织规模和从业人数占 2/3 强，社会服务类组织占到 20%（如图4－8所示）（王浦劬，萨拉蒙，2010：199－204）。由此可看到，社会服务领域非营利组织的规模数量，为社会服务的多元供给打下了坚实基础。

值得注意的是，在不同国家或地区的文化体系中，非营利组织的发展与治理路径存在差异，呈现出“法团主义”“多元主义”等治理模式。大陆法系国家，强调“法团主义”[③]，允许存在少量的、功能分化的社会“自组织”，代表本领域成员表达利益需求，但它们在价值、规范的内化过程中必须接受政府干预和引导。英美法系国家，流行多元主义，主张发育社会权力，限制国家干涉，维持国家与社会之间界限，强调社会中应广泛存在表达

① 数据来源：马俊达：《日本非营利组织发展进程（上）》，载《中国社会组织》，2014（4上）：46。

② 数据来源：民政部民间组织管理局：“赴俄罗斯、波兰社会组织发展和管理考察报告”，中国社会组织年鉴编委会，《中国社会组织年鉴 2012》，北京·中国社会出版社，2013 年版，第 343－355 页。

③ 20 世纪早些时候，“法团主义”这个词经常用来形容欧洲的法西斯国家，第二次世界大战后一度用在伊比利亚半岛和拉美政治方面，20 世纪 70 年代中后期不再是自由主义和民主的死对头，而成为一种分析工具。有观点认为，法团主义与自由主义和社会主义一样，在不同的国家间和同一个国家的不同时期具有不同的形式。具体分析参见：［美］乔尔·S. 米格代尔著：《社会中的国家：国家与社会如何相互改变与相互构成》（李杨等译），南京·江苏人民出版社，2013 年版：第 201－214 页。

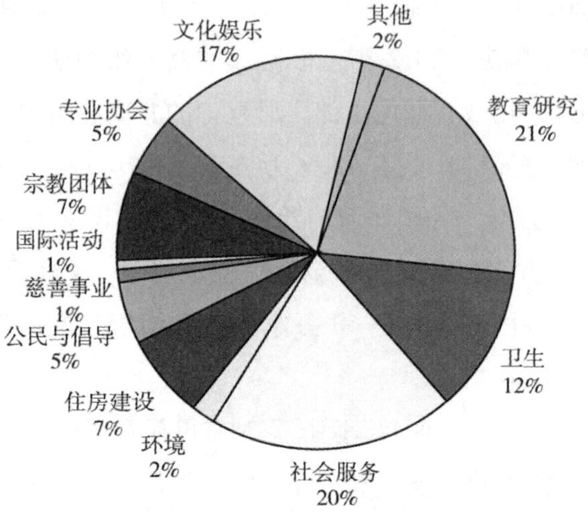

图 4 – 8　39 个国家非营利组织分布领域总体态势

（资料来源：Salamon，Sokolowski & Associates，Global Civil Society，Washington，Kumarian Press，2010）

社会利益的“自组织”，在规范与价值内化上遵循自我逻辑，且社会“自组织”相互之间存在竞争关系（张静，1998：15）。无论弘扬多元主义、法团主义抑或其他主义，非营利组织的自由都是相对的，置身哪国都受法律约束，必须接受国家和政府在登记管理、财税调控、信息公示、行业自律等方面的监管。可以说，西方国家对外宣扬甚至鼓吹“公民社会”，是有意将意识形态安放在非营利组织这个中性载体上而已；其国内非营利组织发展，必须遵循自身制度体系和运行规则，也都需依自身国情循序渐进发展、循循善诱引导，进而扬长避短，有所为、有所不为。尤其在防范“外国代理人”方面，无论转型的俄罗斯，还是标榜自由的美国，针对外部势力、外国资本利用非营利组织载体进行敏感活动的，都有专门法律限制和专门力量控制①。在这方面，各国政府审慎而敏感，再标榜民主和自由的国家，也是“说一套

① 美国于 1938 年出台的《爱国者法案》，尽管最初是基于反法西斯斗争的考虑，但至今仍然有效，适用于接受外国资助的各类组织（包括企业和非营利组织）。俄罗斯借鉴美国有关做法，于 2012 年 7 月出台了“外国代理人”法案并于当年 11 月 21 日生效，进一步加强了对接受外国资助的国内非商业组织的监管。

做一套”的。可以说，“公民社会”仅是对外进行意识形态渗透的噱头，各国对于非营利组织的治理都是纳入国家治理体系之中，并小心翼翼安排的。

4.2.1.3 境外购买非营利组织服务的实践

在治理工具层面，当非营利组织成为一支独立力量后，西方政府购买非营利组织服务基本上在公共财政支出框架下进行，重在通过资源供给和契约管理，体现“物有所值”。在英国，“新公共管理运动”引进市场机制和契约规则，1990年制订的《国民健康服务和社会照顾法案》明确了签订合同成为社会服务管理的首要机制，将服务转包程序界定为“承包者陈述任务、签署协议、评估服务人口的需求、服务地点的选择、服务的规格质量相依的检查、协议的终止日期和服务的反馈方式”，要求政府必须把85%的新拨资金用于购买非营利组织或私营部门服务，而非由政府出面直接提供服务（王名，2009：148－150）。而且，英国文化部每年将政府博彩收益的28%，通过其下设的“新机会基金”和“社区基金”两个政府基金，以公开竞标形式购买非营利组织服务并分配资金和资源。在美国，20世纪60年代开始，联邦政府强调以政府合同方式向非营利组织购买服务，通过项目规划与管理机制、合同绩效管理机制与问责机制，提高合同外包的针对性、竞争性和透明度；进入21世纪以来，成立了国家层面“基于信仰和社区行动的白宫办公室”、州市层面的“国家与社区服务公司”“市长志愿中心”等协调机构，强调职能委托与服务监管。

在欧盟，社会服务一般属于欧盟公共服务采购指令（1992）中的非优先服务，各成员国在遵循非歧视原则和透明度原则前提下，可自行制定相关规程。德国推行新掌舵模式（NPM）政府改革，通过合同管理、预算、职业责任与资源责任相结合方式，推动地方政府以绩效导向补偿原则取代最初成本偿还原则，进行非营利组织服务购买。法国通过公共事业组织身份承认、组织授权认证、签订协议并规定服务绩效标准三种不同法定程序，赋予非营利组织的社会服务资质，其中后两种方式承认服务部门的独家代理性（王浦劬、萨拉蒙，2010：233－234）。丹麦于2013年新制定

《民间组织与政府合作章程》，财政部每年有2900万欧元预算拨付98个地方政府支持非营利组织发展，社会事务部每年有5000万欧元专款购买非营利组织服务①。在俄罗斯等转型国家，政府开始认识到财政扶持与政府购买服务的重要性，作出了积极尝试，但其中夹杂着防范境外资助和“外国代理人”的初衷，在购买非营利组织的社会服务方面下的力度还不是很大。

在香港地区，于20世纪70年代开始，承袭英国政府依靠非营利组织提供社会服务的做法，逐步建立了修订标准成本制度、模拟成本津贴制度、整笔拨款制度和单位成本资助计划，并于2000年前后力推“一笔过”的拨款制度及服务表现监察制度，提升了购买服务的竞争性（具体服务购买内容见附件2）。在2010－2011年度，香港社会福利署实际开支总额为394亿港元，其中86亿港元（22%）用于资助非营利组织②。

在治理结构层面，一些西方政府购买非营利组织服务，从工具理性上升到价值理性，重在“国家－社会”框架下，建立政府与非营利组织的合作伙伴关系，追求“善治”状态。尤其在英联邦成员国，英国率先与非营利组织签署《政府与非营利组织及社区组织的关系协定》（1998，简称COMPACT），2001年、2010年加拿大、澳大利亚政府分别与非营利组织代表签订COMPACT，州市政府也纷纷签订了地方版合作协议，建立起政府与非营利组织合作的体制机制，为所谓的“公民社会运动”增添砝码。特别在社会福利与服务领域，所下功夫甚大，呈现了福利社会与公民社会融合的迹象（吴明儒，2015：39－42）。

① 数据来源：民政部民间组织管理局赴丹麦考察报告（2013）（内部资料）。
② 数据来源：香港社会福利署2011年年报。

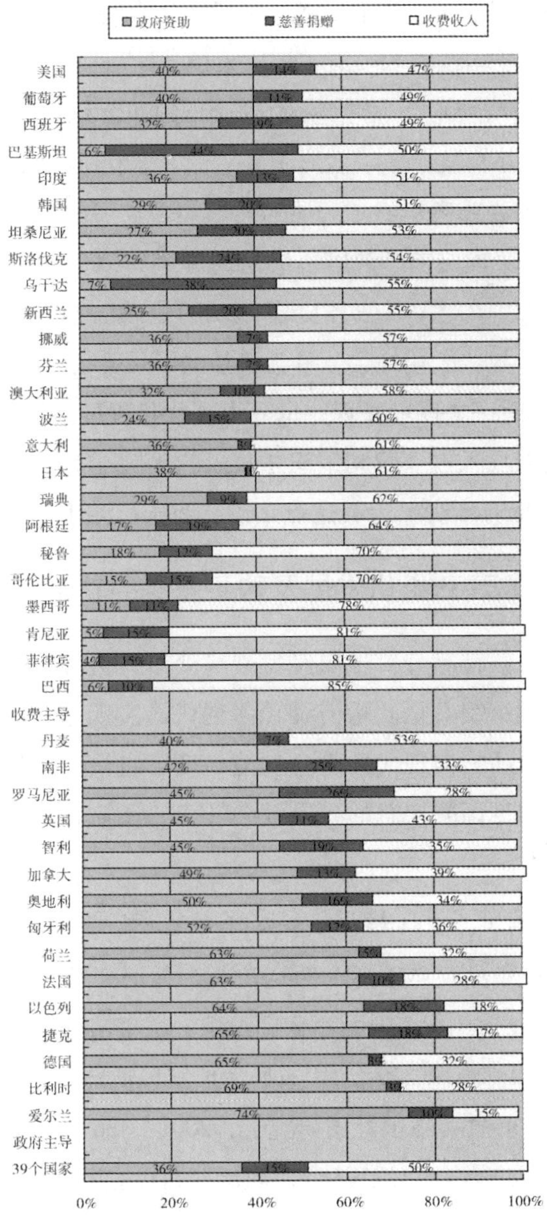

图 4－9　OECD 各国非营利组织收入来源构成

（资料来源：Salamon，Sokolowski & Associates，Global Civil Society，Washington，Kumarian Press，2010。因原数据即按四舍五入处理，导致个别国家数据加和不为 100%。）

但是，凡事深究下来，亦不尽然。尤其社会治理，虽提倡多方参与、平等共治，但实际上仍由国家和政府掌控决策权与话语权，必须符合国家治理的“道统”和“游戏规则”。萨拉蒙对39个国家非营利组织收入来源进行分析（见图4－9），并未发现“‘政府主导’的非营利组织收益模式在理应存在‘福利国家’最为普遍”的“理所当然”；相反，爱尔兰、捷克、匈牙利等国家位居英国、美国之前，政府资助比例占45%以上（王浦劬、萨拉蒙，2010：205）。可见，政府购买服务更多体现的是政府与非营利组织之间的“福利合作关系”，与“公民社会”并无必然的因果关联。

当然，通过图4－9也可发现，世界上现代化程度高的国家，通过购买服务等方式，政府投入占非营利组织总收入的比例不下于30%，高于40%乃至50%幅度的也有不少。单就这点来说，我国落差不小，应予正视。

4.2.2 境内非营利组织发展及购买服务的轨迹

中国自古以来政社难分，虽历经发展与变革，但传统性与现代性仍交织在一起。非营利组织真正要从传统转向现代，实现弥散功能向特定功能转变、传统性整合功能向现代性整合功能转变、自治向治理转变、无分化的同质社会向多向度高凝聚态的异质社会转变，还需付出比西方、比过去更多的努力。

4.2.2.1 我国非营利组织发展历程与现状

我国民间结社和民间慈善活动源远流长，古语“社”与“会”即是非营利组织的代称[①]。现代意义上的非营利组织，始于清廷《宪法大纲》及民法草案设计。民国时期，非营利组织有所发展，1946年登记在册社团4.6万个，主要分布沪宁京津（中国社团研究会，2001：426－440）；1937年G省GZ社会局印发《人民团体组织程序》，规定社团成立要向市党部申请；G省政府社会处统计1944年全省共1416个社团。中国共产党作为革命党，亦重

① 古代民间组织或团体，往往因地域之限，不出其里，或相邻诸里，活动也常以里为场所。所以，许多民间组织或团体便以“社”命名，而冠以某地某行某业等名目。至于会，有“聚会”“会议”等意思，凡团体组织必有聚会、会议活动。所以，“会”也往往供用为民间组织或团体之称，“会”前可冠以种种名目。

视进步社团等非营利组织平台的利用，努力“向下扎根”，改变旧的权力结构和治理方式。新中国成立后，政务院颁布《社会团体登记暂行办法》（1950），授权内务部制定《社会团体登记暂行办法实施细则》，取缔反动社团，控制社团登记，全国社团数没有过万；G 省清查了旧社会遗留的 504 个社团，重新登记认可 350 个。“文化大革命”期间，基本陷于瘫痪。改革开放后，开始恢复发展。20 世纪 80 年代末，社会团体猛增至 20 万个，G 省达到 7000 个（1987），出现良莠不齐、多头审批等现象（广东省地方史志编纂委员会，1993：200 –202）。为改变这种局面，1988 年，国家明确社团登记管理由民政部门统一负责，并在此后历经多个发展阶段。

第一阶段，大体从 1988 年到 1995 年，属恢复登记阶段。国务院批准民政部成立社团管理司（1988），发布《基金会管理办法》（1988）、《外国商会管理暂行规定》（1989）；1988 年，G 省《社会团体登记管理规定》施行。这一阶段，市场经济放闸，体制内党政官员、知识分子纷纷“下海”，非营利组织开始聚集政治精英、知识精英及优势资源，科技类、经济类社团快速发展。

第二阶段，大体从 1996 年到 2001 年，属规范管理阶段。进行了社团全面整顿，取缔了“中国法轮大法研究会”等非法组织；G 省非营利组织由 1997 年的 10124 个回落到 2000 年年底的 7675 个。1998 年，国务院颁布了新的《社会团体登记管理条例》《民办非企业单位登记管理条例》，民政部组建民间组织管理局，启动民办非企业单位登记管理工作，并于 1999 年在 G 省召开全国民间组织管理经验交流会。这一阶段，知识精英在政治壁垒面前，转向了教育、卫生、环保等领域的民办事业发展。

第三阶段，大体从 2002 年到 2012 年，属稳步发展阶段。在构建和谐社会大背景下，非营利组织平均以每年 10%—15% 的速度增长。具有社会责任意识和公益行动能力的成功企业家和富人阶层，关注并投身基金会、商会等非营利组织建设，经济精英成为非营利组织体系的重要力量。2003 年，G 省装饰材料行业协会成为全国第一家完全民间化成立与运作的非营利组织。随着汶川大地震的“志愿者元年”带动，发自“草根”、对公共事务具有参与意愿和奉献精神的社会精英异军突起，社会服务等公益类非营利组织开始发展壮大。

第四阶段，从2012年到现在，属于改革跨越阶段。2012年，建立现代社会组织体制成为国家战略任务和目标。2013年，党的十八大专门部署"激发社会组织活力"，国务院决定推进行业协会商会与行政机关脱钩，对行业协会商会类、科技类、公益慈善类、城乡社区服务类组织实行直接登记。2014年，对官员在行业协会商会的任职、兼职、挂职现象进行了清理。据民政部2014年年底统计，全国登记注册30.7万个社会团体、28.9万个民办非企业单位、4044个基金会，计有60万家非营利组织活跃在经济社会舞台。

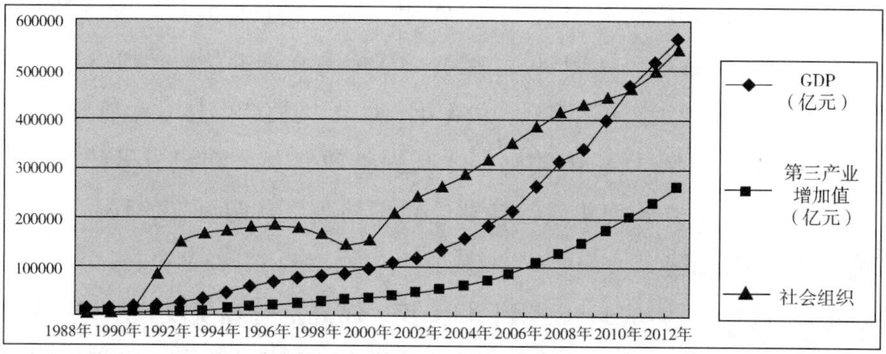

图4－10　1988—2013年中国GDP、第三产业增加值、非营利组织增长趋势

（数据来源：中国统计年鉴，中国民政统计年鉴）

总体来看，我国非营利组织发展虽有波折，但呈上扬趋势，与经济社会发展的现代化进程总体匹配（如图4－10所示）。而且参与非营利组织的社会阶层已从传统的官员、知识分子和工人农民组成，发展到包括政治精英、知识精英、经济精英和社会精英在内的新社会阶层，呈现自上而下、主要活跃在国家省市层面的"精英路线"（见表4－5，绝对数呈正三角分布，但平均数实为倒三角结构），具有社会觉醒、社会变迁的意蕴。尤其对于官办社团的脱钩改造、四类社团直接登记的推行，在"脱钩不脱缰"的同时，适当控制住了政治精英等体制内精英对社会领域的无序参与和扩张介入，为社会精英等体制外精英提供了更为广阔的发展空间和相对弹性的自由选择。

表 4－5　不同层级社会团体登记分布情况

	行政区划数	社团数	本级行政区划平均社团数
全国	1	1908	1908
省级	31	26685	861
地级	333	71922	216
县级	2853	188511	66

（注：港澳台不在统计范畴。数据来源：中国民政统计年鉴 2014）

当然，我国的非营利组织发展的机遇与挑战依然并存。非营利组织向下扎根与辐射尚有努力空间，县乡等传统治理板块上覆盖不足①，致力于社会共济、社会团结、重构“熟人社会”的努力不够，甚至在一定层面上将阵地拱手相让于非法传教、“地下”教会。行业协会商会等社团组织更多地谋求业内互益与共益，对社会公益的关注与投入不足。公益慈善精神与志愿文化普及不够，非营利组织领域更多是由少部分“先知先觉者”在引领和倡议。而且，随着以“微信”“微博”为代表的互联网社交工具的运用，无论是鸿儒达人，还是乡村野夫，都可跳过传统结社制约，建立起更能表达自由意愿的“朋友圈”“微信群”，对线下的实体非营利组织造成冲击与影响。这种冲击与影响，仅仅是个开始，今后的网络社团、网络社群发展必将会对非营利组织体系进行新的改造与完善。为顺应这种趋势，实体的非营利组织更应自觉地从“自益”“互益”“共益”功能，主动向利他主义、社会公益、社会团结等更高的社会发展层面跃进，突出实体服务，发挥有异于政府、市场及互联网组织的优势视角。

① 华中师范大学中国农村研究院农村改革发展协同创新中心（2015）基于全国 31 个省份 252 个村的调查与研究，在 252 个有效村庄样本中，74.60% 的村庄存在一个及以上的非营利组织，但仍有 1/4 村庄没有任何非营利组织；农村非营利组织的发展存在非均衡性，经济类合作的组织比重最高。总体来说，非营利组织目前在中国主要活跃在城市及社区；县城或镇域及乡村相对单薄，呈现非均衡性。

4.2.2.2 我国非营利组织的作用发挥及G省情况

改革开放以来，非营利组织在发挥自组织功能同时①，发挥了社会资源动员、社会服务提供、社会资本建构、社会政策倡导功能，促进了社会成员与外在场景的适应性平衡。在服务经济方面，非营利组织建设与经济发展、第三产业发展呈正相关关系。截至2013年年底，全国各类非营利组织形成固定资产总值约1496.6亿元，创造专职工作岗位636.7万个、兼职工作人员627万人，占第三产业就业人数的4%左右。非营利组织尤其行业协会积极开展行业自律、制定行业标准、调解贸易纠纷、规范市场秩序、提升市场诚信度，成为加快转变经济发展方式、促进可持续发展的“助推器”。在服务社会发展方面，非营利组织发挥了积极作用。通过对2008年、2013年非营利组织的分类结构分析，不难发现，5年之间，社会服务及科教文卫等非营利组织上升速度很快，已占非营利组织体系的半壁江山还要多，基本与国际情况接轨（如图4－11所示，与图4－8进行对比）②。由此可见，社会服务功能的发挥，是非营利组织发展的重要使命与重大趋势。

在G省，非营利组织发展与改革处于全国领先位置，发挥了突出作用。一是提出现代行业协会的民间性、自治性、代表性、服务性、公益性、自律性、公正性、创新性和开放性等10项特征，将社会组织发展列入社会建设考核指标（权重3%）。二是改革登记管理体制，除特别情况外，成立非营利组织直接到民政部门申请；2014年年底，G省登记量位居全国第二。三是在全国率先推进“去行政化”改革，开展行业协会商会与行政机关脱钩，限制党政干部兼职。四是放宽准入并下沉权力，允许一业多会，探索将非公募基金会登记权限下放到市。五是编制政府转移职能、购买服务和具备资质组织等三项目录，推动政府购买服务。六是建立孵化基地和激励机制，大大激发了非营利组织质与量的提升。

---

① 据不完全统计，全国6万个行业协会联系会员2000多万家（含个体工商户），4万多个学术社团联系专家学者500多万人，各类农村专业经济协会联系农户1000多万个，各类职业性非营利组织的会员超过1亿人，促进了社会成员自我教育、自我管理、自我服务与社会和谐稳定。

② 但是，单就社会服务类非营利组织所占比例来看，我国依然落后于39个国家20%的平均比例，说明还有不少增长空间与可能。

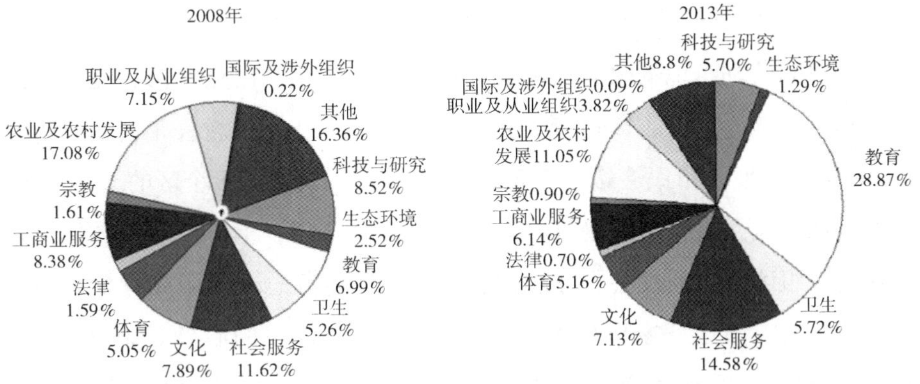

图 4－11　登记注册的非营利组织按标准分类的结构图示

［数据来源：中国民政统计年鉴（2009、2014）］

在制度建设上，G 省率先出台《行业协会条例》《发挥行业协会商会作用的决定》（2006），还专门出台《政府向社会组织购买服务暂行办法》（2012），将推动政府购买非营利组织服务与简政放权、职能转移紧密捆绑起来，加大了资金供给和扶持力度。在地方立法方面，2014 年 4 月 1 日，《SZ 经济特区行业协会条例》正式施行；2015 年 1 月 1 日，《GZ 市社会组织管理办法》正式施行；2015 年 7 月，G 省社会组织条例草案提交人大审议，提升了非营利组织治理的法治化水平。

表 4－6　G 省及相关地市非营利组织数量

年度	G 省	G 省占全国比例	GZ 市	SZ 市	DG 市
2007 年	22997	5. 94%	3422	3000	1416
2008 年	24571	5. 94%	3617	3355	1478
2009 年	26521	6. 15%	3791	3758	1757
2010 年	28510	6. 40%	4107	4101	1801
2011 年	30684	6. 64%	4370	4442	2020
2012 年	35324	7. 07%	4739	5019	2200
2013 年	41317	7. 55%	5177	5629	2546
2014 年	46854	9. 37%	7067	8241	3077

（数据来源：G 省民政统计年鉴）

4.2.2.3 国内购买非营利组织服务的实践探索

针对非营利组织的政府购买服务历经从下到上、由点及面、逐步推进的过程。在地方层面，1995 年，上海浦东新区委托基督教青年会运营市民休闲中心（“罗山市民会馆”）。2000 年，上海卢湾区等6 个区的12 个街道开展了依托民办机构开展居家养老的试点。2003 年，上海市政法委推行司法社工，组建了自强社会服务总社、新航社区服务总站和阳光青少年事务中心，由官方向这三家机构购买 1300 多名专业社工的服务。2007 年，G 省 SZ 市培育了鹏星社会工作服务社、社联社会工作服务中心、慈善公益网3 家机构，开始了购买社工服务试点。2007 年至 2013 年，G 省、上海等省份及杭州、成都、无锡等30 多个地市出台了购买非营利组织服务的政策文件，为中央层面制度建设打下了基础。北京市 2010 年购买非营利组织服务的资金达 7. 88 亿元，2011 年增长达 8 亿元。G 省 2012 年购买社会工作服务资金达 5. 73 亿元。在中央层面，2007 年国务院办公厅出台《关于加快推进行业协会商会改革和发展的若干意见》，明确提出“建立政府购买行业协会服务的制度”。2012 年，国务院将“建立健全政府向社会组织购买服务制度”作为重点改革任务。2013 年 5 月，国务院常务会议要求加快出台政府向社会组织购买服务的指导意见；7 月，国务院常务会议审议并原则通过了指导意见，决定将承接政府购买服务的主体由“社会组织”扩大到“社会力量”；9 月，国务院办公厅正式印发《关于政府向社会力量购买服务的指导意见》，具有里程碑意义。2014 年 4 月，财政部、民政部、住房和城乡建设部、人力资源和社会保障部、国家卫生计生委、中国残联出台了《关于做好政府购买残疾人服务试点工作的意见》；8 月，财政部、发展改革委、民政部、全国老龄办印发《关于做好政府购买养老服务工作的通知》；11 月，财政部、民政部发出《关于支持和规范社会组织承接政府购买服务的通知》；12 月，财政部、民政部、国家工商总局印发《政府购买服务管理办法（暂行）》，加快推动了购买非营利组织服务的制度化建设。

在实施层面，2012 年年底，财政部、民政部出台《中央财政支持社会组织参与社会服务项目资金使用管理办法》，从 2013 年开始连续制订年度实施方案，每年拿出 2 亿元中央财政预算进行政府购买非营利组织社会服务的示范购买[①]。截至 2015 年，在中央财政投入 6 亿元基础上，吸引地方和社会配套资金 5.49 亿元，立项 1364 个社会服务项目，直接受益近 200 万人次，起到了很好的示范作用。除此之外，其他领域和部门也加大了投入。据统计，2014 年上半年全国向非营利组织购买服务资金达 13.28 亿元，涵盖助老、扶贫、救灾、儿童关爱、残疾人服务、文化服务等多领域（沈新华、马树海，2015：12－15）。这表明，在政府和社会眼里，非营利组织“已不是跟政府无关的、自发成长和衰退的自组织，而是一种正式的、具有积极社会功能的社会组织”（王思斌，2012a：32）。

4.3 本章小结与讨论

人类社会生产存在客观规律。社会服务和非营利组织作为客观存在，古来有之。可以说，古往今来，无论何国度何民族何组织形态，民众同舟共济、辛勤劳作，奔波养小送老，致力消贫解困，步伐不曾停歇。但只有进入现代社会，制度化地发展关乎困难群体和特殊群体的社会服务事业，

① 中央财政支持社会组织参与社会服务项目主要针对中西部地区、五省藏区、新疆地区、民族八省区，开展四类社会服务：一是社会救助服务。资助低收入家庭、重特大疾病患者、五保对象和失去劳动能力者，为贫困人群、灾区群众提供生活救助、照料、物质和技术支持，在西部地区、少数民族地区、边远山区等地资助城乡贫困人员改善生产和生活条件，改善教育文化条件，改善医疗卫生条件和生态环境。将社会工作引入社会救助服务领域，为低保家庭提供心理疏导、日间照料、病患护理、社会融入、促进就业等方面的服务。二是社会福利服务。以满足老年人养老服务需求、提升老年人生活质量为目标，向老年人提供生活照料、康复护理、医疗保健、紧急救援和社会参与等服务；资助孤儿、弃婴的收养、治疗、康复活动，资助对流浪儿童和特殊困难的残疾儿童的援助保护活动；为残疾人提供包括生活照料、医疗救护、精神慰藉在内的服务和物质保障，资助少数民族地区、贫困地区改善残疾人生活条件，融入社会生活。三是社区服务。以社区为依托，以社区居民为服务对象，开展社区和谐、社区卫生、社区帮教、法律援助、优抚对象保障、特殊群体照料、农民工子女服务等项目。四是专业社工服务。以城市流动人口、农村留守人员、老年人、儿童青少年、残疾人、社区矫正人员、优抚对象和受灾群众等特殊群体为重点服务对象，针对需求提供的包括困难救助、矛盾调处、人文关怀、心理疏导、行为矫治、关系调适、资源协调、社会功能修复和促进个人与环境适应等专业服务项目。

推进非营利组织体系建设，才真正成为增进大众福祉、促进社会融合的重要手段。相应地，只有到了混业经营和混合福利的多元供给时代，政府购买非营利组织社会服务才真正走到“台前”。可以说，社会服务购买是现代社会福利（社会服务）制度、非营利组织制度、市场机制步入成熟阶段的共生产物。

4.3.1 购买非营利组织社会服务可实现二重轨迹耦合

通过对现代化视野下的社会服务、非营利组织发展的两条路线梳理，可以看到，这几十年来，虽发展目标、发展环境、发展策略、发展主体、发展手段各有侧重，社会服务走了“由下到上”、体现需求导向的大众路线，非营利组织建设走了“由上到下”、体现价值导向的精英路线，但“政府购买服务”成为其重要交集，特别是政府购买非营利组织的社会服务，将社会服务体制建设、社会治理体制建设、非营利组织体系建设深深地耦合在一起，使得不同视角下的政府购买服务议题能够在同一个平台上对话和交流（如图4－12所示）。在现代化发展大背景下，政府购买非营利组织社会服务具有提纲挈领、穿针引线的重要作用。这项工作若进展顺利，不仅能上溯促进社会服务和社会福祉提升，更能促进社会治理与社会和谐，推动中国现代化的全面性、有序性和良性化。

下溯政府购买非营利组织社会服务，便是政府购买民办社工机构专业社工服务的重要行动议题。通过境内外情况梳理，不难发现：政府购买非营利组织的服务重在购买社会服务，重点向以社会工作为宗旨和手法的非营利组织购买。当前，非营利组织作为社会服务提供主体的实力已经具备，关键就看如何发挥作用。如果说前二十多年非营利组织发展，是在举国建设市场经济大背景下，依靠行业协会商会发挥服务经济功能、获得各界认可的话；那么，未来一段时间内，如果政策和方法得当，则可涌现一大批以民办社工机构为代表的专业化非营利组织，发挥服务社会功能，提升中国社会发展与治理的现代化水平。因此，在当下中国，谈政府购买服务，绕不开非营利组织及社会工作的主题。

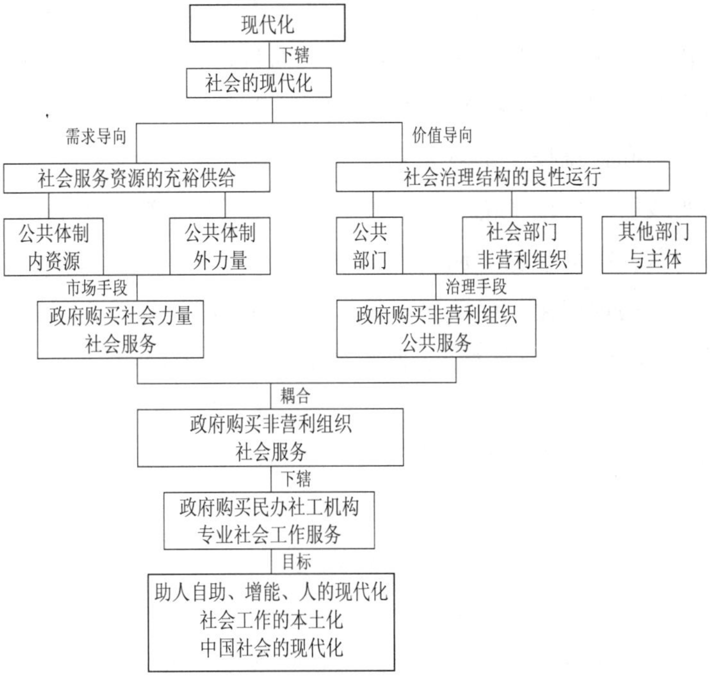

图 4－12　现代化视野下的政府购买非营利组织服务发展谱系

4.3.2 正视现代化视野下本土社会服务购买的态势与动因

总的来看，“中国的现代性或中国的现代文明秩序的建立，有意识地或无意识地是以欧美的文明形态为参照系统”（金观涛，2010：72）。我们借鉴西方经验，开展社会服务和非营利组织建设及服务购买，必须清醒地认识到中西方的差距和差异。我国 GDP 已位居世界第二，经济现代化一马当先，拖曳着社会等领域现代化进程的加快，但在社会服务方面，仍处于“给付型”阶段，对老弱病残等群体的社会照护不够、投入不大，未成体系。非营利组织体系建设，离“政社分开、权责明确、依法自治”还有差距，无论平均每万人接触到的非营利组织数量，还是社会服务类非营利组织所占分量，抑或公益性、互益性作用发挥，都未达理想状态。而我国政府购买服务的推行，从时间节拍上看，比西方晚了至少 30 年；至于投入力度和治理效度，也有差距。在发展时机上，我们作为后发优势国家，几乎同期遭遇西方资本主义国家几百年间递进遭遇到的工业化、城市化、老龄化、信息化等问题，“几步当作一步走”，而且是在原始积累尚不丰富、人口“未富先老”、国民素养尚未完备情形下到来，犹如小学生上大学，但又须与大学生同台竞技、做高等数学题。

社会实践的结构性变化有两个维度，即现代性全球化的长波进程以及本土社会转型的特殊脉动。现代化发展历程的不同和制度体系的差异，决定了中国社会的现代化，以及社会服务购买的具体施行并非“西方化”或“欧美化”，不能“唯洋是举”、照搬照抄西方“公民社会”等理念和做法，也绝非“毕其功于一役”“万箭齐发”地“超英赶美”，更不宜实行“福利国家”模式，或机械地将优良“传统”与“现代”割裂开来。当前，宜坚持问题导向和需求导向，回到具体情境中，研究和把握发展载体与政策平台。一方面，宜发扬后发优势，探究建立与国情社情民情相匹配的现代化社会服务供应格局和社会治理制度体系；另一方面，宜集中精力抓主要矛盾和矛盾主要方面，有所为、有所不为，循序渐进，不搞“大跃进”“洋冒进”，从现实条件和动因入手，稳步探索社会服务（包含社会工作）、非营利组织建设的本土化之路，科学开展本土社会服务购买的必要性与可行性研究。

第 5 章 因何可能：社会服务购买的现实动因

通过上一章分析，可以看到社会服务供给过程中购买服务方式的引入、非营利组织的加入，以及社会服务供给、非营利组织治理的路径契合，都是基于现代化发展这一共同的时代背景。换句话说，社会服务的购买，是一个现代化命题。在现代化历程中，国家、市场、社会、家庭都在担当社会服务的职责与使命，关键是角色和作用不同；西方几百年现代化进程如是，21 世纪中国转型发展亦是如此。那么，在中国现代化的时空条件下，基于社会服务的多元供给，引入和推行社会服务购买的具体动因与现实条件何在？当下，有必要落到现实情境中，从多元主体的角色进退入手，予以分析和探寻。

5.1 现代化变迁中的个体失能

社会服务为人服务。谈社会服务，首要围绕服务对象来谈。当下中国，随着社会变迁，服务对象从传统的以家庭为核心的伦理人，经历了“单位人”转变，如今变成“市场人”（经济人）、漂泊的社会人，乃至一定程度的公民，其转变之剧烈为两千年来所未有（潘建雷，2012：46）。其中的个体失能情况错综复杂，除了人类社会固有的病残等天赋不平等、贫困等后天不平等因素外，也与工业化、市场化、城镇化、老龄化中的现代化困境有关，以致越来越多的国人产生若隐若现的“无助感”。

5.1.1 工业化、市场化中的个体失能

蒂特马斯认为，“福利应该被理解为一种支付给那些承担了社会成本的人的补偿形式，这些社会成本是因为经济增长引起的技术和工业变迁带来的”（艾伦·迪肯，2011：18）。但是，“工业化从来都不是一种单一的经济现象，而总是与社会变迁联系在一起；社会的变迁既能帮助也能阻碍经济发展本身”（费尔南·布罗代尔，2014：318）。工业化、市场化形势下的个体失能，实际上是“就业”“谋生”的衍生问题。在改革开放前20年，基于工厂管理模式的工业化建设，吸纳了大量劳力，发挥了人口红利的优势，创造了世界经济奇迹。20世纪末，基于经济“软着陆”和应对世界金融危机，我国调整经济结构，劳动力向第三产业转移，集聚了新一批劳动大军。但是，无论GDP发展，还是市场体制健全，皆建立在“竞争”模式基础之上。竞争意味着“适者生存、弱者淘汰”，意味着一小部分竞争优势不足的人更加不易谋得工作，更加容易陷入困顿，甚至出现劣势的代际传递。进入世纪之交，“社会资源的弥散性分配原则让位于一体化分配原则，使得一些群体在各种资源的拥有上均处于劣势”（孙立平，2004：88）。据统计，2014年11月底，G省仅城市低保对象就有157.8万户、323.1万人［G省民政厅网站］。大体来看，这些处于劣势的群体除了物质性的社会保险、社会救助及社会津补贴，更需“授人以鱼不如授人以渔”的服务性、增能型社会工作（社会服务）的跟进保障①。

——下岗工人及其后代。20世纪90年代，成千上万的下岗工人在密集时间、密集空间里失去工作，对整个社会造成震撼式冲击。随着20多年来的市场消化和再就业工程开展，相当一部分下岗工人已摆脱困境，更有成功创业再创佳绩的。但因技能、年龄、健康等原因，这些群体中的一部分人未能实现再就业或长期就业，只能通过打零工、靠社会救助等方式维持生活。但是，物质方面的救助并不意味着能助其全然脱困、增强社会适应能力。随

① 关于基本社会群体弱势化成因，不是本案例研究所关注重点，具体分析可参见李迎生：《转型时期的社会政策：问题与选择》，北京·中国人民大学出版社，2007年版，第81-91页。

着日渐衰老及子女长大，社会适应越来越难，而周围人的生活质量却日益提高，这种不平衡性增添了下岗工人群体的心理失衡或自我封闭。当置身于老旧厂矿社区，可以迎面感受到破败与无奈的“无声胜有声”。物质困境导致精神困境，精神困境进一步束缚个体发展，继而导致物质环境恶化，“富者越富、穷者越穷”的马太效应容易在他们身上发生。

说实话，现在生活一天比一天糟糕，……（骂了一顿娘）。我的崽跟我们吃了苦头。孩子打小就有些自卑，到了学校更是这样喽，不好好读书，也不好意思带小朋友到家里玩，高中没毕业就出去混社会了。我和他妈妈不是不着急，也打过，但没办法，他也到结婚年龄了，总不能跟我们一起挤这个小破房吧。狠狠心，随他去吧。怪谁？能怪我吗。我当年要是，……（后悔和埋怨了一顿）。（访谈对象：CASE6，20140806）

90 年代的时候，我在街道工厂，虽然不景气但日子还能维持。有天上面说厂子不办了，让大家回去喝茶歇着。歇着就歇着，纳入了低保，反正勉强也能过。（问：那你当年 40 多岁应该还是可以再去找个工作干干啊?）至于找工作，不是没想过，也找过几家干过。但是，算算账，还不如拿低保划算。我整天辛辛苦苦站在街头当交通协管员，一个月到手 2000 多，除掉税钱、社保的钱、路费以及吃饭的钱，到手也没有多少，还搞得那么累。而我在家里啥不干，天天和人打麻将，不照样也有钱发。而且你不要小看我这么 1000 来块钱，逢年过节还会发些钱和东西，而且有了低保资格，搞廉租房啊、孩子上学啊，这些方面还都优惠的喽。穷照穷过吧，过得开心就行。难道非要抢银行不成。（访谈对象：CASE10，20140812）

——新一代求职失败者或竞争失败者。在职场选择和竞争中，人人向往身份体面、待遇好的职业和岗位。但是，金字塔型的用人结构决定有胜出者，必有落败者，并非人人如愿。在经济发展减速、大中专毕业生人数每年直线上升的情况下，整个劳动力市场呈压缩状态，加之求职意向理想化、不愿从事脏活累活，导致一些年轻人“毕业即失业”。另外，没有考上大学、提前进入劳动力市场的新一代年轻人，也面临就业障碍。相对于父辈来说，80后、90后吃苦耐劳精神和毅力减退，存在“眼高手低”问题。多重因素叠加，亦加剧了家庭方面的“啃老”压力。而且即便进入职场、有一份工作，并不意味着新一代年轻个体的适应与驯化。面对工厂密闭化环境下的“流水线”“三班倒”，新的一代年轻人不再是逆来顺受的前辈，他们在意尊严，需要舒适，需要看得见未来。工作的密闭与生活的苦闷，让他们徘徊与彷徨，使他们的心灵更受“五光十色”社会的考验及诱惑。G省DG、SZ等年轻劳动力密集区域，成了“黄赌毒”等敏感社会问题易发地带。

我家里是个男孩子，初中毕业后，不读书了，就跟着亲戚去城里打工了。他就读那么点书，搞技术、当修理工不会，去工地当泥瓦匠，又没啥搞头。在外面七搞八搞没劲，又回（村里）来了。在家吧，干不干活，总归给他一碗饭吃喽。现在就想着给他找个媳妇，这样我们就放心了，让他媳妇去管他去。哎，但是现在农村男光棍多哟，谁家姑娘愿意找个没活干的，都愿意出门打工并在城市里找一个……（访谈对象：CASE1，20140803）

SZ这些年发展有目共睹，外地人作了大贡献。你也看到了，SZ是个年轻城市，满大街都是年轻人，尤其去华强市场那边逛街的。你问我有没有“血汗工厂”，我没法回答你。但现在这些小孩子啊，好多都是独生子女，虽然是农村来的，也都碰不得、骂不得。说实话，在工厂里打工也不可能舒服到哪里，（指着远处的CASE11、CASE12）小伙子、小姑娘一二十岁的年龄，精力又旺盛着，瞎玩都不怕，就怕他们憋屈着。越闷越让人害怕，前几年FSK连续跳了好几个人，或多或少和这有关系。所以了，企业社会工作还是有搞头的。（访谈对象：WORKER11，20140813）

——其他特殊群体。中国人口基数太大，雷同的个体社会问题聚合在一起，便会形成规模较为庞大的特殊群体。一是残障群体。近年来，残疾人数量居高不下，领取残疾人救助金、津补贴等方式解决不了长久问题，如何提高其自身生存和发展能力，是残疾人家庭最大渴求；初生婴儿缺陷比例局部上升，病残弃婴救助与抚养负担增重，甚至有异地丢弃到 G 省 GZ、SZ 等儿童福利保障好的城市[①]；心理疾患和精神病患者越来越多，对社会秩序也造成一定冲击；自闭症等一些社会交往缺陷的病症，也在大幅增加，如何提高这些人的自我生存和发展能力，成为社会问题。二是优抚群体。市场经济时代的涉军安置与保障已不同于计划经济时代，每年几十万退伍军人、转业军官、军休干部及家属从军队转到地方，面临如何回归地方、适应社会的考验，加之历史遗留问题，优待抚恤、生活照料、医疗保健、就业培训等方面纷扰不断。一些老兵尤其参战老兵，随着年岁增长、生活不尽如人意，对国家补偿与照护的诉求越来越多。G 省作为兵源大省及军队离退休干部的青睐之地，这方面问题比较多。三是城乡结合带的新一代年轻群体。对于这些群体，用新一代“农民工”字眼有偏颇和歧视之嫌。其实，他们除了没有城市“户口”外，与同时代的城里孩子没有太多区别：生在城市、长在城市，对于故乡只有记忆和逢年过节时的停留。一定意义上，他们不是农村人，他们就是城里人。但因相对劣势的教育资源和就业资源，使得他们绝大部分人驻留城乡结合部，要么子承父业、小商小贩，要么游荡于城市角落之间。上升的空间，对于他们很难，而且越来越难。在 G 省 GZ 市等地城乡结合部，处处有无业青少年游荡的身影。乡关无处可寻，现实无所突破，对于社会发展来说是个危险信号。

我们老家是潮汕的，兄弟三个，其他两个兄弟都是女儿，就我是儿子。生我儿子那年，有个算命先生说我们家族风水好、将出大人物，儿子生下来后，我们兄弟三个高兴得不得了。哎，……（辛酸的沉默）。到了一两岁，孩子还不会说话，和正常孩子反应也不一样。带到医院一查，是自闭症。……我们这 20 多年，就是围绕孩子转了。你瞧瞧他现在这样子，愿意和你说几句话，能自己端饭碗安静吃饭，已经相当了不起了。我现在快 60 了，和太太没有啥指望，最大的奢望就是让老天爷发发慈悲，让我们

---

① 参访福利机构中遇到的 CASE9 即属该情况，为脑瘫儿童，四个多月遗弃在福利院门口，襁褓里遗留的字条显示其来自邻省贫困地区。

俩比孩子多活上一天，把他先送走……（默默地流泪）（访谈对象：CASE4，20140729）

我老豆（父亲）他们好多年前就到DG来打工，我回安徽老家不多，安徽话也不会讲（笑）。初中毕业后，没混头，去鞋厂干了两个月就回来了。现在啊，没事上上网、玩玩桌球喽，反正我还是好孩子啦，不玩K粉、不溜冰（毒品），不和镇上的（指城里的孩子）瞎混，玩不到一块去。再玩两年吧，老爸老妈现在身体还好。（访谈对象：CASE5，20140806）

5.1.2 城镇化中的个体失能

以城镇为主场域的市场经济发展，不仅改变了人的就业方式，也改变了人的生活方式，相应地改变了人的流动方式。改革开放前20年，从农村来到G省SZ、DG、GZ等城市的人们，更愿挣钱之后衣锦还乡，返乡盖房子，盖大房子，盖与人比阔绰的大房子；到了21世纪初，随着收容遣送等制度的打破及教育资源的开放，人们更愿意把自己及子女安置在城市生活，尝试去争取和享受比农村优质的生活环境与待遇；近十几年来，新生代子弟“宁做城里人，不做农村鬼”，处于“断裂的夹缝中”。纵然G省GZ、SZ等地的房价居高不下，但也愿退而求其次，选择郊区、卫星城或家乡县城购置居所。就“把泥腿洗净”的个体选择而言，人口的城镇化势不可当，造就了G省2000年人口城镇化率就达到55%（2012年中国城镇化率突破50%）；2013年城镇化率达67.76%，高居全国之首［《广东住房和城乡建设年度报告（2013）》］；GZ等特大城市人口聚集态势持续加强。相应地，农村到城市移民对公共支出与保障的影响也是明显的①。农村流动人口的“半城市化”问题依旧突出（王春光，2006：107）。

① 英国伦敦经济学院社会政策系教授David Piachaud建立了社会支出增加百分比 = 100. m.（U - 1）/［p +（1 - p）. U］的公式（农村人口比重为p，城市人口比重为1 - p，农村人口人均支出为e，城市人口人均支出是农村的U倍）。通过该推算，得到结论：即使只是为了保持现有的城市支出水平，也需要社会支出每年有显著增加才行。参见李秉勤等：《欧美福利制度：挑战、改革与约束》，北京·中国社会出版社，2011版，第313页。

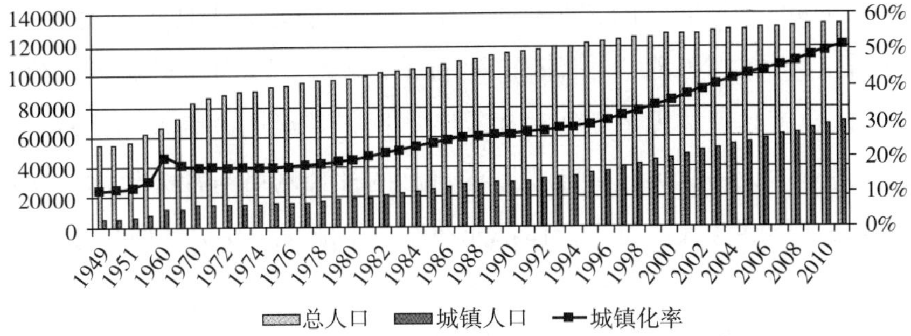

图 5－1　新中国成立以来我国城镇化发展趋势

人口数：单位：万

数据来源：中国统计年鉴，2011。

——城镇化对城市人口的影响。城镇化的真谛是彻底消化而不是暂时地利用农村人口（文贯中，2014：174）。城镇化给城市带来了丰厚的人力资源，也增添了消费动力与保障压力。“解决快速的城市化与脆弱的社会保障制度之间的矛盾，庞大的农民工群体及其子女的社会融入和社会保障的基本权益问题如何得到有效解决，是目前困扰中央和地方政府的一个大问题”（熊跃根，2011：260）。诚然，流动人口融入新城市、成为新市民，是一个相对漫长甚至痛苦的过程。尤其社会保障体系建设没有跟上城市化步伐，新市民及其家庭、子女的衣食住行、教育、医疗、社会参与等，任重而道远。另外，城镇化发展，不仅存在由外到内、由农村到城市的过程，也出现城市群体内部的分化与流动，引发“社会代价支付与补偿缺陷所引发的社会矛盾”（李迎生，2007：29）。SZ、DG、GZ 等地不少老居民搬离世代居住的祖屋，在相对优待的拆迁补偿下，搬进了陌生的社区、高耸的楼房，开始了新的生活；与此同时，以土地为代价的结果，是谋生手段的无以为继，“吃老本”“开宝马拉黑车”等现象已非个案，征地超转人员的社会保障与服务问题亦值得关注①。另外，随着商品房建设，“住了好

① 征地超转人员是指因国家建设征地，农民户转为非农民户的原农村劳动力中年龄超过转工安置年限的人员，这部分人员是失地农民中最困难群体。国家层面对该群体在法律上没有统一定义，也没有统一的保障制度和参考。参见余翰林：《多措并举　创新征地超转人员社会保障机制》《中国社会报》，2014－11－05（8）。

几年、不知邻居是谁”的“陌生人”社会逐渐蔓延，表现为“有区无社”（何立军、罗飞，2015：29－32）、利益关系弱化、文化基础不牢、公共精神缺失。也就是说，无论新居民还是老居民，甚至无论穷人还是富人，在城镇化进程中无一幸免，都需要重构自己的社会网络与社会生活，使得新旧人群彼此能够融入，每个个体都能在适应中成长，在关怀中自强。

（一个社区的样本介绍）COM2 社区是五羊新城的核心部分，是一个典型的商住混合型综合性社区，辖区面积 0.26 平方公里，户籍户数 3109 户，户籍人口 10478 人，出租屋 1524 套，流动人口 3103 人，60 岁以上老年人 1737 人，老年人占人口总数的 16.58%，下岗失业、低保低收入、孤寡残困等各类人员 360 人。

我以前最头痛的就是外来农民工问题，他们一来吧，就成群结队、亲戚拽着亲戚来。在城中村，很容易租到房子住，结果一大片一大片都是老乡。老乡在一起吧，不管是好事还是坏事，都会上。（笑了笑）但我可没有叫人打横幅，“不许××人居住”哟。其实啊，也不能怨人家嘛，人生地不熟，不靠老乡靠谁啦。这几年啊，更有搞头了，那些老居民不服管啦。卖地、收租，打打麻将、喝喝茶，多好啊，还不满意，对这对那都挑毛病。尤其小青年们，揣着闲钱，不务正业，整天找事……（访谈对象 PUB2，20140801）

——城镇化对农村人口的影响。工业化、城镇化如同一台大马力的抽水机，把乡村的人力资源连同物质资源一同抽取到城市，而光“抽水”不“回水”，导致了农村的失陷与坍塌。在诸如 GZ 市 COM1 社区等相当一部分农村，留守的老年人、妇女、儿童成为常住居民，“993861 部队”由戏谑之词变为大众化词语。无论是生计还是生活，抑或社会参与和代际沟通，对于农村留守人口来说都是现实问题。而且近些年农村婚嫁条件加码、农村姑娘纷纷嫁进城镇，加之农村男女出生性别比例本身失衡，导致农村光棍汉数量越来越多，结果弱者越弱、问题越来越多，给农村稳定及若干年后的五保养老增添了负担。与此同时，农村破落，生态环境缺乏关照和投入，近些年急遽恶化[①]。在 G 省一些农村地区，河水不再清澈，井水不再甘冽，空气不再洁净，星空不再灿烂，而人口恶性疾病尤其与环境污染有关的肿瘤癌变比例却在攀升；污染的延伸，即是粮食与食品的安全问题，反过来又影响城市居民的生活与生存。着眼于农村、农业、农民与城乡的良性互动和持续发展，农村的社会服务及社区发展问题不容小觑。

在关注城乡流动的同时，“农迁农”的横向流动问题同样值得关注。在 G 省，因扶贫开发移民，G 省北部石灰岩地区的外迁人口已累计达 4.85 万户、23 多万人；水库移民总人口近 190 万人，分布在 109 个区（市、县）的 920 个乡镇，涉及 4122 个行政村、9664 个自然村。G 省从 20 世纪 70 年代后期出现“代耕农”群体，其中 80% 以上来自省内，少部分来自湖南、广西、贵州、云南、海南等地。南部地区 8 个市（SZ 除外）有“代耕农”1.6 万户、6.5 万多人，代耕土地 13.6 万亩[②]。“人户分离”“亲带亲、友带友”的“农迁农”同样带来了一系列社会问题，一方面迁出地政府鞭长莫及、照顾不到，另一方面迁入地政府不想管，社会服务和保障跟不上，影响了迁出农民权益保障和社会融入。

现在吧，村里的情况和过去大不同喽，老的老的，小的小的，青壮年都出去打工了。你问我当村委会主任头疼什么问题，还真不是什么上访啊、低保啊、治安啊。我现在就头疼两个（事情）。一个（事情）了，前几年搞学校合并，我们村小学撤了，村里的小孩子要翻过一座山，去邻村上学，有钱的送到镇上或城里上学。每天孩子接送挺麻烦的，尤其下雨下

① 在一定意义上，城乡二元结构的发展，导致了农村地区建设和发展的不足，也间接导致了农村防灾减灾能力的不足。在台风、地震、暴雨、泥石流等绝大多数自然灾害情形下，农村的房屋质量直接决定了损失程度和人员伤亡情况。农村逐渐被弱化和淡化，虽然危房改造等工程一直在加大力度，但其地域自然风险能力依然有待加强，尤其在经济发展落后地区及偏远山区。先天能力的不足，导致了后天补偿与保障的投入加大。目前，我国每年有近亿人次的受灾群众需要应急或过渡安置、冬令春荒救助和灾后恢复重建，因灾伤亡人员的优待和抚恤成为农村社会服务支出的重要事项。农村的发展与重建，需要用心用力。

② 相关数据来源：中央农办内部调研材料（2014）。

雪天，（家长）骑着摩托搞不好会出事的。另外一个，就是种橘子。村里这几年开山种砂糖橘，刚开始产量和销量不错，但土越来越不吃肥，打农药也不行，橘子没以前好吃了、不好卖了，而且开山开得土都露出来。（雨中指着村委会门口那条河）你看，一下雨，泥土淌下来，河水浑得发黄，以前可不是这个样子……（看着远处有村民往河里倒垃圾，貌似自言自语）唉，坏习惯改不了……（访谈对象：PUB1，20140804）

必须清醒看到，西方的社会服务是基于相当高的城市化率，留下的农村也基本实现了城乡一体化，而我国的城乡鸿沟依然存在，甚至有进一步拉裂的可能。这就决定了，我国社会服务业的发展，是在工业化、市场化条件下，再承受城镇化及城乡二元结构、农耕文明的压力与负担。

5.1.3 老龄化中的个体失能

当前，我国老龄化来势迅猛。生于20世纪30—50年代的几代中国人，基本都离开了工作及生计忙碌的岗位，以衰老的身躯面对日新月异的时代。

——老得快。截至2008年，中国60岁及以上老年人口已达1.6亿左右，占总人口的12.3%。受出生高峰时期的人口队列效应影响，我国老年人口规模将从2011年初的1.74亿扩大到2015年末的2.15亿，到2020年平均每4个人当中就有1位老人。我国人口老龄化水平仅用不到50年时间从10%提高到30%，而很多欧美国家用了100多年时间[①]。其中，G省1996年开始步入老龄化社会。

——老得多，且高龄化趋势明显。高龄老年人（80岁及以上）是老年人中带病残疾、生活不能自理比率最高的人群，比低龄老年人需要更多的医疗保障和日常照料。进入21世纪，我国高龄人口年平均增长速度达到5.0%，快于60岁及以上老年人口的增长速度，远高于世界平均3.0%和

① 根据联合国世界卫生组织定义，65岁以上老年人口超过总人口的7%，即算“高龄化社会”（Aging Society）；14%以上为“高龄社会”（Aged Society）；20%以上则为“超高龄社会”（Super - aged Society）。西方国家从“高龄化社会”到“超高龄社会”经历了100多年，而中国的速度明显快于西方。

发达国家 2.0% 的增长水平；高龄老年人口由 2010 年的 2130 万增长到 2015 年的 2640 万左右，到 21 世纪中叶将接近 1 亿，超过许多国家的人口总数。G 省 GZ 等地高龄化趋势明显，其辖区内阿尔茨海默病患者比例高，即是侧面反映。高龄化意味着不仅要解决好经济供养问题，还必须在服务方面作出更加有效的安排。

你问我为什么来养老院。不来也不行啊。小孩子去美国了，我们去那生活过一段时间，哎呀，还不如坐牢啦。一大把岁数，死也要死回来啊。（回来）在家吧，岁数大了，腿脚不行，干不了。想来想去，只好来养老院。这里嘛，还不错，比想象的要好。老人多，也好玩。但刚开始不行，我儿子不干，他怕别人骂他不孝啦（笑）。（访谈对象：CASE3，20140802）

——未富先老。我国人口老龄化是在“未富先老”、经济社会发展水准较低情况下到来的，老龄事业发展面临考验和挑战。一是老年社会保障体系不完善，覆盖面相对狭窄，保障制度“碎片化”。二是随着人口老龄化及家庭规模结构的变化，空巢老人增多，家庭养老功能弱化，机构养老需求、养老服务设施和无障碍建设需求增加。三是“失独”老人问题，因国家计划生育政策导致这些人孤苦伶仃、无子女赡养，遭受的精神创伤与孤独更难以抚慰。四是农村人口老龄化形势及其保障问题将更加复杂。随着城镇化的推进及劳动力外流，我国农村将率先进入重度人口老龄化阶段，这在 G 省表现得更明显。由于农村社会保障和服务体系尚未健全，解决好农村老龄化带来的问题尤为关键。加之 30 年计划生育政策、家庭人口结构方面的变化，使得当前及今后一个时期，养老服务成为社会服务领域最棘手也最需重视的一个领域，“政府、社会和个人都需要增加紧迫感，做出物质和制度上的充分准备”（姜向群，2007：57）。

其实，我还好，毕竟有儿子，我就不信以后我老得动不了，他不养活我。再说，现在还能挣点钱，也交了（农村养老）保险。其实，像那个谁（指着远处一个妇女），她以后不好（养老）。她就生了一个姑娘，在外面

打工，而且手有残疾，生活过得不好，手头没有钱，也没有去交（农村养老）保险……（访谈对象：CASE1，20140803）

总的来看，当代中国的个体生活在一个“前无古人、后无来者”的时代，工业化还没过去，城镇化尚未完成，老龄化匆匆来到。而且在发展幅度与节奏上，中国的“工业化超前，城市化滞后”（周其仁，2014）。在西方，工业化成熟于福利制度建立之前，老年化凸显于福利制度建成之后，使其可按部就班、循序渐进地发展社会事业。而对于中国来说，个体的失能问题处于多重际遇叠加，显得庞杂、多样与集中；而全球一体化下的现代生活，每个国人都有权利追求较高的生活品质，这就需要举国用较短时间去追平几百年积淀的西方。现代化作为“双刃剑”，对我国社会服务事业发出了强烈的需求信号。

5.2 家庭及家族角色的弱化

人类文明诞生以来，家庭作为最古老、最有效的制度安排，承担着老弱病残的保护与扶助。尤其在传统中国社会，社会服务主要由家庭单元承载；当家庭不能对其成员提供照护时，家族、邻里等“同心圆”可以接力，这种“差序格局”涵盖在以血缘为起点、以村居为聚集、以道义为传承的宗族体系之下。“多年来，儒家思想被周期性地唤起以将较低的福利支出合法化——通常是对家庭和广泛的社会进行道德呼吁，要他们对那些有需要的人提供帮助。”（艾伦·沃克，2011：129）新中国成立以来，尤其改革开放使当下中国家庭结构发生深刻变化，家庭及家族的社会服务功能发生了减退。

5.2.1 家庭人口结构发生变化

家庭核心化与小型化是我国城乡家庭的重要变化。G省等地三代同堂、大家族生活方式已一去不复返，夫妇二人组成的家庭和单人户大幅增长，家庭由“二代化”向“一代化”转变明显。据全国第六次人口普查，2010

年全国城市夫妇家庭和城市单人户占比达到 21.03% 和 17.03%（1982 年为 5.71% 和 9.21%），G 省的比例更高。而且，“年轻人口的萎缩将会造成更严重的动荡，这是自罗马帝国衰亡以来，从未发生过的现象。任何一个发达国家，甚至包括中国和巴西，平均每个育龄妇女的生育率都远远低于维持现有人口所需的生育 2.2 个小孩的标准”①。

一方面，人口结构的变化影响了人的生活方式。G 省老年人不与子女共同居住、选择独居或留守的比例大幅增长。这既与老年人和已婚子女的生活偏好有关，也与子女异地居住或独生女外嫁有关。而且随着经济条件改善，有退休金保障的父母基本上不用寻求子女的物质赡养；生活不能自理时，通常愿意出钱雇人照料，子女赡养义务发生弱化。老年人虽有物质保障，但其日常生活照料特别是高层次的心理需求、精神慰藉并未得到有效满足（李迎生，2007：152）。

另一方面，人口结构的变化影响了家庭（家族）传承。我国继承传统为“传男不传女”。实行计划生育政策后，单性别子女家庭成为多数，女性在家族传承中的地位提升。但是，男女平等未完全实现，男系传承仍有市场。在 G 省，儿子仍是实际或形式上的家庭责任传承者，一些地区仍有较强的生男孩偏好。但是，男孩子成年后的就业机会和外出流动性更大，导致未成年阶段家庭赡养成本增高，成年后家庭或家族中坚力量抽空，造成自我服务功能进一步弱化。

现在孩子少，女儿女婿也不容易，不给他们看孩子吧也于心不忍。但是，在一起生活，他们觉得别扭，我和老太婆也觉得别扭。也曾吵过架，我们（打算）自己回去过，但是小孙子刚上小学，下午放学那么早，没人接不行，接了没地方待也不行。再熬几年吧，等老了干不动了，就不给他们干了。反正我和老太婆都有退休金，也不指望他们养活。（访谈对象：CASE7，20140807）

---

① 关于中国计划生育政策及低生育率问题，本研究不作过多评述，仅援引彼得·德鲁克的观点代之。来源：［美］彼得·德鲁克著：《下一个社会的管理》（蔡文燕译），北京·机械工业出版社，2007 版，第 144 页。

总的来说，中国社会在从传统向现代跃迁的过程中，“421”型家庭结构对城乡居民生活产生重大影响。对于独生子女一代组成的小家庭，其对双方父母“大家庭”更多是“索取”而非“回报”。随着父母年老衰弱，“大家庭”对“小家庭”的儿孙照顾、经济支援等方面功能弱化，而“小家庭”对“大家庭”的老人赡养等方面的服务功能并未全面撑起，导致了家庭服务功能的总体弱化。虽然国家及时调整了生育政策，但未来一二十年这种总体弱化趋势难以扭转。

5.2.2 家庭及家族成员交往的淡化

对于人来说，生活的全部意义不仅在于物质层面，也在于精神层面；家庭的温暖不仅来自于物质与人力支援，也来自于亲情交流与呵护。由于城镇化进程加快，人的流动性加快，加之计划生育政策影响，血缘和家族制基础上的家庭结构悄然解体，小型化家庭各奔东西，疏于往来。尤其城市规模越大，家庭及家族成员间的交往就越少，关系就越疏远，互相支持和支援的功能弱化，甚至有的已基本不发挥作用。尤其在家庭暴力、儿童虐待、罪犯子女扶养等社会排斥问题的解决和应对方面，家族的责任与担当在明显退化。

孩子打生下来身体就不好，经常生病。有时深更半夜，孩子犯病，没有人搭把手，真是叫天天不应、叫地地不灵。我们两口子都是外地人，老人们在老家农村，谁也不愿来城市，嫌住不惯。他（老公）妹妹一家在SZ，但一年也见不着几次面，各家都有各家的事，都忙。现在啊，亲戚就只能当亲戚处了，谁能帮谁多少忙啊。（访谈对象：CASE8，20140807）

总的来看，传统的社会照顾是一种自觉自愿的道德行为，不具备制度化的特征，缺乏制度保障。进入工业化社会后，工业化和城市化在很大程度上改变了人们的生活态度和生活方式，导致了家庭模块的变化，以及家庭功能的退化；与此同时，休眠20多年的儿童监护权撤销法律条款开始运行，儿童保护及相关社会服务从“家事”变成“国事”。诚如相关学者指出，“在中国社会，福利危机的社会因素是由人口变迁和家庭形态与家庭形成中的长期变化的积累效应引起的”（哈特利·迪安，2009：131），“东亚的‘儒家’家庭型的福利制度模式受到政府太多的限制，很难想象以它当前的模式能够延续多久，同样也难以想象是否会出现可以替代的模式”（戈斯塔·埃斯平－安德森，2010：396－397）。面对问题和挑战，如何助力家庭这一社会的细胞单元，恢复和发展其自身功能，妥善解决困难群体和特殊群体（包括儿童、老人、残障人、贫穷者和失业者等）的生存发展与社会参与，成为我国社会服务供给的重要使命。

5.3 市场角色的功利化

我国市场经济脱胎于传统的计划经济体制。因此，企业在履行社会责任、提供社会服务方面，与西方的历程和路径恰恰相反。西方的企业在提供社会服务、履行社会责任方面，是一个从无到有、从少到多、从被动到主动的过程。而中国的企业，尤其国有企业，从计划经济向市场经济跃迁的过程中，走的则是“去社会化”路径。这种路径演变至今，虽有与全球接轨、履行企业社会责任的自发性，但总体来看，现在的中国企业不愿甚至也无力在社会服务方面发挥重要作用，不能寄希望于市场全盘消化“非商品化”部分的社会服务需求。

5.3.1 “企业办社会”的责任剥离

在计划经济时代，大中型国有企业一般建有学校、医院等附属机构。超大型的企业甚至设立公检法司，具有相对独立的管辖权，算得上是“独立王国”。企业办社会、提供社会服务，本意是帮员工卸去生活包袱，以更昂扬的动力与更充沛的精力投身生产，进一步解放和发展生产力。但实际上，随着科层建构与固化，这些服务类机构成为企业发展的束缚，成本上扬，效能下降，动力削弱，包袱增加，导致“三产拖主业、能干不多拿”的企业停滞。多年前，G 省一批国有企业的落败，就与此有关。因此，改革的出路就是“从企业保障到社会保障”（郑功成，2009：95－

98)。从20世纪90年代以来，推行“社企分离”、剥离“企业办社会”重担，是曾经一段时间内我国国有企业改革的重点任务。

回顾这段历程，剥离企业办社会的职能并非一帆风顺，面临许多阵痛。尤其企业在剥离教育、医疗等社会事业过程中，如何在企业本身不景气的情况下，保障被剥离机构和员工的待遇，实现与所在城市公办单位的同等待遇，面临了很多挑战及群体性事件的发生，沉痛的记忆挥之不去。当前及今后一个时期，中国的企业尤其国有企业，不能再走投资包揽社会服务的“回头路”。

5.3.2 企业社会责任的有限回归

不走“企业办社会”的老路，不代表企业不履行必要的社会责任。蒂特马斯指出，企业存在职业福利的担当（Titmuss，1955：104）。当前，工业社会的矛盾及其所带来的社会服务问题已凸显：工伤、矿难、生态破坏和环境污染、超时工作、拖欠劳工特别是农民工的工资等侵犯劳动者权益的现象仍然突出；员工队伍不稳定，人员流动频繁，人心思变，对企业造成困扰，亦需内外力量共同施策。

但是，必须看到，企业的最大社会责任仍是提供就业。从更大层面来看，企业赋税是财力主要来源，只有企业和产业发达，社会服务的供给才有“源头之水”。G省经济产业主要分布在南部沿海地区，驻区企业成为优质的“共同体成员”和“金主”；与此同时，贫困山区则因经济欠发达、企业数量和规模有限，陷于“吃饭财政”危机，社会服务供给困难。当前，经济发展进入“新常态”，进出口贸易和投资空间受到压缩，利润的“天花板”在下沉，用人用料成本的“水平线”在上涨，对资方造成了夹击。在此环境下，社会责任的履行既要提倡尽力而为，也要提倡量力而行。毕竟，对于企业来说，无论何时何地，追求经济效益永远是第一要务；而经济要发展，必须得让实体企业有利润。在市场和法治都成熟的现阶段，无论是有意为之还是无心之举，重新给企业背上本不该承担的负担，强迫履行额外的社会责任和社会服务义务，无疑都是在“杀鸡取卵”。

我办企业有 20 多年了，现在钱一年比一年难赚。我现在的纯利润就是 0.5%—1% 之间，说句不好听的话，纯粹是在捧着“金饭碗”来讨饭，要不是为了不让 2000 多名员工下岗，我早就不想干了。我把厂房租出去，或者干脆卖了把钱存银行里，赚的也比现在多，比现在轻松。现在是劳心劳力，纯当是做公益事业。我和来我厂子里调研的领导说过，我现在办企业就是在做慈善，我厂子一天不倒，我一天不跑路，2000 个家庭、上万张嘴就有饭吃，就不会上大街给你政府闹事，就会少产生些社会不稳定不和谐。所以，你政府也别加给我太多税负和杂七杂八的要求了，该我做的我一定做好，不该我做的、我不愿做的，你也别逼我。我不当“黄世仁”，但我也不是“杨白劳”。（访谈对象：THIRD5，20140920）

5.3.3 企业提供社会服务的逐利选择

在市场环境，以最少投入、最快速度追逐实现利益最大化，是企业永恒目标。“企业的目的是使其资产的长期回报最大化；在其经济目标达到之前，作为第二位的责任是不可能被满足的。”（丹尼尔 · A. 雷恩，2000：533）对于社会服务，在无利可图的情况下，企业更愿作壁上观，而非供应方；只有社会服务能够产生规模利润，或形成一定效益（包括具有广告宣传作用的社会效益），具备产业化可能，企业才会更热心于社会服务这一服务业态。近些年来，国家探索采取市场资源配置方式，推行由市场参与的社会福利服务“社会化”运动。尤其在养老服务领域，不少企业纷纷对此表现出浓厚兴趣，但由于相关产业政策和土地政策的限制，并没有突飞猛进的进展。从企业“理性人”角度，尤其对于实力雄厚的大企业、机构投资者来说，在投入和产出不成正比情况下，加之相关资本市场过热的诱惑，很难大张旗鼓地优先投资办社会事业。①

① 从这个角度看，当证券等资本市场及融资等交易领域进入平台期，甚至平淡状态，虚拟经济下抑，实体经济上扬，产业结构调整后，社会服务领域投资可能成为热点。

这几年，有不少老板通过朋友关系找我咨询，问怎样进入养老业。因为他们也认识到，随着老龄化发展和家庭小型化，以后的房子越来越卖不出去，搞养老服务是个朝阳行业。但是，现在拿地也不是简单的事，尤其（对于企业来说）要短时间内挣钱，必须搞成类似商品房开发，才能实现短时期资金回流与盈利，这又对土地性质、房屋性质以及养老本身的性质有了要求。（若）搞成公益事业，就不挣钱了。说白了，他们还在用传统的“盖房子、卖房子、赚大钱”的思维，而不是把心思用在提供服务方面，所以真正投资这一行当的并没有几个，开始搞的也没有几个特别成功的。（访谈对象：PUB7，20140802）

对于服务行业的中小企业尤其小微企业来说，采取“零敲碎打”“积少成多”方式投身社会服务与营销，不失为一个好方案。但是，这些年来做得也不甚理想，这涉及理性选择问题。在服务行业，越偏向市场的服务，其服务对象、服务价格、服务质量越好确定和评估；而越偏向民生尤其基本民生领域，主观性和不确定性因素就越多；在市场性服务尚不饱和的情况下，企业更愿意投向市场商贸服务方向以实现尽快盈利。何况，社会服务领域所需的专业技能与生产性服务业领域有着很大差别，对于企业团队与人员素质有着更高要求，企业的重构与转型、员工的招募和培训并非轻而易举。同时，政府在招标时既希望降低服务价格，又希望改善服务质量，使得盈利空间逼仄，加之享受不了税收减免，投资回报率低、回报周期长，企业望而却步。而且，由于贫富差距，社会底层的人群往往因购买力不足而不能支付较高的社会服务费用，穷人的基本社会服务很少有企业青睐。“一刀切”的纯市场化在某些领域并未带来预想效果，出现了所谓“市场失灵”现象，社会的问题还是需要回归到社会去解决。

当前，基于企业的逐利性和社会事业公益性之间的矛盾和冲突，在社会服务领域的政府与社会资本合作显得相对平谈。面对有志进入社会服务领域的社会资本、社会力量，政府部门更希望他们以非营利的法人主体身份出现，而非公司企业的身份出现，以避“瓜田李下”之嫌、“尾大不掉”风险。

5.4 国家角色的回归和让渡

改革开放以来，伴随市场经济自由化、开放式治理模式的培育、调整与普及，国家在社会服务领域的角色、定位和态度，曾有波折，但在上扬。在一段时期内，相较于计划经济时代“大包大揽”“低水平、广覆盖”的社会事业发展模式，国家在公共服务方面采取了“放”的态度，强调个体通过市场化、货币化手段寻求市场与社会的产品提供，政府仅承担“兜底”角色，对个体的责任与担当并未完全释放出来，甚至有所收缩。当然，这其中有国力、财力不足的客观原因。经过 30 多年经济建设的积聚，国家具备了进一步履行社会保障与服务职能的能力和动力，呈现出较为明显的国家角色回归态势，政府职能履行方式也得到了拓展和创新。

5.4.1 国家角色的回归

“巧妇难为无米之炊”，国家角色的担当与国力和财力的强弱密切相关。20 世纪 80 年代提倡社会服务的社会化及市场化，开始发行福利彩票，其中一个重要原因就是国家财力尤其中央财力不足，必须通过市场“化缘”的方式，弥补公共财源不足。随着经济发展及税制改革，我国财政收入，尤其中央财政收入在 GDP 中的比重逐年稳步增长，2014 年全国财政收入 14.03 万亿元，其中 G 省财政收入 8060 亿元。有了相对雄厚的财力基础，政府扩大社会保障范围，并向适度普惠型福利制度迈进才有可能。近年来，G 省及相关地市财政收入进一步增加，公共支出结构进一步优化，政府提供基本公共服务的能力得到了增强。

政府执政理念的修正，提升了社会服务的地位。改革初期，“发展是硬道理”，强调“效率优先、兼顾公平”，国家的角色和作用在往后收缩。

其中，“泛市场化”政策思路对社会保障与福利领域改革的影响甚大①。造成相当数量的民众无法便利享受改革发展带来的成果，成为利益相对受损的群体。20 世纪 90 年代以后，随着国企改制等经济变革的阵痛，社会公平与稳定的问题开始凸显，构建社会主义和谐社会成为新时期党和政府的应对之策，“效率优先、兼顾公平”的执政理念逐步调整，强调了社会再分配的公平。伴随理念调整，社会服务的指导方针也更加明确。一方面，坚持“以人为本”的需求导向，把保障和改善民生作为社会建设的根本目的，把握“底线公平”，注重满足人民群众特别是特殊困难群体的基本生存和发展权益；另一方面，坚持“水平适度”的公平待遇，启动物价上涨联动保障机制，既尽力而为又量力而行，努力构建适应群众需求、与经济社会发展水平相适应的社会服务与保障体系。近年来，G 省相关地市提出打造幸福城市的目标，进一步聚焦民生投入和社会服务，平等有效地满足公众需求，较好地处理了公平与效率的关系，增强了社会的活力与创造力。

5.4.2 科层制度的困境

科层体制下，机构编制“膨胀—精简—再膨胀”成为世界性难题。在中国，“十羊九牧”现象更有危害性。当前，我国社会事业经费预算的大头是拔付给事业单位，流向社会与市场的占少量。按照法律规定，事业单位是国家为了社会公益目的，由国家机关举办或者其他组织利用国有资产举办的，其服务提供是组织行为的根本出发点和落脚点。2014 年，全国事业法人单位数 82.84 万个，其中 G 省 4.63 万个［2015 中国统计年鉴］，在社会事业发展中发挥了不可替代作用。但现实中，不少事业单位逐渐沦为“二政府”，存在向官僚制、科层制靠拢的不良倾向，人浮于事的同时又紧紧攥着公共资源不放，一方面想方设法寻求政府公共资源配给，另一方面

① 1998 年 7 月，《国务院关于进一步深化城镇住房制度改革加快住房建设的通知》颁布，由此在制度上建立市场化住房体制，并明确提出把住房产业培育成经济支柱产业；“教育产业化”的提法也始于 1998 年，从 1999 年开始，中国的高等教育经历了跨越式发展，到 2004 年，中国各类普通高等学校招生 420 万人，是 1998 年的 4 倍，高收费和市场化运营自此开始渗透到教育领域；1998 年我国开始推行三项医疗改革（中国医疗保险制度改革、医疗机构改革、药品流通体制改革）措施，自此，医疗改革的市场化速度大大加快。

却又不尽心尽力去履行服务职能。有些地方和单位，“临时工”现象严重，服务队伍出现萎靡不振现象，“对单一任务以外的人和事自然缺乏兴趣，也没有主动接触和被动反应的能力，客观上造成了全面功能的退化”（戴维·奥斯本、特德·盖布勒，2006：5），难以获取社会认同和群众满意。当前，事业单位体制改革正向前推进。但冷眼旁观，在利益壁垒面前，事业单位体制改革和服务转变，还有很长的路要走，而“井喷式”的社会服务需求，无论数量还是质量，都无法短时期内依靠事业单位体系的华丽转身，需更多地发动社会力量加入[①]。

我社工本科毕业后，曾在一家单位上了几年班。虽然是社工岗位，但每天接触更多的是填报表、写报告及各种各样的材料，应付上级检查和调研，每天接触案主的机会并不多。我从心底里反感官僚体制做法，所以最后选择了离开。（访谈对象：WORKER4，20140801）

有些部门把权力和资源抓在手里、搂在怀里，一方面人手和精力有限，本部门本单位做不过来，另一方面又不肯放权、放手让其他机构去做，结果什么都做不了，或者做不好。还有些机关或干部，习惯坐在办公室，等着上面资源分配和工作指令，“有多少汤下多少面”，热衷于行使自身权力、使用既有资源，不肯协调有关部门，不会动用社会资源，社会服务局面打不开，社会活力和创造力不足。因此，这几年，我们非常重视在这方面的改革和突破。其中，政府购买服务就是组合拳之中的关键一招。（访谈对象：PUB12，20140919）

科层体制下，街道、乡镇及社区成为最大载荷单位，社区治理不够精

---

① 指陈事业单位体制的不足，并不意味着否定社会服务类事业单位的积极作用与突出贡献。当前，养老等社会福利单位在社会服务领域发挥骨干作用，往往床位难求、一等很多年。这种供给局面，使得体制内利益群体更容易也更倾心于“搭便车”，乃至仍热衷于征地自建福利类事业单位，使得官员退休后能够享受更多隐性、便捷福利，而这对于公众来说则是不公平的。坦诚地说，在中国人情社会，每个人都有个人诉求及“私事”。对于官员，向事业单位“打招呼”、求优惠和便利，要比向市场、向民间“打招呼”方便和管用得多，这使得服务类事业单位的服务产品难以保证绝对的开放性、充裕性与公正性。这种弊端，应予正视和打破。

细、末梢管理不够到位在所难免。伴随管理重心下沉，这些机构既接受来自各方的工作任务而面临“无限责任”局面，又因为没有相应的法定地位和权力承接这些事务而处于“有限权力”境地，有时只能靠“讲面子”“磨嘴皮”等非制度化手段开展工作。而且城市基层政府及其职能部门基本上实行“条”的领导，“块”的管理功能弱化，街道办事处“统筹协调”职能难以真正发挥，导致工作互相掣肘，事倍功半，效率低下。一些地方街道办事处与居委会的关系成为事实上的领导与被领导关系，导致街道办事处疲于应付大量事务性工作，社会管理和公共服务职能不强。机构设置不合理，人员结构不合理，财政保障不到位，社会动员作用不充分，这些现象在G省乃至全国的一些地方都不同程度存在。

5.4.3 简政放权的推进

当前，简政放权成为进一步推进行政体制改革的核心任务。简政放权的要义，是解决和优化政府与市场、社会的边界问题。改革开放前三十年，通过简政放权，基本上将市场主体从体制内蕃篱释放出来，形成相对清晰的职能边界，行政对市场的直接干预与染指越来越少。相较之下，基于“业务主管单位——登记管理机关”的双重管理体制设计，政府对非营利组织的体制内约束及行政性干涉一直存在，政府与非营利组织的边界并不清晰。实际上，也没有认真地进行过系统梳理和划清，更淡不上彻底脱离与释放。在十八大之后的新一届政府机构改革方案中，专门要求改革社会组织管理制度。2013年《国务院机构改革和职能转变方案》，提出了一系列限时完成任务，要求提出“行业协会商会与行政机关脱钩”方案，完成《社会团体登记管理条例》等相关行政法规的修订工作，这是与以往机构改革、职能转变相比的重要变化。

在实践中，G省分批次公布具有承接资质的非营利组织目录，对不该由政府承担的事项，取消或转移给非营利组织或事业单位；对该由政府承担但政府直接提供缺乏效率的事项，采取购买服务方式让社会力量提供。在政府转移职能中，对充分竞争类事项采取公告方式转移，对适度竞争类事项采取招标择优方式转移，转移事项均采用合同制监管。GZ、SZ等地出台政府转移职能的专门文件。截至 2013 年，省直部门 103 项、SZ 市 69 项政府职能转移给了非营利组织。同时，G 省取消非营利组织筹备审批，将异地商会和基金会登记管理权限下放到地市，降低基层群众生活类非营利组织的登记门槛。SZ 市将异地商会的登记范围从市扩大到区，并授权街道办事处对社区非营利组织进行备案管理。非营利组织审批权限的下放，进一步推进了简政放权。

我们市推行政府购买服务搞得还不错，说到底，是简政放权抓得紧。记得我刚上班时，我们财政局的老局长就强调，尽量不要管不该管的事，不要插手太多。尤其这几年搞社工服务购买，重要的配套政策，是市里连续发布了三批简政放权、转移政府职能的目录清单。没有简政放权和职能转移，购买（社工）服务不可能搞长远。（访谈对象：PUB8，20140807）

5.5 社会力量的觉醒和参与

在中国国情下，相较于国家（政府）、市场（企业）等制度化组织，非营利组织、社区自组织常被视作“民间力量”或“社会力量”，由民间倡议发起的组织常被称为“草根组织”。这种力量滋生于草根之下，润物于无声之中，但随环境开放与制度开明，正一步步朝参天大树方向发育，为进一步参与社会服务创造了条件与可能。

5.5.1 社区等社会共同体的力量夯实

作为一个外来的词，“社区”（Community）在中国具有远比其最初学术内涵更为复杂的社会意蕴。它不仅是指自然状态下日常生活世界中的共同体生活①，而且在社会政策领域还常常指向一种基础秩序所在以

① 如滕尼斯在《共同体与社会》中所述：共同体的类型主要是在建立在自然的基础之上的群体（家庭、宗族）里实现的，此外，它也可能在小的、历史形成的联合体（村庄、城市）以及在思想的联合体（友谊、师徒关系等）里实现。

及公共产品配置的基础单元。在新中国成立以来的很长一段时间里，社区制是作为单位制的一种补充体制而存在的（李友梅，2007：159－169）。换言之，社区治理长期处于国家治理体系的边缘位置，其更多的是对“溢出”单位或无法进入主流生产体系人员提供基本水平的管理与服务。这种状况随着中国经济社会的快速转型逐步转变。伴随单位制的解体，由街居制改革而来的社区制成为基层治理体制的主要构成，社区管理和服务的重要性体现出来，社区建设提上日程。1999年，民政部在全国确立了G省FS市市区等26个城市社区建设试验区；2000年，中共中央办公厅、国务院办公厅转发了《民政部关于在全国推进城市社区建设的意见》，以此为标志，我国城市社区建设开始在全国范围内推广。经过十余年发展，G省等地社区建设取得佳绩，不仅承接了政府和企业所转移和剥离的社会管理与服务职能，且在改革城市基层管理体制、提升居民生活质量、扩大基层民主、维护社会稳定、密切党和政府与群众的联系等方面作出积极贡献。截至2014年年底，G省农村社区（村委会）19365个，城市社区（居委会）6588个［G省民政厅网站］。这些组织和人员，成为社会服务的重要力量。

但是，社区建设是一项系统工程，需要充分挖掘社区内外各方面资源。随着社会转型的加快，由政府包揽社区建设越来越吃力。比方说，政府出钱、出人、出政策，通过街道办事处和居委会，几乎承接了社区建设的全部事务；社区居委会的角色发生错位，而且承担任务过重；社区工作人员的队伍薄弱，且整体素质偏低；单一的行政性工作方式，已不能很好地回应社区居民的现实需要。在社区这个平台上，必须要用新的方式去解决新的问题，最大限度地将政府、社区组织、专业社会服务机构、志愿者、社区居民等各方面资源结合起来，“解决单位后遗症、打破居民之间相互隔裂的围墙”（于显扬、宋雪飞，2009：71），真正实现社会共同体的形成与维护，发挥具有输血和造血机制的“自服务”功能。G省SZ市等地作为新兴城市，流动人口远远超过本地户籍人口，在社区管理上出现的问题早，应对与改革也相应地走在了前面。

以前我们街道管的几个社区，经常让他们组织一些活动，但是最后发现吧，总是进不了老百姓的心坎。通过社工培训和会议，琢磨来琢磨去，还是方式方法上有问题，得从“要我干”变成“我要干”，让他们（社区干部与积极分子）发挥主观能动性，自己主动去找服务，提供服务。从这点来说，社区社会工作还是蛮重要的。其实，我们一些岁数大的同志搞社区工作，经验很丰富，如果再有专业做指导，效果会更好的。（访谈对象：PUB3，20140801）

5.5.2 公益慈善组织的志愿精神培育

中国慈善源远流长，从传统的宗族守望、义仓义田救助，到现代社会的慈善组织运作、规模救助、专业救助，等等，无一不体现中国慈善事业的成就。1981 年中国儿童少年基金会的成立，成为新时期公益慈善事业的开端[①]。1994 年中华慈善总会成立后，各地慈善组织蓬勃发展。2008 年汶川地震，社会捐赠数量及志愿服务力量空前高涨，被称为中国现代慈善元年。近年来，G 省各级政府鼓励兴办各类慈善组织，简化审批程序，下放登记管理权限、加快形成方便城乡居民捐赠、专业高效的现代慈善组织网络；引导慈善组织加强自身建设，完善法人治理结构，允许据实合法提取成本，鼓励有能力的慈善组织参与兴办养老机构、残障康复设施等公益事业；加之企业家等社会精英的认知度提升，基金会等专业慈善组织建设突飞猛进，公益的理念和志愿服务的精神得到了推广，志愿服务的队伍也在不断壮大，实现了从“恻隐之心”到“公共责任”的价值跃迁（刘威，2013：66 – 71），为社会服务营造了舆论环境、储备了有生力量。

但是，现代意义上的“志愿服务”强调的是发自内心的个体自觉，而

① 从词语溯源角度，“慈善”一词，我国古来有之，强调富人之于穷人的实施；“公益”一词，近代引自日本，在日语语义中，带有“公 – 官”之于“私 – 民”的自上而下倾向。而在西方社会，上世纪 90 年代以来，关于“公益”的表述，更倾向于使用“Philanthropy”一词，含有志愿精神在里面。

非外界压力下组织化、零星化、简单化、运动式、说教式的“学雷锋”。当前，G 省志愿服务活动发展较快，但就面上情况而言，志愿服务发展状况还不平衡，人们对于志愿者、志愿活动的了解还不广泛，整体参与率并不是很高，服务提供的覆盖面、可持续性及专业质量受到影响。志愿服务的持续发展尚需社会工作等更专业的力量来进行补充和引导，通过项目化运作等方式，扎根基层，发动公众，共同传播奉献友爱、关心他人、以人为本、助人为乐的社会服务新风尚。从这个角度看，也就是推行社会服务强调打造平台载体、提倡“社工引领义工”的动机所在。

> 我们基金会以前筹集到善款后，刚开始是自己组织实施服务项目，但发现这里面有好多专业性问题解决不好。我们就转变方式，找一些志愿服务团体搞合作，让他们组织人进山里搞服务，但发现组织松散，走个账都没有账户，更开不了发票，搞得我们接受审计时要解释半天。这两年，社会工作一普及，一方面我们注意找社工机构合作，另一方面也干脆对以前的项目合作伙伴建议，让他们往社工机构方向去转。(访谈对象：THIRD4，20140812)

5.5.3 社会工作专业力量的倡导与实践

在我国社会服务方面，社会工作的专业引领起到了导向性作用。20 世纪 80 年代末，民政部组织社会工作教育代表团赴港考察，并于 1988 年资助北京大学 100 万元兴办社会工作专业。进入 20 世纪 90 年代，尤其进入 21 世纪后，国内开设社会工作专业的院校逐渐增多，但是由于专业性社会工作还没有普及开来，学生就业、专业教师理论结合实践的机会都不多。到了 2006 年党的十六届六中全会之后，尤其全国社会工作职业水平评价开始之后，社会工作的教学和培训大面积铺开，社会工作专业师生的用武之地越来越多。社会工作教师开始领办社会服务机构，带来了教育实践和服务实践的跨界实践（王思斌，2013a：114 – 119），体现了新时期知识分子“学以致用”的家国人文情怀。在这方面，G 省院校走在了前列。继 2007

年由社工教授在 SZ 成立第一家专名为社会工作事务所的民办社工机构后，先后有数十家院校社工专业纷纷在外开设机构，进而带动了本校专业学生的就业，以及相关实务研究水平的提高。而且社工专业的师生如同一粒粒火种，当前，从南国到北疆，几乎每个省份都有专业社工师生组建的民办社工机构。他们提供的专业性社会服务，对当地社会服务理念和质量的提升，起到了引领作用。而从其自身角度来看，他们的专业价值和个人价值也得到了彰显。

在 GZ 办这个机构，当时民政局局长×××、处长×××找到我，希望能在农村社会工作方面探索探索。作为社工老师，我也有义务把专业及我的学生输送出去。这几年，孩子们（社工学生）利用这（机构）做了些事，比光看书本好得多。（访谈对象：LEADER1 ，20140803）

你问我为什么要参与创办这个机构，呵呵（笑），当年毕业回家乡，找不到好工作，还不如干本行咯。正好有这么个机遇和环境，既然受过好几年社工专业教育，还是得（把它）当个事业干。男人嘛，谁不想有点成就感嘛。（访谈对象：LEADER3，20140806）

5.5.4 民间有识之士的选择和投入

在我国，民间力量参与兴办社会事业，主要依托于民办非企业单位这个载体。20 世纪末，政府鼓励民办非企业单位发展的出发点不是鼓励民间志愿互助、参与管理，而是在集中力量投入经济发展的前提下，以民间资金弥补财政在公共事业上的投入不足和公共服务的短缺。在民间志愿性欠发达情形下，通过“市场化”方式，给予一定盈利空间，成为鼓励民间力量参与公共事业的有效做法。这种做法在促进经济发展、繁荣社会事业、增加就业岗位等方面发挥作用的同时，也造成了行业发展的不均衡性。从 G 省及全国的登记情况看，目前教育、医疗卫生类民办非企业单位占大头，这与其社会需求旺盛、产业化程度较高密切关联。而近年来，民办社工机构等公益性组织的发起成立，其发起者更多是具有专业能力和理想情怀、“身价”一般、往往仅是小康殷实水平的有识之士组成，而非寻找政策机遇、专志营利投资的企业主、“有钱人”的“改头换面”①。这些机构不仅提供政府公共服务覆盖不到、企业不愿提供的公益服务，更在倡导公益理念、服务困难群体、增进社会和谐等方面发挥了不可替代的作用，展示出民办非企业单位等非营利组织的独特价值优势。可以说，当人们自发地行动起来，为那些值得帮助的人或事提供服务的时候，非营利组织往往代表友爱、平等、慈善等市场不具备的价值。因此，非营利组织本身就是目的，是满足人们情感和信仰需要的生活场域。对于捐资者、志愿者和专职人员等有识之士而言，直面社会需要、服务社会事业，不仅是社会生活之道，更是价值追求的更高更好自我实现。

有人问办社工机构是不是很赚钱？我负责地讲：一个真正的社工机构，是不可能也没有多少空间去赚钱的。因为国内社会工作刚起步，有相当多的工作要去做、要去投入。而且前些年我做生意，但也做了十几年的公益服务。虽然以前一直是做义工，没接受过社会工作系统教育，但作为公益人，我觉得更重要的是一种心态和态度！我很欣赏一句话“不怕你不会，就怕你不作为”，这是我一直坚信的。(访谈对象：LEADER4，20140807)

5.6 本章小结与讨论

基于以服务对象为中心的社会服务四角分析模型是本研究的基本工具。通过对当下语境下服务对象（案主）及四大社会服务供给主体的各自角色变化分析，由实然向应然递进，可就相关问题获取基本结论。而这样

① 当然这仅是对当前现状的描述。实际上，从资金入来看，兴办对场地和设施要求不高的民办社工机构等民办非企业单位，比重校舍场地建设和精密仪器设备投入的民办学校、民办医院，要小得多。相应地，进入门槛也低。当更多的人认知到这一点后，未来的有“资”之士进入，可能也不是少数。

的结论，有益于解决政府购买社会服务的逻辑起点和动因问题。落到 G 省现代化背景下多元主体的角色分析，实际上回应和证伪了关于社会服务购买属于“锦上添花”“有钱就任性”的猜疑，也是对服务购买概念“泛化与滥用”现象的针锋相对。

5.6.1 社会服务供给格局面临失衡或塌陷的风险

落到中国现代化、市场化发展的具体情境，以作出和谐社会建设战略的 2006 年为时间节点，对比前后阶段我国社会服务供给变化（见表 5－1），不难在该分析框架中就第一栏“服务角色担当”作出应有判断。其中国家虽然角色回归，但是随着政府职能转变、事业单位体制改革及科层化弊端，其直接服务角色担当呈减弱趋势；市场/企业参与社会服务“社会化”进程虽未曾搁置，但由于天然的逐利性和对社会责任的消极性，其服务角色担当在近年间没有太大进展；社会/非营利组织随着社会工作、非营利组织管理制度建设步伐的加快，呈现出角色担当的上升性趋势；家庭等非正式部门的角色担当呈递减趋势，这也是现代化转型的客观趋势，可以哀叹但无力挽回。若将社会/非营利组织从这个供给格局中剔除，则剩余的三大供给主体角色作用呈整体塌陷趋势；与此同时，广大服务对象（案主）的社会服务需求在与日俱增，两种逆向走势形成对冲格局。而当前，在全面建成小康社会等战略部署下，加大面向有需求群体的社会服务供给，成为执政兴国的重要任务和必达使命。这在一定程度上倒逼出一个结论：推动社会服务供给，必须更好更多地发挥社会/非营利组织的作用；如果非营利组织的作用未得到有效发挥，社会服务的供给格局势必会造成更大失衡乃至坍塌局面。在老龄化、城镇化等现代化发展新形势下，优先发展针对个体社会服务的非营利组织，成为当务之急，也成为一个重要的发展与改革方向。尤其在 G 省这样较早进入现代化的区域，较之其他省份，需求突出，挑战与考验也更大、更突出，非营利组织发展及社会服务购买这一关必须得早迈过。

表 5－1　政府购买前的社会服务供给变化框架

服务主体	服务角色担当	服务资源传递	服务规范运营	总体评价
国家/公共部门	↓	—	↑	↓
市场/企业	—	—	—	↓
社会/非营利组织	↑	↑	↑	↑
家庭等非正式部门	↓	↓	↓	↓

5.6.2 购买非营利组织服务是社会服务供给扩容提质的有效途径

历史曾告诫过，“在社会系统剧烈变动的条件下，建立和维护主、客观因素之间的可以接受的关系具有越来越重要的意义，而这些主、客观因素则在很大程度上决定着管理社会过程的效率”（A. M. 奥马罗夫，1987：75）。政府向非营利组织购买服务是理性选择的产物，也是多重社会服务供给主体博弈的结果。基于本章的梳理，可以得出如图 5－2 所示的社会服务供给基本格局。当前，市场、家庭等非正式部门与服务对象之间存在较为明显的弱相关关系，国家/政府与服务对象的直接服务关系呈减弱态势，但其角色回归和财力积淀，决定了必须承担更多义务。而国家向市场、非正式部门传输资源，再由他们转向提供服务对象，存在着几方主体能不能、愿不愿的问题。实际上，家庭等非正式部门的角色弱化，即使获得外界资源注入，依然无法承担往昔服务，更无法创造更多新服务。对于以追求利润分配为本能的市场来说，其接受政府资源输入然后再服务案主，姑且不说有无意愿和能力，从政府坚持公共立场、追求公共利益最大化角度来说，并非情愿之事、最佳选择，而与政府在服务宗旨、对象和领域上渊源较深、关系密切的非营利组织则成为更佳选择。政府向非营利组织提供资源传输，一般有购买服务、补贴、奖励、无偿或象征性收费提供服务场所与设施等多种方式。这些方式中，鉴于对象识别、制度设计与资源传递的考量，以及公平性、公开性、公正性、可持续性的制度维护，坚持契约化、市场化竞争原则的购买服务机制，属于优中之选。

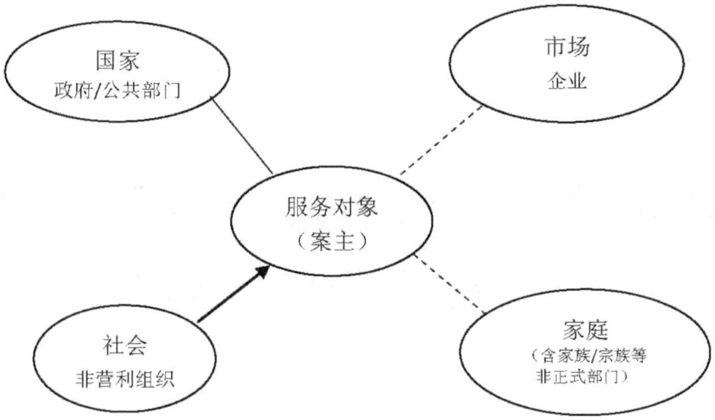

图 5－2　重点探讨政府为何购买非营利组织服务的社会服务四角分析模型

5.6.3 购买非营利组织社会服务具有政策依附性与可塑性

通过本章分析，可见当前制度设计和实务推进中，加强民办社工机构等非营利组织建设，推行政府购买服务方式，核心动力是出于充实供给力量、维系体系平衡、推进社会服务事业发展的需要；而非本末倒置地推进政府购买社会服务事业，以促进民办社工机构及社会工作制度发展为根本目的。也就是说，社会政策领域的制度建构及非营利组织角色和能力的增强，是基于社会事业发展而去谋划与实施；而战略的谋划与政策的实施，无不落脚于具体的政策设计及主体角色塑造。相较于逐利性的市场主体和松散性的非正式部门，非营利组织具有较为严密的组织性与自律性，也具备法人要素和风险担当。针对非营利组织，加强专门的制度设计和契约管理，增强服务供给的目标预期性与流程可控性，对于保证社会服务品质来说至关重要。正因如此，社会服务购买的运行机理及实施效果，必须走进社会服务购买的政策设计与具体操作环节，方能进一步仔细观察与讨论。

第 6 章　依何可能：社会服务购买的政策依附

上一章立足社会服务多元主体的角色进退，就现代化背景下社会服务购买的动因进行了分析和探讨，可见推行政府购买服务，不是政府的“一厢情愿”或“头脑一热”，也不是非营利组织的“鼓吹”或“投机”，而是经济社会发展到了当下，不得不为的体系建构和制度选择。那么，政策的突破口在哪里？当前，在稳健的现代治理模式下，复杂的体系建构常需具体领域先行，宏观的制度选择多需中观政策铺路。在体系建构上，社会工作是社会服务的重要领域，民办社工机构是非营利组织的有机组成；在制度选择上，社会工作发展政策体现国别要求和本土特色，社会服务购买政策当从可行领域施行。而且，独木难成林。推行政府购买服务，也并非财政部门发布政策，解决预算支出渠道即可了事，还涉及到政策领域、实施主体、目标群体、方法载体等政策事项，牵一发而动全身。因此，致力于专业化、职业化的社会工作政策体系建构，可有效地为我国社会服务购买的本土实践及多元供给的制度化安排提供载体与依附。本章围绕社会服务购买如何嵌入和依附社会服务（社会工作）政策体系并发挥作用，进行专门分析。

6.1 党政领导下的顶层设计与体系架构

全球视域下的专业社会工作已发展百年，在我国作为制度建构是本世纪以来的事情。虽专业理念、方法与国际相通，但中西方发展路径和制度安排各有侧重。西方社会工作走的是“宗教慈善—志愿服务—助人实践—专业培育—职业服务—制度保障”的“自下而上”道路，由社会内生到政社合作，先“社会化”后“制度化”（柳拯，2012a：5－16），社会工作自组织发挥主导作用。相较之下，中国的社会工作是在教育为先的专业化、实践为本的职业化基础上进行，由国家从“党管人才”的制度层面切入，开辟党委政府主导到社会参与的“自上而下”路径，即先“制度化”后“社会化”，“手段”和“目标”合为一体。G省作为国家的组成部分，其社会工作发展与实践，遵循着这样的规律与规则。

6.1.1 以《社工意见》和《社工规划》为核心的政策体系建构

2006年以来，中国的社会工作以“人才队伍建设”为线索，纳入体制内制度建构范畴，体现出鲜明的国家意志和系统的行动策略。其中，购买服务政策作为重要的配套政策，镶嵌在制度体系建构之中，显现于指标体系的数目字比较之下（相关情况统计见附件3）。通过比较，亦较为清楚地看到G省的社会工作发展在全国处于领先位置。

——出台综合政策规划。主要包括四方面：（1）将社会工作人才纳入中共中央、国务院发布的《国家中长期人才发展规划纲要（2010—2020年）》（2010），成为与党政人才等人才并列的第六类主体人才；同时将发展社会工作、加强社会工作专业人才队伍建设纳入了中共中央、国务院印发的《关于加强和创新社会管理的意见》等10余个中央政策中。（2）中央组织部、中央政法委、中央编办、民政部等18部门出台了《关于加强社会工作专业人才队伍建设的意见》（2011，以下简称《社工意见》），是我国专业社会工作发展的第一个纲领性文件。（3）民政部联合中央组织部等19部门印发了《社会工作专业人才队伍建设中长期规划（2011—2020年）》（2012，以下简称《社工规划》），标志着我国专业社会工作发展的顶层制度框架基本形成。（4）推动各地落实中央《社工意见》和《社工规划》。截至2014年年底，全国共27个省份出台了加强社会工作专业人才队伍建设的实施意见或专项规划，多个地市相继出台了社会工作综合性实施意见，政府购买社会服务的相关表述也都写进了一些综合性政策文件。

——制定专项配套政策。主要涉及五方面：（1）围绕社会工作者职业水平评价，民政部联合人社部出台了《社会工作者职业水平评价暂行规定》《助理社会工作师、社会工作师职业水平考试办法》（2006），第一次明确了社会工作者的职业地位与水平评价程序。（2）围绕民政事业单位岗位开发，民政部联合人社部出台了《关于民政事业单位岗位设置管理指导意见》（2008），第一次明确了民政事业单位的社会工作专业定位和主体岗位地位。（3）围绕社会工作者管理，以民政部名义出台了《社会工作者继续教育办法》《社会工作者职业水平证书登记管理办法》《社会工作者职业道德指引》（2009），第一次提出了社会工作者证书管理、继续教育和职业道德建设要求。（4）围绕促进民办社会工作服务机构发展，以民政部名义印发了《关于促进民办社会工作服务机构发展的通知》（2009）。（5）围绕政府购买社会工作服务，民政部联合财政部出台了《关于政府购买社会工作服务的指导意见》（2012），这是我国第一个社会服务领域的政府购买政策。

——推动出台地方政策。截至 2014 年年底，G 省等 12 个省级区域出台政府购买社会工作服务政策，北京等 12 个省级区域围绕社会工作专业人才岗位设置、薪酬待遇、激励保障、考核评价等环节出台政策措施（含 G 省），青海等 18 个省级区域出台加快推进青少年事务社会工作专业人才队伍建设的意见（含 G 省），山西等 7 个省级区域出台社区社会工作服务政策，天津、甘肃出台灾害社会工作服务政策，山西、安徽、贵州出台加快推进民办社会工作服务机构发展的意见。

6.1.2 以职能建设为牵引的动员体系建构

自上而下、国家推动的中国社会工作，离不开行政动员与行业引导。2006 年以来，在制度先行、组织保障跟进的策略下，以职能建设为牵引的动员体系开始呈网状辐射分布，初步解决了社会工作服务购买的政策实施主体问题。

——加强社会工作行政管理。北京成立了社会工作委员会（加挂市社会建设工作办公室）；G省在党委系统下专设社会工作委员会；上海、G省、新疆、深圳、广州、青岛等地民政厅（局）成立了社会工作处，不少地区民政局设立了社会工作科（室）；绝大部分省（自治区、直辖市）民政厅（局）和一部分区（县、市）民政局在人事教育处（科、股）加挂了社会工作处（科、股）牌子，机构、职能与人员的“三定”取得了积极进展（见附件3）。从地域分布看，G省、浙江、山东等地行政架构初建。从层级分布看，截至2014年年底，省级层面内设机构的占本级28.12%，加挂牌子的占59.38%；地市层面（含计划单列市）内设机构的占本级7.80%，加挂牌子的占40.24%；区县层面内设机构的占本级2.94%，加挂牌子的占7.54%；机构设置、人员配备呈递减态势①。政策设计、实施与动员力量主要集中在国家与省市层面，绝大部分地方的社工管理与人事管理职能叠加，尚未形成独立运作体系和全覆盖网络；而在这方面，G省等地略高一筹，初成体系。

——加强社会工作行业自律。在国家层面，已成立中国社会工作协会、中国社会工作教育协会、中国社会工作学会等行业组织；在地方，截至2014年年底，全国近2/3省份成立了社会工作（者）协会，29.43%的地市和5.89%的区县成立了社会工作（者）协会（见附件3），行业团结和自律作用正在加强。北京、G省、四川等地“一业多会”格局初显，促动了业态发展，激发了竞争活力。

6.1.3 以职业水平评价为抓手的职业化、专业化体系建构

职业化、专业化建设既是中国社会工作发展的逻辑起点，也是行政动员体系的首要职能。《社工意见》和《社工规划》在这方面有专章部署。近年来，以职业水平评价考试为牵引，带动了专业教育和人才培训，为社会服务购买提供了人才储备与保障。

——组织评价考试。截至2014年，全国连续7年组织了8次社会工作

① 这一数据印证了“十二五”期间，中国社会工作发展主要用力在省、市层面的现实情况，尤其市一级的推动成为当前的关键，而区县一级零散分布、尚未完全发动起来。这也是本研究案例选择聚焦在省、市层面的重要原因。

者职业水平考试（2008 年汶川地震灾区加试一次），累计产生 158941 名持证社工，其中社会工作师 38609 名，助理社会工作师 120332 名。2012 年以来，每年参加职业水平考试的人数稳固在 3 万—4 万人。其中，G 省（过 3 万）、江苏（过 2 万）、北京、浙江（过 1 万）、上海等地持证社工数量，走在全国前列。

——支持专业教育。2009 年，民政部与教育部设立了社会工作硕士专业学位（MSW）。截至 2014 年年底，全国已有 70 余所高职院校设立了社会工作专科（G 省 12 所），289 所高校设立了社会工作本科（G 省 17 所），104 所高校和研究机构开展了社会工作硕士专业学位教育试点（G 省 5 所），每年培养约 3 万名社会工作专业人才（G 省每年 2000—3000 人）。

——推动专业培训。重点组织党政干部和基层社区干部培训，将社会工作从业人员培训纳入国家专业技术人员知识更新工程，建立了社工专业人才知识更新培训制度。启动实施社会工作专业人才培训基地和教材建设工程，确定北京大学、中国人民大学等 37 家高校为首批民政部社会工作专业人才培训基地（G 省 3 所）。据民政部社会工作司统计，2014 年全国共进行 274372 人次社会工作人员培训（G 省培训 40000 人次，占 14.58%）。

6.1.4 以岗位开发、机构建设、项目示范、服务购买为驱动的实务体系建构

社会工作作为应用型专业，其岗位开发与人才使用紧密联系在一起，其项目承接与机构运行又互为依靠。推动社会工作实务发展，必须将岗位、机构、载体与项目紧密贯穿起来，这也是社会服务购买政策设计与实施的重要条件。

——开发设置社工岗位。截至 2014 年年底，民政等部门在民政类事业单位、相关行业事业单位和城乡社区开发设置了 113907 个社会工作专业岗位。其中，G 省、北京、江苏、上海的社工岗位设置已经过万，G 省、江苏、内蒙古、天津等地 2014 年度的开发岗位数量排在前列。

——发展民办社工机构。通过降低登记门槛、购买服务、减免税收、提供办公场所等措施，截至 2014 年年底，全国已有 3522 家民办社工服务

机构，比 2013 年增长 43.6%。其中，G 省达 770 家，居于首位；浙江、四川等地突破 400 家，北京、内蒙古、上海、江苏、山东、湖南、陕西等地突破 100 家。

——组织试点示范。遵循“试点—示范—全面推开”的发展路径，民政部分别于 2007 年和 2009 年在全国 165 个地区开展了社会工作综合试点、在 260 家单位进行了社会工作专项试点，先后产生了 G 省 DG 市等 22 个试点示范地区、GZ 老人院等 29 家试点示范单位，探索形成了官方界定的政社合作的上海模式、以社会运作为主的 SZ 模式和以政府推动为主的江西万载模式。

——推行政府购买服务。推动《关于政府购买社会工作服务的指导意见》落实，2014 年各地社会工作投入资金量达 22.2639 亿元，比 2013 年增长 40.7%。其中，G 省投入突破 10 亿元，上海、天津、江苏也突破亿元大关。

以上情况，基本反映了我国社会工作发展的面上情况。处在第一方阵的，除了社会工作策源地上海外，G 省各项指标居于全国的前位。政府购买服务仅是缩影，G 省遥遥领先的背后有其政策体系建构的独到之处，需加以分析。

6.2 “1 + X” 的地方政策体系构建

2006 年，中央作出“建立宏大的社会工作人才队伍”决策部署，同年建立社会工作者职业水平评价制度，但具有顶层设计意蕴的《社工意见》（2011）和《社工规划》（2012）却费尽周折，历经几年，方时机成熟，以部委联文形式发布。在中央顶层设计的酝酿期内，地方先走一步、加快本地社会工作政策体系构建，形成试点、互动与验证效应，成为中国社会工作发展的重要路径，也是社会服务购买政策的重要溯源。在这方面，具有典型性的，除了“点”上意义的北京市、上海市，莫过于具有“面”上意义的 G 省及所辖若干城市的实践组合。从顶层设计出炉的先后次序及地理区位来看，具有“SZ 市—DG 市—GZ 市—G 省”的轨迹，呈“一路向北”趋势。

6.2.1 SZ 市的社会工作政策体系构建（2007）

2006 年中共中央作出“建立宏大的社会工作人才队伍”决策后，SZ 市率先响应，利用民政部赴港社工考察团途经该市时主动表态。当年 12 月，全国民政系统社会工作人才队伍建设推进会在 SZ 召开，拉开了 SZ 社会工作制度设计的序幕。经过系统调研与论证，2007 年 10 月，以《中共 SZ 市委 SZ 市人民政府关于加强社会工作人才队伍建设推进社会工作发展的意见》及 7 个配套文件（简称“1 +7”文件）的发布为标志，SZ 市正式将社会工作纳入社会建设体制。通过一系列政策创制，SZ 在社会工作制度框架搭建、服务标准体系建构、社会工作人才队伍建设、社会工作内涵拓展等方面从无到有、从有到强，并迅速进入全国领先行列（政策目录见附件 4）。

SZ 经济特区建立 27 年来，取得了令人瞩目的辉煌成就，随着经济社会的发展，我们也较早地遇到了各种矛盾和问题，明显受到土地、资源、人口、环境等“四个难以为继”的制约，面临着社会治安、城市管理、人口管理、社会事业建设方面的“四个严峻挑战”。解决这些问题，既需要综合运用行政、经济、法律的手段，也需要通过加强社会工作人才队伍建设、推进社会工作发展，来预防和解决社会问题，维护社会稳定，促进社会公平，增进社会和谐。……在政府和社会的关系上，要按照政社分离、政事分离的原则，逐步将政府直接“养机构、养人、办事”转变为向符合条件的社会公益性民间组织购买服务。……建立以“政府购买”社会工作服务为主要形式的财政支持机制，合理界定政府提供社会工作服务的范围，确保财政支持社会工作的科学和有效。（SZ“1 +7”文件关于发展社会工作动因、服务购买思路的阐述）

6.2.2 DG 市的社会工作政策体系构建（2009）

2007 年，DG 市委组织部、政研室和民政局历经三个多月调研，形成社会工作发展的专题调研报告；2008 年 4 月，市党政领导班子联席会议讨论通过这一报告，正式决定在全市开展社会工作。2008 年 11 月，在国家、省层面社会工作制度尚未出台情况下，DG 市成立社会工作制度文件起草小组；历时半年，经反复征求意见，于 2009 年 5 月出台《中共 DG 市委 DG 市人民政府关于加快社会工作发展的意见》及 7 个配套文件，对全市开展社会工作的指导思想、总体目标、阶段任务、基本原则提出明确要求，对社工薪酬待遇、财政支持措施、政府购买方式等作出明确规定。同年 7 月，市党政领导班子联席会议研究通过《DG 市社会工作试点实施方案》，从而形成了“1 + 8”的 DG 市社会工作制度体系。2011 年以来，该市跟进制定《DG 市政府购买社会组织服务实施办法（试行）》等配套规则，形成较为完备的 DG 社工制度体系（政策目录见附件 4）。

加快社会工作发展是解决社会问题、维护社会安定有序的迫切要求……随着当前世界性金融危机的蔓延，就业困难、贫富悬殊、犯罪吸毒、诚信缺失、心理失衡以及流浪乞讨、群体性事件等社会问题不断涌现。……加快社会工作发展是转变政府职能、创新社会管理体制的现实需要……能够有效推动政府与社会的分工合作，形成政府调控机制与社会协调机制互联、政府管理力量与社会调节力量互动的社会管理网络……有利于增强市民、企业和社会组织的社会责任感，推进和谐社区、和谐家庭创建，加强社会诚信体系建设，营造诚信友好的良好社会氛围，从根本上提升城市文明程度……确立财政资金对社会工作发展的主渠道作用，将社会工作经费纳入市、乡镇（街道）财政预算范围，并根据经济社会发展情况，逐步增加财政资金对社会工作的投入。建立以政府购买社会工作服务为主要形式的财政支持机制，合理界定政府提供社会工作服务的范围，确保财政支持社会工作的科学有效。（DG“1 + 8”文件关于发展社会工作动因、服务购买思路的阐述）

6.2.3 GZ 市的社会工作政策体系构建（2010）

GZ 市除经济社会相对发达、具备财力基础，其高校林立、社工专业资源丰富也是一大优势。GZ 市的社会工作政策设计，采取了“上下结合”路径。2007 年民政部部署全国第一批社会工作人才队伍建设试点时，GZ 的 LW 区、GZ 老人院就参与进来；2008 年汶川大地震后，以广州高校社工师生为骨干的社会工作队参与到 GZ 对口援建工作行列；同一年在 G 省举办的全国地方党政领导干部社会工作专题研究班，以及 SZ 等地的社会工作制度创新实践，对 GZ 有所触动。在考察境内相关地区情况，综合吸收借鉴香港和新加坡“家庭综合服务中心”、香港“整笔拨款津贴制度”等经验基础上，GZ 于 2009 年着手全市社会工作发展政策的系统构建。2010 年 5 月，GZ 市政府常务会议讨论并原则通过《关于加快推进社会工作及其人才队伍发展的意见》及 5 个配套实施方案（简称“1+5”文件）。同年 8 月，市委市政府出台《关于加快推进社会工作及其人才队伍发展的意见》，提出“2015 年全市实现每万人有 5 名社会工作者”的目标。2011 年以来，GZ 市结合街道、社区服务管理改革创新，印发《关于加快街道家庭综合服务中心建设的实施办法》，进一步夯实了政府购买社会工作服务的制度基础（政策目录见附件 4）。

当前，我市正处于经济社会全面转入科学发展轨道的关键时期，面临前所未有的机遇和挑战。发展社会工作，加快推进社会工作人才队伍建设，对于建设和谐 GZ、推动 GZ 新一轮跨越式发展，具有重要而深远的意义。要从深入学习实践科学发展观、贯彻实施《珠江三角洲地区改革发展规划纲要》、推动 GZ 科学发展建设全省“首善之区”的高度，充分认识到加快推进社会工作及其人才队伍建设是贯彻落实科学发展观的内在要求，是推进以改善民生为重点的社会建设的重要保障，是实现“保增长、保民生、保稳定”目标的重要手段，是推进我市社会管理体制改革创新先行先试的有力举措。必须把加快推进社会工作及其人才队伍发展作为一项全局性的战略任务，切实抓紧抓实抓好……确立财政资金对社会工作发展的主渠道地位和导向作用，将社会工作经费纳入市、区（县级市）财政预算范围，明确用于社会工作的财政资金总量目标，并逐步加大财政支持力度，使公共财政成为社会工作经费的主要来源，确保社会工作有效开展。合理界定政府提供社会工作服务的范围，确立以“政府购买服务”为主要形式的财政支持机制。（GZ“1+5”文件关于发展社会工作动因、服务购买思路的阐述）

6.2.4 G 省全省层面的社会工作政策体系构建（2011）

G 省毗邻社会服务与社会工作事业发达的香港，20 世纪 90 年代以来，香港与 G 省社会福利机构之间有零散项目合作和人员交流，侧重从社会服务人员素质提升角度，引进社会工作理念和方法，但并未上升到政策建构层面。2006 年年底，G 省贯彻落实中央决策部署，推进全国社会工作职业水平评价、岗位开发与人员培训；结合在 SZ 市举办社会工作人才队伍建设推进会等重要契机，探索由点到面、上下联动，一方面鼓励条件具备的县（市、区）先行先试，一方面先由民政系统再往其他部门推广社会工作岗位设置，并着手综合文件的起草调研。2011 年，G 省在民政厅等政府职能部门基础上，成立了社会工作委员会及挂靠在党委领导下的办事机构，牵头研究拟制并组织实施全省社会工作规划和重大政策。2011 年 9 月，G 省省委、省政府出台《关于加强社会建设的决定》及《关于加快推进社会体制改革建设服务型政府的实施意见》《关于加强社会工作人才队伍建设的实施意见》等 7 个配套文件，明确要求到 2015 年，全省专业社会工作者达到 5 万人，每万人持证社工人数 5 人的目标。该“1+7”文件的出台，意味着省级层面社会工作制度建设全面铺开。2012 年 5 月，G 省出台《政府向社会组织购买服务暂行办法》，财政厅出台《2012 年省级政府向社会组织购买服务目录（第一批）》，将社工服务类的五大项内容，包括社工服务规划和政策服务，社工人才培养、政府委托社工服务项目的组织和实施、社工队伍监管的辅助性工作、其他政府委托服务，列入政府购买服务目录（政策目录见附件 4）。

加强社会建设，是提高党的执政能力、实现党和国家长治久安的基础工程，是新形势下保持党同人民群众的血肉联系、维护最广大人民根本利益的必然要求，是加快转型升级、建设幸福GD的迫切需要，对我省努力当好坚持改革开放、推动科学发展、促进社会和谐的排头兵具有重大的战略意义。当前和今后一段时期，我省既处于转型升级、科学发展的重要战略机遇期，又处于社会矛盾、社会问题凸显期，必须高度重视、切实加强社会建设……加大财政支持力度，合理界定政府购买社会服务范围，建立以政府购买服务为主要形式的财政支持社会工作发展机制。（G省“1+7”文件关于推进本地社会建设及社会工作发展动因、服务购买思路的阐述）

6.3 以服务购买为触媒的政策实施

在党委、政府的政策体系综合建构下，明确财政供给的主渠道作用，确立以购买服务为抓手的推进策略，成为G省社会工作发展的鲜明特色。而且，与G省毗邻的香港，其社会服务主要依托以民间机构为骨干、依靠政府购买服务方式实现服务传递，对市场化程度高、思想观念新的G省具有触动。在吸收引进基础上，不同城市既有共同遵循，也采用了不同路径，但依托民办社工机构进行服务购买，基本是同质化的，发挥了服务购买政策的吸附、催化等触媒作用。

6.3.1 SZ的实践探索：以岗位购买为起步

2007年起，SZ推进社会工作发展，主要采取政府购买服务方式，构建“政府推动、民间运作”的现代社会工作体系。总体上看，主要经历了三个阶段。

表6-1　2007—2014年SZ市社会工作及非营利组织发展情况

<table>
<tr><th rowspan="2">年度</th><th rowspan="2">持证社工总数（人）</th><th rowspan="2">民办社工机构数（个）</th><th colspan="3">非营利组织数（个）</th></tr>
<tr><th>社会团体</th><th>民办非企业单位</th><th>基金会</th></tr>
<tr><td>2007</td><td></td><td>2</td><td colspan="3">3034</td></tr>
<tr><td rowspan="2">2008</td><td rowspan="2">329</td><td rowspan="2">17</td><td colspan="3">3355</td></tr>
<tr><td>1389</td><td>1966</td><td>—</td></tr>
<tr><td rowspan="2">2009</td><td rowspan="2">816</td><td rowspan="2">41</td><td colspan="3">3758</td></tr>
<tr><td>1520</td><td>2238</td><td>—</td></tr>
<tr><td rowspan="2">2010</td><td rowspan="2">1329</td><td rowspan="2">43</td><td colspan="3">3898</td></tr>
<tr><td>1652</td><td>2246</td><td>—</td></tr>
<tr><td rowspan="2">2011</td><td rowspan="2">1881</td><td rowspan="2">58</td><td colspan="3">3842</td></tr>
<tr><td>1772</td><td>2651</td><td>19</td></tr>
<tr><td rowspan="2">2012</td><td rowspan="2">3035</td><td rowspan="2">87</td><td colspan="3">5019</td></tr>
<tr><td>1970</td><td>3002</td><td>47</td></tr>
<tr><td rowspan="2">2013</td><td rowspan="2">4240</td><td rowspan="2">96</td><td colspan="3">5829</td></tr>
<tr><td>2235</td><td>3518</td><td>76</td></tr>
<tr><td rowspan="2">2014</td><td rowspan="2">5268</td><td rowspan="2">135</td><td colspan="3">8241</td></tr>
<tr><td>4174</td><td>3940</td><td>127</td></tr>
</table>

（数据来源：SZ市民政局网站统计栏目、SZ市社会工作协会内部资料）

——探索起步阶段，重点开展嵌入式的服务岗位设置。以在相关政府部门、事业单位、人民团体和社区服务管理部门开发与设置社工岗位为起点，探索社会工作本土化的“嵌入式”发展。在具体操作上，分类定额配备与按需供给相结合：市、区、街道相关部门根据实际所需向市、区级民政部门申报岗位；通过公开招标，由中标机构选派社工进驻；针对特定服务对象，在社会福利与社会救助机构、学校、医院按一定比例配备社工岗位；社区则按特定服务对象的数量比例设置社工岗位。

——发展推进阶段，重点扩大服务范围、试点项目购买。一方面，对全市社会工作岗位绩效进行摸底和评估，并持续开发新岗位，实现服务领域全覆盖；另一方面，通过举办公益项目大赛及福彩公益金资助方式，鼓励社工机构发掘需求，筹集资源，运作项目，获得持续发展能力。

表6－2　SZ市购买社会工作服务情况

年度	资金规模	经费渠道	主要领域	主要购买形式
2009	6014.27万元	市级：2014.67万元 区级：3999.6万元	民政、教育、司法、政法、社区、青少年、残疾人康复、卫生等领域	竞争性谈判
2010	9971.79万元	市级：4928.3658万元 区级：5043.42万元		竞争性谈判 单一来源采购
2011	12844.88万元	市级：5963.88万元 区级：6881万元		竞争性谈判 单一来源采购
2012	16145.29万元	财政预算：9681万元 福利彩票公益金：464.29万元		竞争性谈判

（数据来源：SZ市民政局内部资料）

——全面深化阶段，重点推行岗位服务精细化，全面介入社区服务。社工人才梯队搭建、岗位服务日趋精细化的同时，民办社工机构“业务空心化”“人才中介”等问题增多。2011年以来，SZ将社区服务作为深化社工服务的渠道，由政府整合社区各类服务场地设施，提供资金支持，委托民办社会服务机构运营，为居民提供综合性专业服务。此举在一定程度上解决了政府包办、经费支持不足、专业服务缺乏等问题，探索发挥了社工的“全科医生”作用。

6.3.2 DG的实践探索：以项目购买为方向

DG作为工业化、现代化后起之秀，缺乏高校社会工作专业资源，缺乏经济开发特区制度优势，无论地域空间还是人才使用空间，相对局促。但是城市化及新市民运动，对社会工作的“以用为本”提出了现实要求。在推进社会工作实务及购买服务过程中，“制度建构为先、稳步发展为要”成为其鲜明特色。

表 6－3　2008—2014 年 DG 市社会工作及非营利组织发展相关情况

<table>
<tr><th rowspan="2">年度</th><th rowspan="2">专职社工总数（人）</th><th rowspan="2">民办社工机构数（个）</th><th colspan="3">非营利组织数（个）</th></tr>
<tr><th>社会团体</th><th>民办非企业单位</th><th>基金会</th></tr>
<tr><td rowspan="2">2008</td><td rowspan="2"></td><td rowspan="2">1</td><td colspan="3">208</td></tr>
<tr><td>31</td><td>177</td><td></td></tr>
<tr><td rowspan="2">2009</td><td rowspan="2">172</td><td rowspan="2">5</td><td colspan="3">381</td></tr>
<tr><td>22</td><td>359</td><td></td></tr>
<tr><td rowspan="2">2010</td><td rowspan="2">360</td><td rowspan="2">7</td><td colspan="3">196</td></tr>
<tr><td>25</td><td>171</td><td></td></tr>
<tr><td rowspan="2">2011</td><td rowspan="2">630</td><td rowspan="2">9</td><td colspan="3">216</td></tr>
<tr><td>20</td><td>196</td><td></td></tr>
<tr><td rowspan="2">2012</td><td rowspan="2">765</td><td rowspan="2">16</td><td colspan="3">262</td></tr>
<tr><td>55</td><td>207</td><td></td></tr>
<tr><td rowspan="2">2013</td><td rowspan="2">956</td><td rowspan="2">23</td><td colspan="3">410</td></tr>
<tr><td>77</td><td>333</td><td></td></tr>
<tr><td rowspan="2">2014</td><td rowspan="2">1080</td><td rowspan="2">28</td><td colspan="3">394（截至 9 月）</td></tr>
<tr><td>59</td><td>334</td><td>1</td></tr>
</table>

（数据来源：DG 市民政局内部资料）

——经费长效保障。 DG 市将社会工作经费纳入市、镇（街道）财政预算的制度化、常态化保障范围。从 2009 年推动试点工作至 2014 年，累计安排财政资金达到 2.2 亿元。另外，从制度层面建立社工薪酬指导价工作机制，试点阶段统一为每人每年 6 万元，2011 年 10 月 1 日调为每人每年 7.2 万元标准，2014 年 1 月 1 日调为每人每年 7.6 万元的标准，确保社工薪酬不低于相同等级或资历的专业技术人才平均收入，增强了社会工作的吸引力与竞争力。

表 6－4　2009—2014 年 DG 市购买社会工作服务资金统计

单位：万元

年度	2009	2010	2011	2012	2013	2014	合计
市财政	329.74	940.98	1452.46	2174	2390	2682.2	9969.38
镇财政	336	1068	1902	2570.4	2959.2	3283.2	12118.80
合计	665.74	2008.98	3354.46	4744.4	5349.2	5965.4	22088.18

（数据来源：DG 市民政局内部资料）

——科学确定试点规模。2009 年，选择与社会工作联系密切的相关领域和工作基础相对较好的 6 个镇（街道）进行试点，开发设置社工岗位 163 个。2010 年，将试点范围扩大到卫生、司法、新莞人服务管理、禁毒教育帮教 4 个领域，购买了 75 名社工服务；同时将中堂等镇（街道）纳入第二批试点，全年新增社工岗位近 200 个。2011 年全市购买社工岗位已达到 700 个；2012 年全市购买社工岗位近 800 个，实现了全市镇（街）购买社工服务全覆盖；2013 年全市购买社工岗位达到 900 个；2014 年全市购买社工岗位达到 1080 个。

——渐次优化购买格局。采取“岗位起步、项目跟进”的策略，优化购买项目服务格局。长安镇 2010 年试水购买项目，设计了“残障人日间托管站”项目；2011 年，投入 1000 万元开展首届公益创投活动，资助 28 个公益项目；2011 年启动“社区综合服务中心示范点建设”，25 个乡镇（街道）开展了社会工作，促进了“三社联动”和“两工互动”。

6.3.3 GZ 的实践探索：以“家综”购买为重点

作为传统都市，街区及城乡社区管理任务重、城乡一体化逐步推进的 GZ 市，以政府购买社会工作服务为切入点，通过制度建设，逐步建立“以设置项目为基础、以覆盖全市范围的家庭综合服务中心为主要平台、以政府监管和独立第三方评估为保障”的政府购买社会工作服务特色，形成了市、区（县级市）、街（镇）三级同步推进政府购买社工服务的格局。相比其他地方，GZ 市政府购买社工服务立足“家综”社会服务体系建设，实行市场化项目购买、专业化项目运作、规范化项目管理、制度化财政投入，资金投入规模居全国之首。

表 6-5　2008—2014 年 GZ 市购买社会工作服务资金统计

财政年度	2008	2009	2010	2011	2012	2013	2014	总计
市、区两级总财政预算（万元）	522	1544	5585	7000	29500	33300	33105	110556

（数据来源：GZ 市民政局内部资料）

——扶持机构建设。近年来，GZ市优先支持民办社会工作服务机构登记成立，来自高校、社区、企业等方面的有识之士纷纷加入社会工作行列，民办社工机构的发展增速快于整个非营利组织体系的发展增速，在全国独树一帜。

表6-6　GZ市2008—2014年社会工作及非营利组织发展相关情况

<table>
<tr><th rowspan="2">年度</th><th rowspan="2">持证社工
总数（人）</th><th rowspan="2">民办社工
机构数（个）</th><th colspan="3">非营利组织数（个）</th></tr>
<tr><th>社会团体</th><th>民办非企业单位</th><th>基金会</th></tr>
<tr><td rowspan="2">2008</td><td rowspan="2">1179</td><td rowspan="2">9</td><td colspan="3">3617</td></tr>
<tr><td>1313</td><td>2304</td><td>0</td></tr>
<tr><td rowspan="2">2009</td><td rowspan="2">1756</td><td rowspan="2">—</td><td colspan="3">3791</td></tr>
<tr><td>1375</td><td>2416</td><td></td></tr>
<tr><td rowspan="2">2010</td><td rowspan="2">2212</td><td rowspan="2">47</td><td colspan="3">4107</td></tr>
<tr><td>1413</td><td>2694</td><td></td></tr>
<tr><td rowspan="2">2011</td><td rowspan="2">2618</td><td rowspan="2">71</td><td colspan="3">4370</td></tr>
<tr><td>1478</td><td>2892</td><td></td></tr>
<tr><td rowspan="2">2012</td><td rowspan="2">4373</td><td rowspan="2">160</td><td colspan="3">4739</td></tr>
<tr><td>1564</td><td>3172</td><td>3</td></tr>
<tr><td rowspan="2">2013</td><td rowspan="2">6873</td><td rowspan="2">217</td><td colspan="3">5177</td></tr>
<tr><td>1729</td><td>3441</td><td>7</td></tr>
<tr><td rowspan="2">2014</td><td rowspan="2">8542</td><td rowspan="2">267</td><td colspan="3">-</td></tr>
<tr><td>-</td><td>-</td><td>-</td></tr>
</table>

（数据来源：GZ市民政局内部资料）

GZ市对符合条件的民办社工机构实施“一次性资助”及“以奖代补”财政支持：2011年给予了37家新成立的民办社会工作服务机构不少于10万元的一次性资助，共投入565万元；2012年对32家民办社会工作服务机构给予了525万元的一次性资助，对7家民办社会工作服务机构给予了61.45万元的“以奖代补”；2013年对29家机构给予425万元的一次性资助；2014年对16家机构给予了215万元一次性补助。

表6－7　2012—2013年度GZ市开展政府购买社会工作专项服务项目一览表

序号	项目名称	项目种类	承接机构	投入资金（万元）		
				市财政	区财政	自筹
1	空巢老人介入服务	长者服务	GZ市义务工作者联合会	70	0	0
2	精神康复及家属服务	精神康复	GZ利康家属资源中心	50	0	0
3	社会工作督导培训	社工队伍建设	GZ市社会工作协会	100	0	0
4	司法社会工作服务	社区矫正	LW区友善社会工作服务中心	80	80	0
5	长者个案社会工作服务	长者服务	GZ恩善社会服务中心	60	60	0
6	青少年社会工作服务	青少年服务	GZ市HZ区启创社会工作发展协会	200	200	200
7	农村社会工作服务	农村社会工作	GD绿耕社会工作发展中心	80	20	0
8	移居人士服务	移居人士服务	新家园社会服务中心	50	0	0
9	社工义工联动对接服务	社工义工联动	GZ市义务工作者联合会	60	0	0
10	农村基层政权建设的社会工作服务实践	农村社会工作	华南农业大学公共管理学院	130	0	0
11	婚姻及家庭社会工作服务	妇女儿童及家庭服务	GZ市BY区合壹婚姻360咨询中心	50	50	0
12	特大镇外来人员社会工作服务	企业社会工作	GZ市LG区优势力社会工作发展中心	80	120	0
各项小计				1010	530	200
合计				1740		

（数据来源：GZ社工服务网）

——购买项目。一是突出“综合”项目，购买普惠型专业服务。“综合”即家庭综合服务中心，以街道（乡镇）为单位，以社区社工服务为主，以家庭、青少年、老年人等群体为对象，面向全体社区居民提供社会服务。截至2014年，GZ市12个镇建成13个家庭综合服务中心，129个街道建成137个家庭综合服务中心，实现街道的全覆盖。二是实施“专项”项目，购买个性化专业服务。以特殊群体为对象，以个案为主要方法，主要提供以治疗为主的深层次、满足特殊需求的社会工作专业服务，与全市家庭综合服务中心建立相互转介关系，互为对接，互为补充。2008—2014 年，市、区（县级市）两级开展专项服务共 126 项，服务项目涉及残障康复、行为矫正、社会救助等多个领域。三是开发“特色”项目，购买创新性专业服务。“特色”即根据 GZ 社会发展需要因地因时适时订制的特色服务项目。如，“农村社工服务”“新 GZ 人服务”“医务社工服务”“失独家庭服务”“企业社工服务”等项目服务。截至 2014 年 7 月，GZ 市共有综合性购买社工服务项目 170 个（街镇和社区家庭综合服务中心），专项政府购买社工服务项目 20 个，常年财政预算稳定在 3.3 亿元/年左右。

——搭建平台。GZ 市立足社区综合服务中心建设，着力打造家庭综合服务平台。各区和街道整合辖区内资源，通过新建、扩建、改建或租赁等方式，提供一定面积办公和服务场地，通过招投标的方式，由民办的专业社工类机构承接运营，走出了一条创新之路。

6.3.4 以购买服务相关数据检视社会工作发展成效

用数据说话是现代决策的基本要求。当下，政策设计离不开量化目标设定，而发展成效也须与量化目标对照。在国家层面，《社工意见》和《社工规划》要求，“到 2015 年，社会工作专业人才总量增加到 50 万人；到 2020 年，社会工作专业人才总量增加到 145 万人”“到 2020 年，培育发展 8 万家民办社工机构”。在省级层面，G 省《关于加强社会工作人才队伍建设的实施意见》提出，“到 2015 年，全省专业社会工作者达到 5 万人，每万人持证社工人数达到 5 人”“到 2015 年，全省民办社会工作服务机构达到 500 家”。

为与发展目标作清晰对比，本研究在多源现状数据采集基础上，经过计算处理，形成了 G 省及相关地市民办社工机构发展的横向比较与平均测算（见表 6-8）。从数目字的目标管理看，目前 G 省唯一提前完成的任务是民办社工机构的建设，已在 2013 年突破 500 家，提前两年完成本省既定任务。G 省近年来民办社工机构的突飞猛进发展，尤其在 GZ 市带动下，已居全国首位，2014 年占到全国民办社工机构的 22%。但抛开 G 省情况看，亦反映两个问题：一是全国民办社工机构规模不大，且分布不均匀。二是结合前述 G 省及 SZ、DG、GZ 三地市社会工作及非营利组织发展情况，可看到民办社工机构在本地的非营利组织中的比例并不很高。最高的是 DG 市，其民办社工机构占非营利组织总数的 6.35%（全省平均数据为 1.22%），占其中民办非企业单位的 7.49%（全省平均数据为 2.53%）。民办社工机构尚未成为社会服务类非营利组织的主要构成。

表 6－8　G 省及相关地市民办社工机构发展的横向比较与平均测算

年份		2008	2009	2010	2011	2012	2013	2014
G 省	社工机构数	–	58	111	166	223	553	770
	社工数	3232	5026	6404	8178	14210	24627	33334
	常住人口数（万人）	–	–	10440.94	10505.00	10594.00	–	–
	常住人口每百万人拥有社工机构数	–	约 0.64	1.06	1.58	2.10	约 5.2	约 7.0
	常住人口每万人拥有社工数	约 0.35	约 0.55	0.61	0.78	1.34	约 2.3	约 3.0
	购买服务经费（万元）	–	8864	18087	26210	56727	82488	
	地方公共预算支出（亿元）	3778.57	4334.37	5421.54	6712.40	7387.86	8411.00	
	购买服务经费占财政支出千分比（‰）	–	0.23	0.42	0.48	0.85	0.981	
	购买服务经费平均每名社工（万元）		1.76	2.82	3.20	3.99	3.35	
	平均每个机构购买服务经费（万元）	–	152.83	162.95	157.89	254.38	149.16	–

续表

年份		2008	2009	2010	2011	2012	2013	2014
GZ市	社工机构数	9	–	47	71	160	217	–
	社工数	1179	1756	2212	2618	4373	6873	–
	常住人口数（万人）	1115.34	1186.97	1270.96	1275.14	1283.89	–	–
	常住人口每百万人拥有社工机构数	0.81	–	3.70	5.57	12.46	约16.8	–
	常住人口每万人拥有社工数	1.06	1.47	1.74	2.05	3.41	约5.3	
	购买服务经费（万元）	522	1544	5585	7000	29500	33300	–
	地方公共预算支出（亿元）	623.69	713.35	789.92	977.32	1181.25	1343.65	
	购买服务经费占预算支出千分比（‰）	0.84	2.16	7.07	7.16	24.97	24.78	–
	购买服务经费平均每名社工（万元）	0.44	0.88	2.52	2.67	6.74	4.85	–
	平均每个机构购买服务经费（万元）	69.30	–	118.83	98.59	184.36	153.46	–
SZ市	社工机构数	17	41	43	58	87	96	115
	社工数	329	816	1329	1881	3035	4240	4770
	常住人口数（万人）	954.28	995.01	1037.20	1046.74	1054.74	–	–
	常住人口每百万人拥有社工机构数	1.78	4.12	4.14	5.54	8.25	约9.0	约10.8
	常住人口每万人拥有社工数	0.345	0.820	1.281	1.797	2.877	约4.0	约4.5
	购买服务经费（万元）	–	6014.27	9971.79	12844.88	16145.29	–	–

续表

年份		2008	2009	2010	2011	2012	2013	2014
SZ 市	地方公共预算支出（亿元）	889. 86	1000. 84	1266. 07	1590. 56	1569. 01	–	–
	购买服务经费占预算支出千分比（‰）	–	0. 60	0. 79	0. 81	1. 03	–	–
	购买服务经费平均每名社工（万元）	–	7. 37	7. 50	6. 83	5. 32	–	–
	平均每个机构购买服务经费（万元）	–	146. 70	231. 90	221. 46	185. 58	–	–
DG 市	社工机构数	1	5	7	9	16	23	25
	社工数	–	172	360	630	765	956	1080
	常住人口数（万人）	750. 60	786. 08	822. 48	825. 48	829. 23	–	–
	常住人口每百万人拥有社工机构数	0. 13	0. 64	0. 85	1. 09	1. 92	约 2. 7	约 3. 0
	常住人口每万人拥有社工数	–	0. 219	0. 438	0. 763	0. 923	约 1. 1	约 1. 3
	购买服务经费（万元）	–	665. 74	2008. 98	3354. 46	4744. 4	5349. 2	5965. 4
	地方公共预算支出（亿元）	218. 26	232. 62	289. 83	351. 92	385. 58	409. 01	–
	购买服务经费占财政支出千分比（‰）	–	0. 29	0. 69	0. 95	1. 23	1. 31	–
	购买服务经费平均每名社工（万元）	–	3. 87	5. 58	5. 32	6. 20	5. 60	5. 52
	平均每个机构购买服务经费（万元）	–	133. 15	287. 00	372. 72	296. 53	232. 57	238. 62

［综合 G 省统计年鉴（2013）及相关部门数据提供，并进行简单数学运算，未作修正处理］

其他既定指标，无论离国家要求还是该省所定，仍有差距。在社工发展数量上，全省平均每万人拥有社工数量为 3 人，离该省 2015 年平均每万人拥有社工 5 人的目标还有距离，与国家规定的 3. 7 人目标也有努力空间；

在地市层面，GZ 市基本实现本省目标，SZ 等地超过国家目标，但离省定目标亦有差距。在民办社工机构发展数量上，国家提出到 2020 年平均每百万人拥有民办社工机构 50—60 家，G 省各地平均每百万人不到 10 家，努力空间很大。鉴于 G 省如此情况，其他省市社会工作发展只会更加艰巨，离既定目标实现还有更多的事要做。而若将购买服务经费进行相关平均化处理，则出现一些有趣结果，或称之为潜在规律：

——购买服务经费占地方公共财政预算支出的比例问题。无论从全省层面还是相对行动较早的 SZ 市、DG 市，其社会工作发展初见成效的时候，其购买服务经费占地方财政支出的比例皆跨越 1‰这一关。那么推而广之，若通过购买服务方式促进社会工作事业及社工机构发展，并据此判断社会工作发展的成熟度，地方财政支出的 1‰可能是一项关键的判定依据，也是衡量地方、党委政府重视程度与财力投入的一项重要指标。至于 GZ 市的数据则拉到更高数量级，占地方公共财政预算支出已在 2% 以上，这实际上是 GZ 市立足“家综”服务体系，将社会工作融入社会服务体系大力发展的很好例证。

——社工平均待遇及岗位设置问题。将购买服务经费除以登记社工数，会发现全省社工年人均收入不超过 4 万元，GZ 市、DG 市、SZ 市各年度平均数维持在 5 万元左右，而实际上 G 省民办社工机构的社工工资收入在税前基本都在 5 万元以上，这就说明作为分母的社工数并非完全代表在民办社工机构工作的社工数，即有一部分通过社会工作职业水平评价并登记注册的社工，要么在事业单位等体制内工作，要么处于“休眠”状态、尚未从事实际社会工作。该计算可进行一项主观验证，即结果越接近当地社工实际收入水平，说明在体制外就业，尤其在民办机构工作的社工比例较高；若结果低得较为离谱，则表明该地社工职业化建设仍有努力空间，登记社工中未专职从事社工服务的大有人在。

——民办社工机构运营收支问题。将购买服务经费除以社工机构数，发现近年来 G 省及相关地市民办社工机构平均获取的政府经费都在百万元这个数量级上。考虑到机构规模大小与实力不同，例如本案例研究中几家机构，有几十人的，也有一两百人的，若按社工收入水准测算，机构经费确实都要在百万元甚至千万元数量级上。推而广之，百万元数量级经费可能是一家民办社工机构能够较为顺利发展的重要支撑。在经济发达或相对发达地区，民办社工机构若只多方筹措到几万元、十几万元，或者政府仅支持几万元或一二十万元，可能会举步维艰。因此，一个地方若决策大力推进民办社工机构发展，不仅要考虑孵化成本问题，也要考虑财政投入的规模问题，不能吝啬。而实际上，每年拨付单个事业单位的财政资金，又有多少是在百万元数量级之下的。无论全额拨款还是差额拨款的事业单位做不做事，做多少事，都要按人头拨付固定支出。

另外，G省及各地市除得的数值，呈现低位开端、中间几年攀升、近年回落的态势，这也与社会工作发展及购买服务的趋势成正相关：刚开始发展社会工作，购买服务仅是探索性投入；中间几年，政府购买增幅成为促进社会工作发展的强劲动力，平均下来每个社工机构的业务量、规模和收益也都在增长；而在政策和利益双驱动下，随着机构的快速增长和竞争激烈程度上扬，机构平均收益下降也在情理之中。

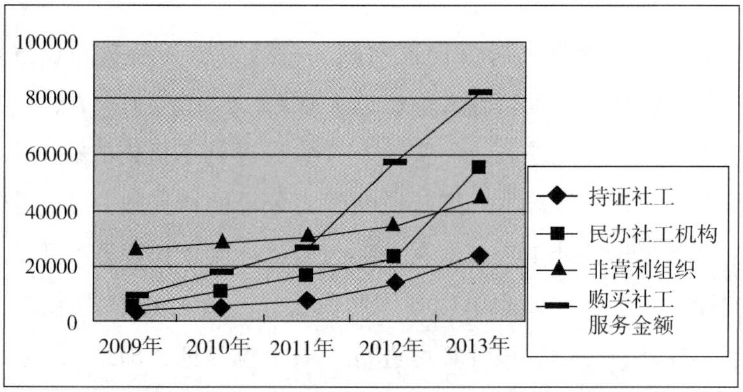

图6－1　G省社会工作及其购买服务发展走势

（注：为同图比较相关项发展趋势，民办社工机构数进行了10倍数放大绘图）

6.4 本章小结与讨论

当下，无论是探讨诸领域的公共服务购买，还是各类别组织的服务购买，较好地呈体系化设计的，莫过于社会工作领域的民办社工机构服务购买。本章对社会工作及其服务购买政策的梳理和讨论，实质上是对社会服务及非营利组织发展主题的缩小化讨论与照应。在时间跨度上，将现代化的时间跨度拉到了当下近十年的发展历程（严格意义上讲，其实就是党的十六届六中全会以后的几年时间）；在领域范围上，将社会服务及其服务购买主题集中于当代最专业的社会工作服务及其购买的这一主打领域；在关注议题上，将涉及社会服务、非营利组织的社会政策发展聚焦于社会工作、民办社工机构发展的社会政策上。而由大到小、由全局到局部的过程，更能从数据、现象和规律之间，寻找到一些发现和启示。

6.4.1 以购买服务政策的效用反思政策体系的建构

社会服务购买政策的作用发挥，必须依附于政策体系设计之中。将服务购买政策视为有机组成的我国社会工作制度体系初建，促进了社会服务专业力量的参与和民间力量的觉醒。而社会工作作为“舶来品”，嵌入本土体制和国情下，存在“磨合”“修正”与“验证”的过程，使得我国地方党委政府具备一定制度创新的弹性和政策探索的空间与时间，也使得购买服务政策能大行其道。通过对政策实施情况的综合评判，有几个政策演变结果值得关注。

——政策体系的建构问题。传统社会服务和社会治理，喜欢分门别类地开展政策设计与实施，提升了社会政策的专业化水平，但也带来了精细化分工之后的政策割裂：“井水不犯河水”，系统集成和整体效应发挥不够；一些政策的设计，忽视了财政政策的支持与协同，导致一些社会政策成为“吹喇叭”“放烟花”的政绩工程。通过本章的政策梳理，可以看到政策体系的建构，既要有不同层级社会工作专项政策的配合与互动，也需要不同领域对社会工作的认可和运用，只有综合政策、专项政策、配套政策结合在一起，才能最大化地释放社会工作的功能。例如，在民办社工机构发展方面，既有社会工作领域专项政策推进，也有非营利组织体制改革、登记政策放宽等影响，那么近年来民办社工机构的增幅发展，究竟是单项政策还是多项政策合力的结果；其增幅高于非营利组织发展增幅，背后究竟是哪些政策措施起到“催化剂”作用，需要加以综合分析，而非简单判断为某单项政策造就的因果关系。从这个角度看，关于服务购买、非营利组织建设等相关联动政策，也是社会工作政策体系不可或缺的一部分。

——政策设计的“由上到下、再由下到上”的问题。对于社会工作发展真正起到达成共识、共同推进作用的政策，莫过于中央部门及地方党委政府作出的加强社会工作人才队伍建设的专门意见。而从制定路径看，先是由民政部等部门的试点倡导，带来了2007年全国试点城市G省SZ市“1+7”文件的首开先河，然后是2009年的DG市“1+8”文件、2010年的GZ市“1+5”文件，再是2011年的G省社会建设“1+7”文件，而到了2011年全国层面的社会工作人才队伍建设意见和专项规划，才“千呼万唤始出来”。由此可见，在社会政策领域，在相关概念和理念不完全成熟、未达成完全共识的情况下，采取由上到下的政策倡导和试点安排，动议地方在实践探索基础上先行政策升级，并适时上升为国家层面政策，不失为一条稳妥之道。社会服务购买的政策路径，亦是如此。

——政策设计的相对性问题。一方面，应看到随着政府购买服务政策、促进民办社工机构发展政策的制定实施，近几年来我国民办社工机构发展突飞猛进；但另一方面，对比我国非营利组织的增长势头，民办社工机构在数量上仅是个零头，甚至可以忽略不计。这就值得反思：民办社工机构的培育是否还需加大力度；在非营利组织改革发展的大背景下，民办社工机构的作为空间究竟有多大，最终能否在非营利组织体系中占据一定分量。实际上，也就是回到了立足社会服务事业投入、非营利组织体制建设来看社会工作及其机构建设的原命题问题。

——政策效果的滞后性问题。开展社会政策设计尤其全局政策设计，必须摆脱“毕其功于一役”的心态，切忌“立竿见影”的“急迫症”。单看社会工作政策的顶层设计，不难发现奋斗了小 10 年，仍处于全面推进的现在进行时，除了 G 省等一部分省份基本健全社会工作制度外，相当一部分省份仍在努力。而且就推行购买社工服务、民办社工机构发展的单项政策看，存在效果滞后问题。从相关图表可看到，无论社工数还是机构数，其大幅上涨，往往并不是政策出台当年，而是社会服务购买政策大幅度实施一至两年后才有明显突破。事实证明，社会服务购买政策有效推动了社会工作发展。同样地，若在非专业社会工作的社会服务领域，推动服务购买及政策体系设计，亦可把握和借鉴上述规律和情况。

6.4.2 回归现实情境探究社会服务购买政策的实施过程

生活世界既是体制世界的社会基础，也是体制世界的精神基础（刘少杰，2014：33）。本章对政策制定与实施效果的评判，也可看出端倪：大力发展社会服务事业，积极推进政府购买非营利组织的社会服务，需跳出“见物不见人”的思维误区和“从文本到文本”的政策推演。至于对社会政策好坏的评价，也不能完全顺从政策设计者的“想当然”，而需客观地考量其他参与主体情况、时空节点与环境状况，全方位了解社会服务供给主体的行为与互动，进而进行理性判断和政策路径选择。说到底，无论历史还是当代，都是由不同角色的人及其集合、组织来完成的。因此，有必要跳出文本，以社会服务提供主体的“角色”及其变化为线索，回到“活生生”的政策实践之中，去现实情境探寻政策文本背后的操作过程、规律与趋势。

第 7 章　如何可能：社会服务购买的流程塑造

上一章从中观层面展示了 G 省社会服务购买政策的设计与实施过程，发现社会服务购买政策对社会工作（社会服务）政策体系的建构具有积极作用。当然，政策好与坏否，关键是看其“落地”效果，必须进入操作层面审视。在社会服务供给操作层面，不同主体的角色定位与服务供给既不是静态分布，也非自然形成；书面上的政策蓝图要成为行为主体的预定规则与结构性安排，还需具体的流程塑造予以支撑。因此，在政府购买非营利组织社会服务的具体实践过程中，基于问题应对、风险防范和利益交锋，按政策办事的“剧本表演”和依情境处置的“随机应变”结合得更加紧凑，基于角色配置的社会服务购买规则、机制与流程的塑造显得更加重要。

7.1 防范“替民做主”：社会服务购买的需求瞄准

社会服务以人为本，需求源自服务对象；但实际上，政府难以完全做到“以对象为中心”。就政府购买社会服务而言，决定权在官方手中，主要贯彻国家意志、履行公共职能；在此基础上，征求公众意志、调查个体需求，兼顾服务机构的合理化建议与诉求。具体到社会服务购买的需求瞄准，主导者是政府职能部门，它在一定程度上扮演了“为民做主”“替民做主”的代理角色。这种代理角色的合法性与合理性问题，以及公众如何委托政府表达和维护私人利益，需依据法理学或法社会学理论另行探讨。作为一项实证研究，本研究关注购买的实践过程，重在防止政府购买服务的“目标偏离”。

7.1.1 面向社会服务对象的需求征集

就目前社会服务的具体购买过程而言，实践者与研究者多关注项目招投标等环节，反倒不关注为什么要购买这些指定服务项目，有时还陷入了“因为政府需要购买这些服务，所以政府购买这些服务”的认识怪圈。从理论上说，政府购买社会服务，源自国家对公民的法理责任。新时期如何更好地履行这一责任，不仅是一个政策理论问题，更是一个实践问题。从宏观政策角度看，社会服务对象需求调查尚未形成“从上到下”的制度化安排，社会公众参与需求评估的方式尚未形成主流。从 G 省的实践来看，当地政府及其职能部门逐步认识到“由下到上”的征求和把握公众服务需求的重要性，尝试在设计具体购买服务项目之前开展了较全面的需求征集活动，并努力构建公开公正的公众需求征集机制。

——**问政于民**。G 省相关地市都通过面对面沟通、电话访谈、广播电视节目互动等方式，了解基层大众的社会服务需求，尤其关乎生计的社会服务需求。党的十八大以来，G 省各地扎实开展党的群众路线教育实践等活动，增强了“问计问需”的针对性，进一步提升了党委政府对基本民生和困难群体的关注。

——**专题调研**。GZ 等地市发挥传统体制的工作优势，下沉基层社区及服务机构、事业单位进行摸底调查，梳理工作台账和岗位需求，了解开展专业社会工作的困难与需求，据此间接了解社会公众需求。

——**发挥民意代表作用**。SZ 等地市通过人大代表建议、政协委员提案等方式，跟进关注相关民生问题，及时纳入党委政府决策范围。同时，新闻媒体包括网络自媒体、“市长信箱”，也成为了解民情的重要渠道。

——**信访渠道**。GZ 等地市通过群众信访工作，掌握访民情况及群体诉求，有针对性地了解其代表性群体的实际状况和利益诉求，依法依规“对症下药”。

——第三方调查评估。DG 等地市委托第三方调查机构，面向社区居民或业务办理对象，进行需求调查和评估；结合“满意度”调查，开展群众需求征集和评估。在群众满意度不高的领域与环节，加大关注与投入。

也不能说当时我们搞购买服务、确定题目时，就完全“拍脑袋”。干了 20 多年民政工作，尤其长期跟社区打交道，盲聋哑、痴呆傻、孤寡残，经常见；也有人乘着酒劲见我，到我办公室要这喊那的……对于基层的需求，无论合不合理，基本上还是清楚的。而且搞之前，（方案）也征求了相关部门、街道、社区和福利院等单位的意见，通过他们也征求了群众意见。还有啊，众口难调，我要是逮着每个人征求需求建议，不光五花八门，而且（事还没有干）会搞得乱七八糟，把事搞砸。反正啊，我觉得现阶段大规模征求群众需求和建议，那是纸上谈兵，过于理想化。（访谈对象：PUB5，20140902）

7.1.2 面向非营利组织的需求建议

严格来说，非营利组织作为服务提供方，主要受托满足社会服务对象的需求，不应有自身诉求。但在政府购买服务的初期阶段，由于信息不对称、政府对服务项目把握得不全面，也需通过非营利组织反映他们了解到的公众需求，以及他们能向公众提供哪些社会服务。通过非营利组织“由下到上”的项目建议，使政府部门能更精准地设计购买服务的项目框架。G 省相关地市在启动政府购买社会工作服务时，民政、财政等部门深入民办社工机构，倾听他们的诉求与呼声，有针对性地设计购买服务项目，提高了机构与项目的匹配性。

在征集社会服务购买项目建议过程中，我们比较尊重社会组织给我们提供的项目建议，但也并不意味着照单接收。有比较专业的社工机构，向我们提出搞农民工性压抑疏导、同性恋“同伴教育”等服务项目，被我们否定了。不是说开展该项目没有意义，但作为政府部门，我们不是社会学家，我们更关注的是眼下的、大众的、急需跟进的项目，而不是随着社会舆论、社会热点跟风跑。（访谈对象：PUB6，20140901）

在日常沟通交流外，SZ、DG 等地发起公益创投活动，开辟了民办社工机构等非营利组织提出项目建议的通道。自 2009 年起，SZ 市每年举办公益项目电视大赛，采用公益创投、政府提供资金配套方式，鼓励服务机构发掘民众需求、筹集公共资源运作项目，获取持续发展能力。DG 市于 2011 年投入 1000 万元开展首届公益创投活动，在资助的 28 个公益项目中，由社工机构策划和实施的项目就有 17 个。这些活动既给非营利组织及民间有识之士提供了展示需求与创意的平台，也给政府提供了更多的社会服务需求瞄准的机会和载体，有助于在公益创投基础上，有针对性地凝练服务领域、项目、载体及形式。

7.1.3 公共部门主导的购买服务目录编制

“菜单化”的目录管理是现代管理的重要方式，政府公共部门对目录管理情有独钟。在政府购买服务方面，民政部、财政部联合发布的《政府购买社会工作服务的指导意见》，对制定购买服务目录提出了明确要求。购买服务目录的建立，主要益处是在征求和考虑公众与民间诉求基础上，结合自身职能，以制度化方式明确政府购买服务的官方需求，明确“应当”和“可以”的购买事项，将“权力”和“资源”放在阳光下运行。实质上，政府购买服务的目录清单是整个行政管理体制改革、简政放权目录清单的重要组成部分，其制定的前提是政府向社会让渡、下放和转移职能目录清单的制定，将相关职能通过委托或授权方式赋予非营利组织，树立政府购买非营利组织服务的合法性与合理性。纵览 G 省及所辖 SZ、DG、GZ 等市的政府购买服务情况，都事先或同步启动了政府向社会移交职能、实行简政放权的目录清单。从这点看，政府购买服务的需求瞄准，既有反映和实现公众需求的初衷，也是自身改革发展的需要。

编制购买服务目录指南是需求瞄准的重要落实方式。当前，G 省及相关地市推行购买服务的普遍做法是在购买服务的目录指南上下功夫。而且，省级与地市层面目录各有侧重与兼顾（相关梳理情况见附录5），具有鲜明特色。

——**依法依规执行**。G省各地市组织实施购买服务时，遵行了《中华人民共和国政府采购法》《中华人民共和国政府采购法实施条例》《中华人民共和国招标投标法》以及相关法律法规和规章要求。DG、GZ等地还针对不同服务人群的专门法律法规，如《中华人民共和国未成年人保护法》《中华人民共和国老年人权益保障法》《中华人民共和国残疾人权益保障法》，履行法定职责，把握“三定”职能，确定服务内容和重点。

——**保障底线，兼顾全面**。政府购买非营利组织服务目录制定的一个重要策略，就是抓住重点、逐步拓展，并基于需求的多元性和复杂程度，对需求堆栈进行排序，首先考虑困难群体需求满足，利用有限资源实现最大化服务成效。实践中，G省相关地市把养老服务、青少年服务、残障人服务等社会工作项目购买，放在优先位置，较好体现了“底线公平”的导向。在服务对象识别上，更多地以社区规模和群体规模为计量，在精准保障法定服务个体同时，为社区居民提供一视同仁的服务机会。

——**重在引导，鼓励创新**。在社会服务及社会工作的初始阶段，政府购买服务目录设计宜相对宽松，具有一定弹性，不宜过度细致、约束性强，以减少自上而下推进中可能产生的“纸上谈兵”“吹毛求疵”等负面效应。G省的省级目录重在方向引导，让渡操作空间给地市、区（县）部门及社会工作服务机构，鼓励他们基于本地情况和专业需要进行创新。

——**法定行政行为，禁止购买**。国务院文件（2013）明确要求，政府行政执法等法定事项，禁止委托进行购买服务。G省相关地市结合政府部门职能改革、街道管理体制改革及权力清单建设，逐步厘清了必须由政府承担的服务项目清单，并禁止向政府购买领域渗透。例如，SZ蛇口街道确立了“一放一收”的改革思路（2014）。“放”就是将不涉及行政主体资格的156项社区事务，以购买服务等方式全部“放”给了非营利组织；“收”是对安全生产、计划生育审批、城管执法、综合治理、信访等涉及行政主体资格的行政事项，全部“收”到街道，明确由职能科室担当、不准委托购买。

7.2 防范“寻租交易”：社会服务购买的竞争选择

竞争性与独立性是政府购买服务有别于传统服务的重要特征。传统公共服务的高成本投入、低效率产出，加之事业单位的官僚化、行政化，形成了一定程度上的垄断性、附庸性，尾大不掉。如果对民办社工机构等非营利组织过多采取“母爱式”“哺乳式”关怀，不视其为独立法人机构和竞争实体，那么非营利组织就有可能变异，与事业单位一样成为体制的附庸。相对而言，G省比较坚定地贯彻招投标导向的购买服务机制，力图开创“花钱购买服务”“择优购买”的局面。这种局面的形成，关键在于有序的市场竞争和独立地位存在。

7.2.1 社会服务购买方式的区分与选择

从社会服务的竞争性与非营利组织的独立性角度，政府购买社会服务可区分为四种方式。这样的划分，虽有理论上的逻辑推断之意；但在实践中，都有实例印证。尤其G省购买民办社工机构的社会服务案例，历经了从无到有、从小到大、从试点探索到逐渐成熟的不同发展阶段，四种方式基本都有所体现。

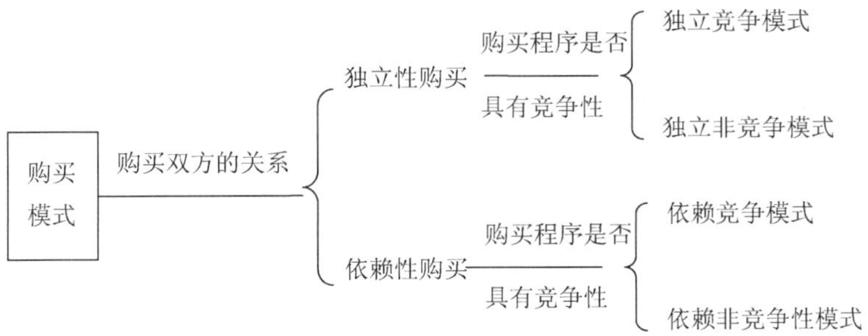

图7-1　理论上的政府购买服务的几种模式

7.2.1.1 依赖非竞争性购买

此类非营利组织常常是政府部门为了购买服务而专门建立，与政府部门是“上下级”的依赖性关系，它们基本依赖财政资金与政府供给生存，没有其他大额资金来源。相应地，在购买程序上也不规范，没有体现竞争、公平原则，主要依靠政府传统管理手段进行服务质量评估和日常管理，此类购买在现实中并不多见。公允地说，社会工作发轫之初，该方式有其引路作用及合理之处。在全国社会工作制度建构之前，上海等地探索司法矫正、禁毒和青少年社会工作，建立了相对应的三家非营利组织，定向购买其社会工作服务。G省一线的民办社工机构未曾出现依赖性非竞争购买，但社会工作行业协会却带有这种色彩。在政府购买服务体系中，行业协会占据一席之地，它们一般在民政等政府部门主导下成立，也通过购买服务方式开展工作，但实际上受政府职能部门委托，在加强行业团结与自律的同时，从事党委政府交办的事项。

我们（社会工作）协会是市里发了“1+8”文件、推行社会工作后，由民政局牵头组建的，主要配合局里开展培训辅导、继续教育、社工登记等事项。经费上，会费维持不住；市里通过购买服务方式，从我们这里购买培训等项目，这样解决了相当一部分资金缺口。（访谈对象：THIRD1，20140806）

7.2.1.2 依赖竞争性购买

此类非营利组织与政府部门是依赖性关系，但购买规则和程序是竞争性的。这种模式目前不多见，因为逻辑上，如果非营利组织与政府部门是依赖关系，后者不大可能重复投入资源建立若干个职能相同或相近的非营利组织，让它们互相竞争。但随着行业协会商会脱钩与事业单位改革，有可能在一定范围内出现类似情形。一些官办的行业协会商会，有类似职能或宗旨，多归口挂靠在委办局之下，甚至接受财政供给；要让它们自觉、自愿接受脱钩，对价之一便是服务购买。G省的行业协会商会脱钩及“一业多会”改革较早，面临着社会领域（含社会工作）相关协会、学会、联合会的独立运行及相互竞合。脱钩改革之后，既要让其在市场与社会中学会“游泳”，又要让其短期之内顺利过渡，极有可能会采取依赖竞争性购买方式，从财政供给转向项目竞标，使其不会“饿着肚子下海觅食”。

今年我们省社会组织“去行政化”动了真格，要求全省各行业协会商会在2014年年底，必须在人员、财务、资产、职能、机构等方面与行政机关彻底脱钩，要它们设立独立账号。国资委等下面一些资格老的行业社团，确实也提出了异议，想让省里加大针对它们的政府购买服务力度。（访谈对象：PUB11，20140802）

7.2.1.3 独立非竞争性购买

此类购买中的公共部门与非营利组织之间相互独立。一般在服务购买之前，参与竞争的非营利组织已经存在，而非专门为此成立；购买程序依然采用非竞争性方式，而非面向社会公开招募。主要有两方面原因：一是服务本身专业性强或较为冷僻，符合资质要求的社会服务机构数量稀少，不足以采取竞争性招标购买方式，采取定向采购或询价采购即可；二是服务供给市场培育尚不成熟，非营利组织参与竞争能力薄弱，需通过服务购买方式予以一定扶持。

G省SZ、DG等地在推行社会工作的起步阶段，成立的民办社工机构数量少、规模小、实力弱，尚未到摩拳擦掌、互相竞争的理性状态。民办社工机构如何通过招投标方式进行竞争性购买，尚需政府部门引导，甚至“手把手”地指导，一定意义上的依赖性是客观存在的。而事实上，这种依赖性也是良性关系，有助于通过培育扶持，进入非依赖的独立性竞争状态。

现在回头看第一次搞的购买服务，有些后怕。当时全市就7家社工机构，都刚成立不久，完全让它们放手去竞争，势必有的拿不到项目、会被搞死（淘汰）。当时我们对几家机构进行了辅导，帮助它们分析各自的强项及擅长服务领域，有针对性地去投标，这样竞标评标以及竞争性谈判下来，基本上各家都有比较满意的收获。当然，就那么一年。第二年，就上正轨了。因为，30 万元以上服务采购必须采取集中采购或者竞争性采购流程，而且严禁“陪标”，这些都是法律规定，不得违背。（访谈对象：PUB9，20140806）

7.2.1.4 独立竞争性购买

非营利组织与公共部门之间是独立关系，这是一种比较成熟的社会服务购买模式。具体来说，购买双方主体相互独立，不存在人、财、物等资源上的依附或制衡。在购买方式上，选择公开招投标方式，非营利组织自主参与，政府部门公开选择。在权责分配上，购买双方按照购买协议履行合同义务并承担责任。而且，在按照服务合同提供既定服务内容之外，这些非营利组织还可根据服务宗旨和专业特长，拓展提供更多社会服务，并从服务对象、企业、基金会等方面筹措资金，实现社会服务效应最大化。经过几年探索实践和规范化发展，以及民办社工机构和社会工作服务队伍的壮大，目前 G 省相关地市服务购买的基本趋势是朝着独立竞争性购买方向发展。可以说，在社会工作起步阶段，无现成经验可供借鉴，必然寻求政府部门的帮助与扶持，服务购买的独立性、竞争性相对有限也情有可原；待到区域内社工机构发展达到一定规模和水平，实行竞争性的购买服务成为主流，这是多方理性选择的产物。

GZ 市这几年社工机构发展确实很快的，在全省各地市当中是最多的。这倒不是我们刻意要搞机构建设的“大跃进”，刚推社工时，也没想到这么快。主要还是购买服务（政策推行），尤其“家综”开始后，民间积极性调动了起来。而我们这边（民政局）对机构成立不画条条杠杠，也不搞厚此薄彼，就靠招投标竞争，你有兴趣有实力那你就参与竞争……（访谈对象：PUB7，20140731）

7.2.2 竞争性服务购买的流程控制

程序正义是政府购买服务的关键。一项制度设计，若无好的流程管理与过程控制，可能会陷于僵局或不义。社会服务购买具有显著的公益性，加载规范而完备的流程，有利于提高竞争的公开性、公平性与公正性。

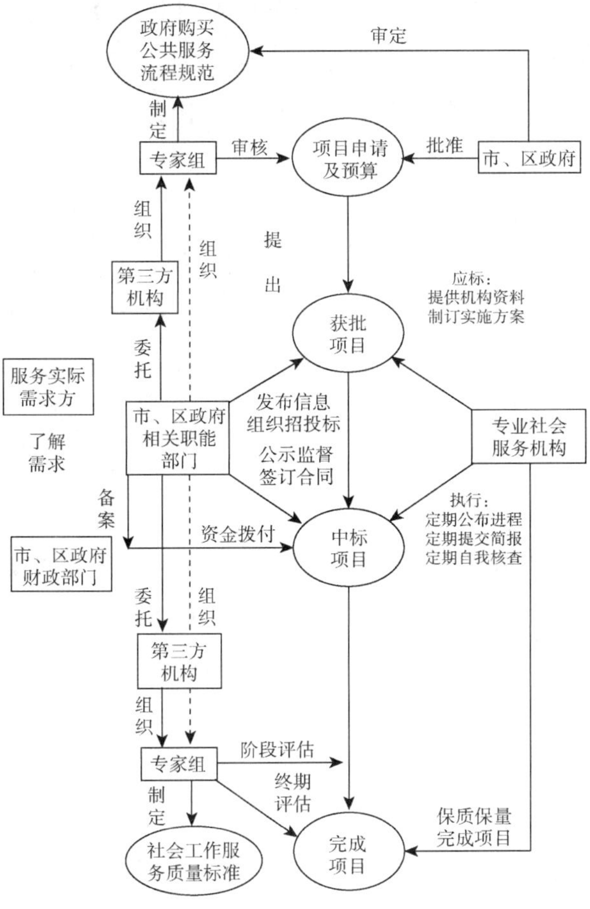

图 7-2　GZ 市购买社会工作服务流程

7.2.2.1 把握社会服务购买的特性

社会服务的竞争性购买兼具政府采购的共性与社会服务的特性。在共性方面，一般采购部门按照“采购方出具用户需求书—交具备资质的招标代理机构制定招标文件—招标—投标—评标—确定中标机构—公示”的主要流程执行服务购买。在特性方面，主要考虑社会工作服务本身的独特性、专业性与稀缺性。若机械地照搬工程、货物类政府采购流程和竞标规则，社会服务购买活动容易陷入被动境地。例如，根据财政部《关于加强政府采购货物和服务项目价格评审管理的通知》，规定“综合评分法中的价格分采用低价优先法计算”，即报价最低者得分最高，且对报价分值权重的上限规定偏高，占30%。这种方式表面上看，有预防舞弊、公开透明的优势，但增加了招投标的盲目性，助长了“围标”“拦标”“陪标”及低价竞争等行为的发生。

购买服务招投标对社工行当是把双刃剑。社工本是追求“助人自助”价值理念的专业和服务，不是纯粹的商品。如果按商品法则来购买，搞招投标，像雇佣保安一样，看谁出的钱低，谁的人多块头大，就给谁，还不如把社工机构办成公司。（访谈对象：LEADER1，20140805）

关于社会服务购买的特性，表现在三个方面：（1）所谓独特性，是因为社会服务作为一类服务是无形的，只能感知而无法提供物的形象；是短时间的，服务提供过程即是消费过程，服务质量难以全程监测；是非存储的，若未合理使用，则服务资源就会闲置。这些方面都与工程、货物有明显区别。（2）所谓专业性，是因为服务提供需具备一定的专业素质、人才资源与技术保障。开展社会工作服务，必须遵循价值伦理、专业手法和工作流程。（3）所谓稀缺性，是因为社会服务相对于其他服务业态尚不成熟。较之市场主体，社会上专门从事社会服务的组织机构还比较单薄。这些情况都给竞争性服务购买带来了一定挑战。

以实事求是态度观之，社会服务购买既要坚持政府采购通行规则，也要把握自身特性，进一步完善招投标等竞争性程序（招标书示例见附件6，投标书示例见附件7、中标公告示例见附件8）。进而言之，社会服务购买因其特殊性，它的竞争性购买方式不是对招投标采购制度的背弃，而是一种新的尝试和完善。

这几年搞政府购买服务，是个新事物。总的感觉，没有像货物采购、工程采购那么简单，办公器材等货物采购随年初预算批准下来，就按流程走采购中心就行了，根本不需要我们（财政局）业务科室操心。工程采购主要是发改委那边立项、批复和招标，基本上也不需要我们这边操多少心。就是这个社会工作服务购买，是个新事物，看不清，摸不准，我们从方案设计到具体流程制定，确实花了不少心思。（访谈对象：PUB8，20140806）

7.2.2.2 注重评标制度及方式方法的完善

由于社会服务购买的特殊性，其投标评审既要遵守政府采购法律、法规确定的普遍原则、程序与机制，也要在规程设计上与其特性相呼应。G 省社会服务购买的评标评审尝试使用了以下方法与程序。

——**阶段审核制**。分资格审核和正式评审两个阶段。资格审核为第一阶段，资格评审主要就非营利组织的服务历史、治理机制、制度规范、人力资源、社会信誉等进行综合评审。对不符合基本资格条件的，取消其参与正式评审资格。

——**比例分值制**。质量和数量是标书评审的两个基本要素。在质量和数量的分值设定上，宜把握“质量优先、兼顾数量”，服务质量所占分值应当高于服务数量设定分值。在这方面，G 省相关地市坚持“质量优先”原则，SZ 市等地着手考虑质量和数量分值比例为 8∶2 或者 7∶3。通过此举，有效防止恶意投标、滥竽充数等情形发生。

——**分专业建立若干公益招投标项目专家评审委员会**。DG 等地围绕政府转移职能与购买服务，由财政、民政部门牵头，会同有关业务部门的领导和专家，建立不同领域的公益招投标项目评审委员会。一方面提升公益招投标的专业化水平和公信力，让公共财政的扶持变得更加透明有效；另一方面让各业务部门更广泛地参与到公益招投标的过程中，提高各部门公务人员的专业水平。

——建立政府购买服务招投标专家库。SZ 等地成立由熟悉慈善公益项目评估、运作和管理的专家，热心慈善公益事业、熟悉本市情况、社会责任感强的市民，以及人大代表、政协委员、行风监督员、社会知名人士等组成的政府购买服务招投标评委库，负责评审政府购买服务项目的招投标应标方案及推荐接受资助的组织。每个购买项目在开标前从该评委库中抽签产生专家和市民代表，并会同需求单位代表及相关政府部门代表等组成评审委员会。另外，G 省相关地市充分发挥社会工作领域专家的作用，尊重并体现社会工作服务的专业性，尽量压缩行政空间的自由裁量权。例如，GZ 市公布的购买服务评审专家名单，全部都是有社会工作专业教学或实践背景的人士，其中约 50% 的人员，既是高校专业教师身份，同时也是社工机构负责人。

——资金比例制。非营利组织资金来源的多渠道性，是保持其民间独立性的基础条件。如果一个组织对政府资金的依赖率是 100% ，保持其独立性地位以及其专业化服务理念是很困难的。在当前非营利组织发展滞后、社会捐助不足的情况下，可以适当考虑将社会来源资金的比例定得低一些，如 5% 左右，以示指引。目前，G 省相关地市开展社会服务购买招标，正在朝这个方向努力。也就是说，通过招投标环节的资金比例要求，可以引导非营利组织重视自身的“造血功能”发挥。

7.2.2.3 正视竞标过程中的问题

任何制度难免存在缺陷，处于探索阶段的政府购买社会服务更是如此。在社会服务的招投标环节，难免存在一些漏洞和风险。近年来，G 省相关地市的政府部门、民间机构、专业力量都对此进行了分析与反思，并予完善改进。

在评标过程中，社会服务购买面临着政府采购制度的最大障碍问题，即低成本动机下“价低者得”的逆向选择。因为受限于规范标准的缺失、评标专家数量不足以及现场评标时间较短等问题，难以对项目的合理性和标书的真实性进行深入评估核查，若存在“外行评内行”现象，中标结果往往是“价低者得”。G 省的现实操作中，个别社工机构为争取拿下政府购买项目，招投标时拼命压低投标价格，或者提出超高服务工时，中标后则采取挂名社工、督导以及缩减服务内容、时数等方式弄虚作假；个别机构还以陪标、围标等方式谋取不当得利。这些“价低者得”的方式很有可能导致社工机构恶性竞争，盘剥社工、使用非全职社工、用实习生顶替专业社工等方式提供质次的社会服务。而社会工作的对象是社会困难群体，话语权有限，其服务质量的保障涉及社会公平公正，其道德风险相对工程和货物采购，显得更加敏感并招致社会关注。

当然，不能因社会服务招投标过程中的问题，就否认社会服务招投标制度与流程的合理性与正当性。从实践来看，因为非营利组织的公益立场和主流价值追求，更多是发扬社会正能量“善”的一面，所以，它们的“犯错”的概率和程度没有那么突出。从一定角度看，最起码比其他主体要好一些。

服务与工程、货物不一样，不好明码标价，也无法以物件的形式反映，更多是靠服务时间、服务成效来体现。现在招投标及合同管理中，一些部门青睐于对服务时间的计算。其实，社会工作是以人为本、以问题为导向的，如果太注重数量上的计算，忽略问题的解决及效果的评估，具体服务就容易搞成形式主义或者陷入心理咨询师等职业计时收费的误区。（访谈对象：PUB10，20140802）

建筑业很多是陪标、围标，当前社工行业也有。有机构就曾找到我，希望能和我们形成战略联盟，其实就是想投标时让我们去陪标，等以后我们投标时，他们也陪标，搞所谓的“合作共赢”。对此，我很鄙视，社工要遵守自己的价值观，别沾染铜臭味，不然还干什么社工嘛。（访谈对象：LEADER6，20140811）

凡事皆有利弊。在充分肯定招投标的制度优势之余，也需冷静考量社会服务购买对非营利组织的潜在影响。面对多领域多类服务对象，社会服务提供方式及专业手法各有千秋，甚至术有专攻。当前，专业社会工作发展尚处“爬坡”阶段，全能型的民办社工机构尚属少数，大多数机构尚属初创，自己的服务专长和领域偏好都是一定的。但是，生存是机构的第一使命，政府购买服务的制度安排，使得机构必须年年围绕招标目录指南和重点投放领域来“看菜吃饭”。如果公共部门过分迷信评标制度安排和分值计算结果，甚至搞“风水轮流转”，而非“人尽其才”“物有所用”；如果一个非营利组织在社区矫正领域干了3年，又被招投标到机构养老或其他领域，且成为常态的话，那么这个机构的现实选择，往往不敢也不愿下大本钱，进行人力资本和专业设备投入，会自觉或不自觉地沦为为投标而投标，重政府文案和评估标准，轻服务的针对性、差异性、公众参与和社会协同，做不成社会服务的“万能钥匙”，反倒成了“万金油”。因此，“功夫在诗外”，从组织及事业的长期发展来看，除了用好“指挥棒”，提升社会服务购买招投标制度自身的科学性、导向性、稳定性之外，专业化、职业化、社会化、规模化的非营利组织专业人才培育和机构能力建设也显得格外重要。

7.3 防范“信马由缰”：社会服务购买的契约管理

契约管理是现代文明的一项重要标志，保障了对自然人、法人的权利维护与法律救济。当前，契约管理已突破传统私法领域，运用到公共生活领域。政府购买服务的合同管理，就是一类典型的契约管理[①]。虽签约双方主体地位与私法领域的平等地位略有差别，但在契约方式和管理流程上，遵循平等自愿、诚实信用等合同法确立的基本原则与契约精神。在购买服务的实际过程中，合同订立是服务供应链和社会服务供给网络形成的基础，严密的合同内容拟定和严格的合同履行成为购买服务契约管理的关键。

---

① 行政法学者一般乐于称之为“行政合同”或“行政契约”。

7.3.1 平等自愿原则的履行

在当前社会服务购买实践中，平等原则是基础，自愿原则是前提。非营利组织与政府部门虽非完全对等，但不代表双方在行使权利、履行义务上具有非平等性、非自愿性。形象地说，政府购买非营利组织服务，讲究“情投意合”，反对“家长制”“拉郎配”。

——关于契约平等和意志独立。在法律地位上，社会服务购买合同的当事人双方是彼此平等的，一方不得违反对方意愿，强求对方从事某项事务，任何单位和个人也不得非法干预合同签订与履行。在 G 省社会服务购买实践中，偶尔滋生行政干预现象。个别区县、街道在短期内无法看到社会工作运作效果的前提下，以“我出了钱，就得为我办事”的现实逻辑置换政府服务采购合同所规定的平等契约关系，直接插手或干预民办社工机构的内部管理事务或具体事项安排。因此，购买服务合同的签署，强调双方彼此的尊重，是在合同约定范围内明确相关职责与义务，而不是通过合同的确立，建立起从属或附庸关系。实行社会服务购买的契约管理，就是要通过合同的签订与履行，强调政府自愿托付，进而树立并尊重非营利组织的独立性与自主性。

作为协调管理部门，面对全市这么多项目和机构，不可能整天盯着他们干活。关键还是要依据合同进行管理，而且也不要随意干涉人家，毕竟社会工作强调专业手法和专业价值观，管得太死就没意思了。（访谈对象：PUB7，20140802）

政府要我们认真履行合同，他们自己先得把合同当回事。表面上政府和社工机构签了合同，其实不是一个平等合作的契约，而是把你机构、把社工当成下级，对你发号施令，批评起来毫不客气。譬如我们的中心主任、大学老师就曾被街道主任批得一塌糊涂。在他们眼里，签个合同，其实就是花钱雇一伙人给他干活，根本不把合同当回事。（访谈对象：WORKER5，20140806）

——关于合同内容。在G省社会服务购买的具体实践中，政府部门通常关心服务条款及其数量、质量要求，非营利组织更多关注费用给付和绩效评估。究竟是侧重数字管理，向数字要效益，还是侧重服务质量的提升，向看不见、摸不着但能体会得到的社会效益要结果，是当前合同签订的一大矛盾。就这一问题，近年来G省相关地市正在探索服务承诺制这一新型方式，结合社会服务招标公告和中标机构的投标书，非营利组织必须承诺按照申明的服务质量和数量提供服务，遵守财务管理制度，定期提交服务表现报告，自觉接受监管和评估，据此确保合同内容的可执行与可覆盖。

——关于合同形式。合同法规定，当事人双方订立合同，可采取书面形式、口头形式或其他形式（社会服务购买合同示例见附件9）。在G省实践中，一些扎根社区服务的民办社工机构，通常会遇到合同条款之外的任务分配和工作要求，有的是正当安排，有的也属不正当安排，相应地减少了开展专业社会服务的时机和投入，不利于文本合同履行和最终服务效果检验。在这方面，GZ等地探索在协商沟通基础上，用补充协议方式明确一些需要追加的工作内容，摒弃一些不合理的工作安排，实现家庭综合服务中心等领域社会工作服务的动态化与全面性，保证社会服务始终围绕居民需求转。

你看这个合同（见表7-1）只有一部分是专业的，其他的都是在帮他们（指合作单位）做事。这也就罢了。我们经常还要做其他一些事，当然是合同没有要求的，但为了与他们（街道）合作、搞好关系，还是要帮忙的。我们的工作就是合同指标之外，再做要求做的各项琐事。就像我今天突然打电话给案主，说明天的家庭探视不能进行，就因为临时接了单位领导的电话，要明天去开个什么会，其实这个会是他们单位自己的会，但非要我们去旁听，当观众、凑人数。（访谈对象：WORKER3，20140801）

表 7－1　某社会服务购买合同内容摘要

工作内容： （1）案主建档：对所属区域的服务对象建档 1000 人次以上 （2）个案工作：10 个 （3）小组工作：10 个（已列明小组的名称、地点、时间） （4）社区工作：5 个（已列明活动的名称、地点、时间） （5）家访、信访、社区探访记录：家访 20 次，社区探访百余次
专职社工需要完成的指标情况： （1）协助指导社区康复站和协会开展工作 30 次以上 （2）协助社区指导中心建立档案 1000 人次以上 （3）开展社区指示和社区救助政策宣传 15 次以上 （4）协助开展职业训练活动 10 次以上 （5）开展就业辅导活动 10 次以上 （6）心理咨询服务 30 次以上 （7）协助市中心基层工作人员进行业务培训 2 次以上 （8）借助服务站和协会平台开展个案 6 个，小组 4 个，社区 4 个 （9）协助看站跟踪随访 20 次以上

7.3.2 诚实信用原则的履行

诚实信用是社会行为的基本准则。当前，在政府购买社会服务的诚信管理方面，最大的危机和风险来自政府的拨款机制。按照现行的政府拨款程序，每个财政预算年度财政资金到款时间与签订合同的放款时间并不对应，使承接机构提供服务与薪酬发放不能很好衔接，其间出现若干空当期。2012 年 3 月，《南方都市报》一篇题为《购买社工机构服务 SZ 政府欠费千万》的专题报道将此问题拉入舆论的旋涡。

27 家社工机构，应到账而未到账款项总额为 1218.47 万元，平均每家未到账 45 万元。全市有近 50 家社工机构，意味着超过半数的机构未及时拿到购买服务费。（摘自《南方都市报》网站）

实际上，G 省各地市都或多或少面临这一问题；只是 SZ 较早实践，问题也较早暴露。除预算拨付不及时、年底预算剩余回归国库等原因外，购买服务项目经费的分期拨款以及政府税收减免等问题，也在一定程度上造成了合同资金拨付的失信问题，导致一些民办社工机构“年关难过”。有鉴于此，G 省相关地市正积极推动落实公益性社会组织免税资格的认定和实施；协调财政部门，提高政府拨款的审批效率，对未按合同约定按时支付购买服务经费的，缴交滞纳金；积极拓宽社会资源投入渠道，通过公益创投、项目推介对接等形式，引导基金会、慈善组织、企事业单位等支持民办社工机构开展社会服务。

7.4 防范“赏罚不明”：社会服务购买的绩效评估

政府购买服务强调“物有所值”。衡量购买行为的价值，判断服务行为的品质，必须依靠一定的评估手段与量化方法，以便清晰了解社会服务过程与结果，及时发现社会服务瑕疵与问题，精准调整社会服务政策和方向，“使政策决策、资源利用、项目设计、项目实施和延续变得更加有利于人的发展”（陈锦棠，2008：3）。而从非营利组织角度看，“非营利组织需要更多而不是更少的管理，因为这些机构并没有盈亏平衡点来衡量其绩效。非营利组织的使命和‘产品’必须清晰地定义出来，并需要持续不断地进行绩效评估”（彼得·德鲁克，2007：69）。

G 省对社会服务开展评估，主要有政府评估和第三方评估两种。这两种评估模式各有千秋：政府评估侧重宏观层面，聚焦管理本身，但易忽略社会工作专业服务质量等微观层面；第三方评估机构往往存在评估过程模式化、重统一标准而轻特色活力等缺陷。大体而言，G 省等各地市根据地方实情与特色，引入第三方评估，引导社工机构和社会工作者加强自评估，探索构筑多元化的社会服务评估模式。DG、SZ 的民办社工机构和 G 省民政厅参与制定了全国《社会工作服务项目绩效评估指南》行业标准（MZ/T059－2014），贡献了地方经验和智慧。

7.4.1 评估对象与角度的把握

社会服务绩效评估主要针对社会服务状况、服务提供者和服务机构自身三大部分。在 G 省购买社会工作服务的评估体系中，社会工作服务的测评占主要地位，对社会工作机构和社会工作者的评估基本都围绕社会工作服务展开。

——对社会工作服务进行评估。此部分涉及的主体最为广泛，一般是由购买方组建考核评估团队，成员可包括购买方、监督管理部门、行业主管部门、服务提供方等各方代表以及专家学者，也可引入第三方评估机构进行具体评估。其评估的内容主要包括服务项目、服务质量、日常管理等。

——对社会工作机构进行评估。其评估主体一般是社会工作协会、市区各级主管部门、具体使用社工服务的用人单位、社工督导，评估内容一般包括基础设施管理、人力资源管理、业务管理、内部管理、财务管理、对外管理和服务量及服务成效等方面。

——对社会工作者进行评估。一般由社工所在机构组织实施评估。评估主体一般是社工机构、督导，评估内容主要包括个人素质、工作态度、工作表现。

——基于以上的综合评估。鉴于社会工作服务绩效评估涉及主管部门、服务购买者、提供者、享用者（服务对象）、社会公众等多个群体，对其评估可以是以上述主体中的某一个为主体的单方面评估，而综合性、整体性的评估，实施主体则应为能够对六大主体进行整合的第三方评估机构。因此，G 省当前非常重视引入和建设第三方评估机构，进行全方位的社会服务绩效评估。

SZ 市的评估模式并非十全十美。服务对象对社会工作服务的评估，其指标设计较为简单，只是对服务满意度进行评估，没有涉及对整个服务流程的评价。服务对象是整个服务的参与者和享用者，对服务的开展及成效更具发言权，可以将服务对象作为重要的评估主体，加大其评估指标数量和权重。但话又说回来，这方面确实不太好操作。另外，SZ 的评估模式是建立在自身实践发展基础上的，具有地方特色。（访谈对象：THIRD3，20140806）

7.4.2 评估指标体系的建立

绩效评估源自经营管理领域。较之企业，非营利组织尤其民办社工机构不以营利为目的，有其自身特性，如产品的无形性、目标的非营利性、组织财产的不可分配性、目标的多元化以及服务机构先天性缺乏企业的“成本收益”眼光，使其绩效评估更加复杂。

——普遍适用的评估指标体系难以构建。在绩效评估方面，企业通常有清晰可量化的指标，如投资获益率、资金周转率、总资产获益率、市场占有率等。而非营利组织一般以服务为目的，产出的通常是无形产品，另外还涉及公平、责任和道德等因素，造成指标设计的复杂性与专门性。

——非营利组织绩效评估实施过程的复杂性。企业绩效评估通常有一套相对规范的操作流程，操作标准与技巧容易掌握。非营利组织提供的是个性化社会服务，往往因人而异，不容易建立一整套规范的操作流程，其质量的好坏也难以进行准确的标准化评估。而且在绩效评估实施过程中，评估对象的相关绩效信息不好收集，使得非营利组织绩效评估变得更加困难。

——非营利组织绩效评估结果的易扭曲性。绩效反馈是绩效评估体系不可缺少的一部分，而绩效结果的真实性与准确度至关重要。非营利组织属于社会公益性质，但也面临“志愿失灵”风险和私人利益驱动，使得非营利组织成员也有可能背弃服务宗旨和组织使命。实践中，G 省个别非营利组织为了私利，也会暗箱操作，使评估结果受到扭曲，给绩效评估带来难题。

有鉴于此，G 省相关地市在建立绩效评估框架及指标体系时，重点把握了三个兼顾：（1）发展性视角与问题导向的兼顾。从动态发展及过程视角评估社工服务的实施状况，探索社工服务的可持续发展路径及策略；以解决当前社会工作服务开展及缺乏评估等问题为出发点，通过建构一套完善的绩效评估指标体系，不断完善并提高社会工作服务质量及效率。(2) 系统性与灵活性的兼顾。绩效评估框架不是简单、机械地拼凑，而是按照系统、合理的逻辑架构，同时具有灵活性，各指标与维度之间互相独立，共同构成整个框架及指标体系。(3) 全面性和可行性的兼顾。绩效评估框架的制定，尽可能地全面涉及与社会工作服务相关的各方面，以及服务开展过程要关注的各要素和问题，确保对社会服务及社工机构的发展有指导意义。

在具体指标体系设计上，G 省各地市有所区别，但总体思路相对一致。其中，SZ 现代公益组织研究与评估中心设计的评估指标体系，具体由组织基础、内部治理、服务管理、财务运营、外部关系、服务成效 6 个一级指标、29 个二级指标、98 个三级指标和两个附加指标组成，总分为 1000 分。目前，该体系不仅在 SZ 市得到运用，其改良后的指标体系在 DG 市也得到了很好运用（见附件 10）。

7.4.3 评估流程及结果的运用

综合 SZ、DG、GZ 等地实践，社会服务购买的评估流程大致可分为五个环节。

——**评估立项**。由相关利益主体成立评估组，研究制订评估计划和量化评估表。评估小组根据评估原则及评估对象具体情况，讨论确定评估内容和指标体系。在立项之初，注意财务预算，保证评估有充足经费支撑。

——**评估准备**。制订评估实施细则和方案，确定评估时间，提前将评估实施方案、实施细则告知参评机构、服务对象、用人单位。

——**评估实施**。现场查阅各类文案，从中找寻到可供评估使用的资料；在规定时间内向评估对象发放不同版式评估表，并在规定时间内收集填写好的评估表；与机构负责人、项目负责人、一线社工、服务对象、社会公众等人谈话，了解情况；召开小组会议，收集信息等。

——**评估总结**。召开分析讨论会，评估组对收集来的各种资料进行统计汇总，给出评估意见，形成评估报告，并在一定范围内征求意见与公示。

——评估反馈。向评估主体各方反馈评估结果，引导服务提供机构和社会工作者采取多种措施，改进服务；对用人单位展示评估结果，并提出建议等。

评估不是目的，仅是手段。绩效评估，重在结果运用与激励。若只关注评估过程，忽略结果运用，就违背了通过评估实现监督和管理的初衷。当前，出于促进社会工作及其机构发展、保护工作积极性的考虑，G省相关地市将评估结果与项目招标相挂钩的机制尚未健全，“黑名单”制度尚未真正发挥作用，有待进一步精进。

虽然各家机构都进行了评估，但到目前为止还没有哪个项目或哪家机构被明确评为不合格，并因此而终止合同或受到惩罚。（访谈对象：THIRD2，20140810）

我们机构自身蛮重视评估和结果的。一线社工服务的评估结果，前五名我们给予一定奖励，包括发奖金、香港培训、外出交流等。出于对社工工作积极性和尊严的保护，其他的社工评估成绩结果不会在机构范围内公布，但每个社工会知悉自己的具体成绩，同时也会把督导与用人单位、服务对象的评估意见与建议告知给各服务点的一线社工，使得一线社工可以根据意见合理调整自己的工作状况。（访谈对象：LEADER5，20140810）

7.5 本章小结与讨论

通过本章的描述与探讨，不难发现，民办社工机构作为非营利组织加入社会服务行列，其角色和身份既由其专业特色和价值使命决定，也受掌握公共资源调配权力的公共部门影响和制约，同时亦有受众、竞争伙伴、评估方等主体的参与和见证。从资源传输角度看，政府通过服务购买，将财政资金输送给非营利组织，并依托非营利组织输送人力物力资源，定向供给特定服务对象，形成新的社会服务资源配置方式，塑造并巩固了非营利组织的服务供给者角色，实现了其社会服务由“自发”的志愿性行为到“自觉”的制度性行为的转变。

7.5.1 社会服务购买双方形成委托代理关系

作为公民共同体的国家是现代社会正当秩序的基本框架，是定义、管理和监控社会法制框架的法理主体；而作为国家的垄断性代理人，政府对其他社会组织有行使法定权威的权力（W. 理查德·斯科特，2011：303）。政府通过购买服务合同的确立与流程的权威管理，与非营利组织形成委托代理关系，建立了一套权利/义务相对清晰的委托非营利组织提供社会服务的制度体系。

通过这一关系建构，政府可以不再直接生产公共服务产品，而是通过委托代理方式，将公共服务产品的生产任务交给社会，通过竞争招标等法定规程和技术规则，从非营利组织手中购得公共产品（社会服务），更好地提高社会服务供给效率和质量，履行“公共代理人”角色，实现了其与公民这一对主要关系的整合与巩固。

民办社工机构等非营利组织以此为基础，不仅获得政府资助，还可享受税费减免和志愿者的人力支持，更是获得了社会公众和公共部门对其“代理人”角色的认可，进一步提高了其参与公共行为的合法性。同时，政府购买民办社工机构服务，也使得社会工作这一“舶来品”通过政府购买服务桥梁，较为顺利地嫁接到中国社会服务体制之内，嵌入到街道社区之中，加快了其本土化融合与开拓。

总的来说，围绕委托代理关系的制度设计和过程控制，建立起信任、规范和网络，为现代法理型社会服务提供了制度化保障。诚如黄晓东所言，在社会的理性化、制度化基础上所产生的现代社会资本，可以逐步杜绝权力向社会关系和人际关系的介入，使个体的自利行为在理性的指导下进行博弈，防止特殊利益对公共利益的侵蚀，以实现公共利益的最大化（黄晓东，2011：171）。

7.5.2 社会服务购买领域的委托代理关系具有独特性与互动性

社会服务领域的委托代理关系，并不意味着照搬照抄市场经济领域、企业治理方面或者民事主体运行方面的规则与做法，也不同于政府购买企业等营利性组织建构起的商事方面的委托代理关系。相比市场化的民事、商事委托代理关系，这种委托代理关系具有一定特性，或可称之为是一种模式。

——坚持自治原则。自治是非营利组织的本质，也是政府购买社会服务的前提。在该委托代理模式中，政府一般会充分尊重和保障非营利组织的自治与独立性，不干预、不参与非营利组织的具体运作。

——坚持平等合作原则。政府购买非营利组织社会服务是契约关系，而社会工作等社会服务还需遵循专业规则。在该委托代理模式中，双方不仅按契约约定，还需尊重“助人自助”等专业规则、遵循共同价值追求，彼此享有权利并履行义务。

——坚持公开透明原则。在该委托代理模式中，政府对非营利组织的支持政策面向社会公开，政府购买服务项目的招标目录和评估条件向社会公开，评标过程接受社会监督，评审结果向社会公示，项目完成情况向社会公告。因此，具有超越一般民事或商事委托的开放性。

——坚持预算管理原则。政府购买社会服务的经费，包括彩票公益金，纳入预算，并视财力状况合理安排项目，强化预算管理的约束力。因此，在该委托代理模式中，政府作为委托方本身具有更强的外部约束性和部门之间的内部博弈性。

——坚持监管评估原则。在该委托代理模式中，政府按照契约确定的内容和形式加强对社会服务生产和提供过程及结果的监管和评估，加之年度检查制度，确保社会服务的质量和效益，因而具有超越一般民事或商事委托的权威性和处置权。

综上分析，政府与非营利组织通过购买服务方式形成委托代理关系，双方是在社会服务这个宏观“生态系统”里携手共进。就此而言，社会服务这一系统是非营利组织尤其是民办社工机构发展的基础；参与社会服务的广度、深度及方式，尤其是国家与社会的兼容程度决定了委托代理关系的强弱；而其强弱又深刻影响着社会服务生态系统中相关主体的关系。因而，具有鲜明的互动性特征。这是下一章的研究重点。

第 8 章　何样可能：社会服务购买的运行效果

上一章就社会服务购买的具体流程进行了呈现，发现政府与非营利组织委托代理关系的存在；同时，也可看到，社会服务购买的流程塑造并非政府与非营利组织的双元密闭互动，还涉及服务对象、社区、第三方评估机构等主体参与。因此，政府购买服务的过程，也是社会服务供给格局中多重角色的互动过程，不仅使发生委托代理关系的购买双方发生关联，也使社会服务供给过程中的非营利组织与服务对象、市场及社会第三方之间发生互动，组织内部也活跃在重构之中。而且，随着服务供给的深入，人（含拟人化的法人）的多重社会属性与制度的自由空间将进一步加深服务流程的多样性与变动性。因此，分析和评判社会服务购买的效果，除了通过制度工具进行量化绩效评判外，置身于现实场域，通过对不同主体代表的访谈与交流，也是有效形式之一，甚至是一种更加真切反映实际的形式。

8.1 非营利组织与服务对象/家庭的互动

从法理上讲，政府是公民委托的代理人；从购买合同上看，非营利组织是政府委托的代理人。服务项目一旦启动，非营利组织与服务对象及其家庭之间便构成直接联系，但这与传统的服务供给有别。对于非营利组织来说，支付报酬的雇主是政府，直接面对的客户是服务对象，其服务满意程度不仅取决于政府评价，也取决于服务对象评判。在二重满意度评判及二重委托代理结构的共同指向下，社会服务购买的评判根本，终究还是服务对象的满意度。尤其在以“助人自助”为宗旨的社会工作领域，以服务对象（案主）为中心开展服务，成为政府购买服务的出发点和落脚点。“社会工作的制度之绩效不在社会工作者的自我吹捧，而应根植于受服务对象肯定的程度。目睹西方先进国家，被视为专业者，往往以其对民众之贡献具体而有效者称之”（陈武雄，2006：340）。而对于服务对象来说，其接受非营利组织提供的服务，实际是接受其代理人的代理人服务，其对服务的评价，既涉及对非营利组织的评价，也涉及对政府的评价；归根结底，通过点点滴滴，形成了对这个社会这个国家是好还是坏的总体认知与感性评价。因此，非营利组织及其服务提供作为新生事物，服务对象是否接受、接受到何种程度，这对社会服务购买的成效评价至关重要。

8.1.1 服务对象对非营利组织及其服务的逐渐认可

社会服务面对的群体与个体虽分化多样，但较为普遍地存在生理、心智等方面的不足与障碍，低于社会平均水平或常态。这就决定了开展社会服务，反对“由己推人”“替民做主”，不可皆按常理去臆想服务对象，不可强求服务对象懂礼明事并按部就班地配合行事，也不可奢望服务对象的认知层次和修养境界在短期之内得到飞跃。这就决定了社会工作服务的开展与成效的获得，必然是一个渐进过程，而非一锤定音、一劳永逸。尤其对于受教育程度和眼界有限、后知后觉的基层民众来说，他们对概念和理论毫无兴趣，说不清之乎者也的大道理，也没几个在意身外事，但他们自有内心评判，谁对他（她）好心中明了、有着朴素情怀，这对于提供社会服务的非营利组织及专业社工来说，已是善莫大焉。

社工刚来到村里时的大半年，我一直把他们和大学生村官混作一回事，看上去都年纪轻轻、文质彬彬的。过了大半年，别人讲给我听，才知道他们和村官不是一回事。你问我社工的服务成效，嘿嘿，我不会哟，我只会过来（社工站）喝喝茶上上网聊聊天啦。（沉默了会儿，凝视远方缓缓抽着烟）绿色种植确实很重要（社工站致力的工作内容），以前就（村里）几个妇女愿意干，这两年加入的人多了，环境变了，生活也变化了……（访谈对象：CASE2，20140803）

G省的服务对象对社会工作的认知便是一个渐进过程。刚开始，无论是NPO1等机构的社工去服务对象家里走访，还是服务对象找NPO5等机构的社工来咨询，在服务对象眼里，他们面对的都是“公家”人，对社工的专业地位和身份属性没有多少准确认知，甚至没有认真琢磨的心思。只有进入个案工作、小组工作、社区工作等情境，随着社工接案、预估、计划、介入、评估、结案等环节的接触和参与，服务对象才逐渐认识到社会工作不同于先前的服务提供及官方说教，并伴随自身问题的舒缓、化解和预防，逐渐感知专业社会工作的魅力与亲和力，认同社工是一支专业力量和可亲近的人，甚至可以彼此玩耍嬉闹。随着形式多样、覆盖面广的社工服务项目的实施，社会服务对象对社会工作的知悉与认可、对非营利组织的认同与接纳都在逐步提升。

建立与案主的专业关系需要把握适度原则。我在开展项目督导过程中，碰见过两起类似事件，案主对社工产生了移情。一件是社工协助与儿媳关系闹僵的婆婆入住养老院后，提出要社工给自己当“干女儿”，还要把一个存折给她。另一件是一家姑娘出现精神异常，社工介入后，取得了成效，孩子的妈妈非常感动，希望这位社工能成为她女儿的男朋友。我在督导这两个案例的过程中，告诉同工：社工在工作过程中与案主是和谐与信任的专业关系，工作过程结束，这种专业关系就应结束，这也是专业助人与其他助人方式的区别所在。（访谈对象：THIRD6，20150325）

服务对象对专业社会工作及民办社工机构的认同并非线性上升。DG市对2013年购买社工服务情况进行第三方评估，发现总体向好趋势下，“专业技术应用情况”与“服务对象反映的服务成效”两项指标不升反降。也就是说，服务对象对专业社会工作越接纳和认可，服务质量的提升与服务品质的维护就越重要、越不能糊弄。毕竟，老百姓的心中都有杆“秤”，“用户”最有发言权，“用户”的期待心理也越来越强。

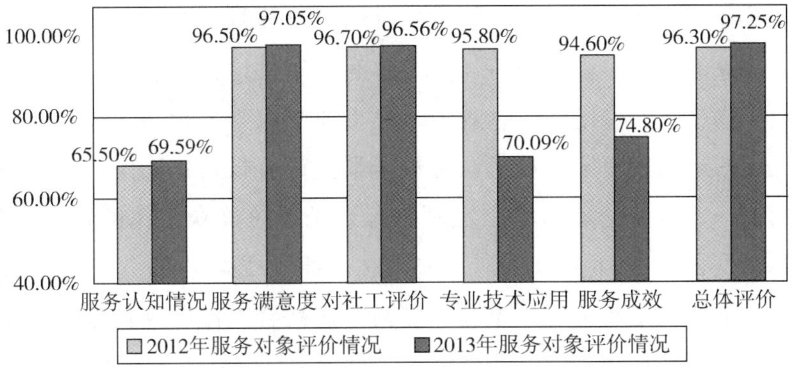

图 8－1　DG 市 2012—2013 年社会服务对象评价情况对比

8.1.2 非营利组织及其成员对服务对象的珍视

现代性专业服务是理性与感性的交融与契合。在社会服务领域，提供服务的重要前提，是必须首先“懂得”服务对象，知悉他们的状况和特点，了解他们的心理和诉求。通过政府购买提供社会服务，服务目标、服务内容和服务对象能够较快确定下来，但对服务对象的真正了解和熟知则需要一定的过程、周期和投入，这对服务项目实施及其成果带来一定不确定性。可以说，当前，政府购买非营利组织服务的最大不确定性，仍是人的不确定性：不确定提供服务的人能否服务好不确定的人。这在社会工作服务领域表现得尤为明显，专业社会工作虽有百年历史，但在我国大规模发展还是近些年的事情，在代替传统服务、与具体活生生的服务对象打交道时，社会工作教育能否派上用场，民办社工机构及社工能否发挥作用，都存在不确定性。尤其当前的社会工作队伍尚不成熟，G 省从事一线服务的社工群体基本上由 70 后、80 后群体组成，甚至有 90 后的加入，人生阅历尚不丰富的他们，在工作实践中遇到的不仅有儿童、青少年，也有老年人、残障人、贫困者、失业人员，甚至有与婚姻、司法相关的服务对象，如何坚持社会工作“尊重”和“接纳”的专业理念，真正步入服务对象的生存生活环境中去倾听、陪伴和同行，是比较现实的考验与挑战。G 省的实践表明，承接政府购买服务的民办社工机构及社工较好地用时间与耐心，通过项目设计与实施，较为顺利地融入社会工作服务对象的群体和环境；尤其在青少年、老年人、妇女、流动人口等服务领域，社工较好掌握了服务对象的情况、诉求与特征，能够有针对性地提供服务和指导，提升了社会工作服务的确定性。这其中，很重要的因素是社会工作专业方法和专业伦理的运用和坚守，社工认为每个案主都有权自作决定，并秉持两个原则的统一、避免伦理困境，发挥出有别于传统群众工作的特点和效果。一个原则是自决或自主的原则，按照这一原则受影响最大的人应该作决定；另一个原则是利益保障原则，强调专业社会工作者应具备获得积极结果所需的知识和技巧，以保障当事人的最大利益（相关案例见附件 11、附件 12）。

通过这两年的项目，我发现以往自己在做个案时容易陷入误区，有时候“助人自助”变成了社工帮忙，有时停留在回应事情上、被案主“拖着走”，认为安慰就是“同理”，忽视了案主在这些问题困扰的同时，肯定还会有很多负面情绪，而隐藏在这些负面情绪下的才是案主真正的需要。现在我对“同理”这个理念越来越认同，注意引导案主将内心感受说出来，让案主觉得他的感受有人能够明白。（访谈对象：WORKER6，20140806）

我们在个案工作中并不扮演问题的解决者，而是扮演与案主同行的角色，因为我们都相信案主有让生活变得更美好的愿望和潜能，只是因为社会环境的限制，或者说是因为不了解自己身边的资源，而让案主没有发挥自身潜能，无从解决问题罢了。所以，我觉得社工需要协助案主学会探索自己的内心世界以及梳理身边已有的资源来解决问题，从优势视角发掘案主潜能，找出一个属于案主自己的答案，此之谓之助人自助（笑）。社工的个案服务有很多时候都不可能收到立竿见影的效果，更多的时候社工的服务就像在案主的心中种下一粒种子，或许这个种子以后就会成长为一棵参天的大树，提供足够的养分和生命力给自己！（访谈对象：WORKER10，20140810）

在提供社会服务的同时，对非营利组织及其成员来说，也是重新认识社会和促进自身能力建设的过程。社会服务让服务对象受益的同时，服务行为本身及服务对象的相关反应，也是对服务提供者的很好回馈。尤其对相对年轻的社工群体来说，他们在社会服务的大课堂里，学到和接触到许多书本里不曾有的东西，对其自身成长和机构发展大有裨益。因此，社会服务的提供不仅是人财物力传输的单向过程，也是人性关怀和社会融合的双向过程；对于社会服务提供者来说，亦是自助。

通过这几年做项目，我告诉学生们，周旋于村干部和村民当中，不能空讲社会工作的专业理论，而是要带着一些“土味”，比方说如何通过农村社会工作的手法，见缝插针地与村民制定村规民约、推广“罗伯特议事规则”，改变他们的婚姻、生育、丧葬、家谱等习俗和农村制度，倡导男女公平的公民意识，如此等等，要在实践中寻找到社会工作本土化的自信。(访谈对象：LEADER1，20140805)

大学毕业干社工已经一年多了，如果问我要感谢谁，我觉得首先要感谢社区里的大叔大婶大哥大嫂们。在 GZ 上了四年大学，白话基本上听不懂也不会说。来社区不到半年，白话基本冇问题（mou men tei）啦。他们（服务对象）也教会了我不少生活和做人做事的道理。做社工的过程，其实也是从别人身上学习的过程。(访谈对象：WORKER1，20140805)

8.2 非营利组织与公共部门的互动

历史制度主义者经常强调，国家或国家的组成部分，与社会中的个人和团体的互动，这种互动不是一个静态的过程，而是一种互相转变的过程（乔尔·S. 米格代尔，2013：259）。在我国政体下，执政党、群众性社团以及一些具有管理职能的事业单位，都在履行国家治理和公共管理职能；

而在街道、社区层面，社区工作服务中心或社区工作站，实质上已异化为政府派出机构的派出机构。因此，为全面探析国家/政府与社会/非营利组织之间的关系，这些组织与机构宜以“公共部门”视之。当然，不同层级的公共部门，其对非营利组织的表现与感知，以及反过来非营利组织对其表现与感知，并非完全相同。正如美国学者所言，“政府最起码是建立、规划、计划和执行大部分我们赖以服务案主的主要服务方案。如果我们以喜爱的眼光来看政治这一个词汇，视其为一个用来改进现有体制之机制，那么社会工作的本质就是一个政治性专业”（Kathleen McInnis - Dittrich，1999：29）。

8.2.1 公共部门对非营利组织的接纳与认可

不同层级、领域和类型的公共部门对非营利组织及服务购买的认识有先知先觉、后知后觉和不知不觉之分。落到G省购买民办社工机构服务的案例，公共部门对社会工作及其服务购买的认知过程及转变情况，大致可分三类。

——社会工作职能部门开始由“母爱式呵护”向“父爱式管教”转变。改革开放以来，民政部门对社会工作发展有着朴素情感和深厚渊源，对于活跃民间的民办社会工作服务机构向来高看一眼。相较于一些传统行政部门对民办社工机构存有戒心、怀疑与排斥，民政部门对民办社工机构有着天然的接纳。综观G省SZ、DG、GZ等地发展社会工作的历程，民政等社会工作职能部门在其间发挥了“主心骨”作用；尤其在社会工作建制阶段。用一些民办社工机构负责人的话来说，民政部门相关处室是“手把手”地教导怎么开展服务、怎么参与服务竞标、怎么开展职业化专业化培训和训练。但随着社会工作制度的逐步健全和完善，尤其随着政府购买服务投入加大后，民办社工机构如雨后春笋般规模递增，民政及社工委等社会工作职能部门面对的不再是零散个体，而是一个逐渐丰满、日渐成熟的行业，如何结合购买服务、年检登记、绩效评估等方式，开展规范化管理成为日益繁重的任务。民政等社会工作职能部门的工作重心也转向了依托购买服务活动，兼顾民办社工机构发展的“促进”与“规范”。从这个角度看，通过社会服务购买活动，社会工作职能部门对非营利组织的态度，正在从“母爱式呵护”向“父爱式管教”转变，实际上也是监管职能的完善和管理服务水平提升的标志。

在这个处工作几年，我也感受到自己的变化。刚开始成立那几家机构，费了不少心思，倾注了精力与感情，对他们的情况比较熟悉。这几年摊子铺开之后，不少（新成立）机构也就开会时打打照面，平时没那么多精力挨家挨户、细致入微跑。这次党的群众路线教育实践活动，我把这点作为不接地气（的问题），提了出来（笑）。当然，现在涉及服务购买，走得太近不好。关键靠制度，靠评估，靠问题的及时发现与解决。（访谈对象：PUB5，20140901）

——社会工作使用部门开始由怀疑、排斥向接纳、包容转变。民政部门对社会工作的了解与熟悉，不代表其他公共部门的认知水平。党的十六届六中全会之前，多数体制内成员不了解社会工作为何物。G 省及相关地市通过数年宣传和教育培训，才略见成效。当初服务购买项目签订、年轻面孔的社工派驻到本部门本单位后，一些习惯于传统社会管理和服务思维的干部职工习惯性怀疑之。而岗位派驻的购买合同，一般周期为 3 年。通过 3 年滚动下来的专业性社工服务，具体的工作成效让用人部门及相关人员对社会工作有了重新认识。至于项目购买的社工服务，使用部门通过社区走访和绩效评估，看到了其超出传统社会服务的活力与优越性。近年来，SZ、DG、GZ 等地社会工作使用部门对民办社工机构及社会工作者的认可度在逐渐提升。

前两年，我们通过服务购买，给一家试点单位派驻了社工。这家单位的书记是团职政工干部转业，刚开始抵触情绪很大，曾当面问我：搞了大半辈子思想政治工作，难道还不如社工管用？社工过去后，他让人家坐冷板凳。我看这不行啊，去找书记做工作，人家松了口：那就试试吧。过了一年，我再碰到他，问你那儿的社工咋样啊。脸还是板着，语气倒是松快

了一些：这几个小家伙，还真把军休所的几个老家伙给镇住了。（访谈对象：PUB4，20140810）

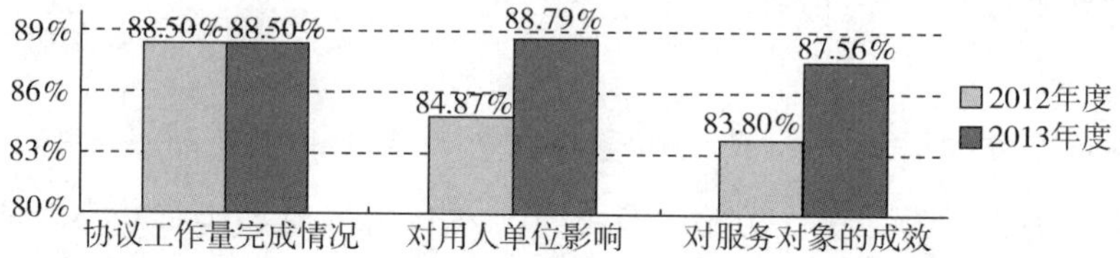

图8－2　DG市2012—2013年社会工作用人单位对岗位评价对比

——社会工作合作部门开始在旁观中自警与自省。在G省社会服务购买实践中，一些项目由地市或区县职能部门购买，配备到基层城乡社区，由非营利组织相对独立地开展服务活动，并视情与村（居）委会形成合作或协同关系；但在管辖权限上，村（居）委会并无监管职能。因此，村（居）委会这样的组织（姑且称之为“社会工作的合作部门”）的合作最初更多来自于道义，并没有实质性约定或制度性安排，相关部门在日常工作中更多是旁观者的角色。他们通过近距离地与社工的相处及观察，切身体会到社会服务开展对周边群体的影响和对社区生活的改善，也触动内心向上的自觉，变作改善自身工作状态、提升部门服务水平的动力。从这个角度看，社会工作及非营利组织提供的社会服务越往基层延伸，越有益于提高基层传统部门的服务意识和服务质量，发挥了一定的“鲇鱼效应”。

我在村委会主任任上，这是第三届。当初从城里做生意回来竞选（行政村村委会主任），就是想给村里多做点事。这几年，收入少了不少，活干了不少，整天操心事不少。平常和他们社工打交道不多，有时他们会来找我们帮忙，有时上面领导来项目点上，我们也会去看看。他们这几年做得不错，有些法子我看了，也在琢磨，看看以后能不能学着用一用。（访谈对象：PUB1，20140804）

8.2.2 非营利组织对公共部门的嵌入与理解

近年来，王思斌教授等学者立足专业社会工作发展，指出在行政性社会工作占主导地位或基本覆盖的社会空间内，专业社会工作适宜在嵌入中推进（王思斌，2011：206－222）。在政府购买社会工作服务领域，民办社工机构无论是岗位购买还是项目购买方式介入，大都需嵌入现有的公共部门体系，方能更好地发挥应有角色作用。

——非营利组织由引入、嵌入到融入的转变。在 G 省购买民办社工机构服务的发展历程中，一开始民办社工机构及社会工作者被公共部门引入既有的社会服务体系中来。引入之后，面对不同类型服务，嵌入程度和方式不尽相同。类似社会救助这些服务领域，在社会工作介入之前就有成熟架构，形成了自上而下的管理体系，社会服务更多的是以社工个体身份配合公共部门完成；婚姻家庭、教育辅导等领域在社会工作介入之前，其管理和服务框架相对模糊，为非营利组织以机构身份嵌入开展服务提供了可能。但无论哪种情况，一旦嵌入之后，都不可再强调自身个性或嫌弃对方个性，而是立足相同目标，共同前行。无论对于社工还是机构来说，要想胜任角色，最终都要经历由“外来者”到“自己人”的转变过程。这一转变不是异化或收编，而是专业力量、民间力量通过与具体领域、具体部门的结合，获得开展服务、发挥作用的“入场券”，并在此基础上探索实现本土化、精细化与品牌化发展的可能。因此，通过购买服务，实际上是为民办社工机构开辟了一条接触和参与体制内社会服务和管理的通道，这对社会工作及非营利组织的成长和成熟来说大有裨益。

俗话说：师傅领进门，修行看自己。三年前我和另外一位同工被派到区司法所，从事司法社工服务。在所里，除了我们俩外，都是公务员编和事业编制，而且都是学法律的。刚开始，我俩觉得挺别扭，说不出来的感觉。尤其我那同事变化大，刚开始不合群，最后一百八十度大转弯，开始看公务员考试和司法考试的书，不想干社工了，往体制内身份去转。而我呢，总觉得既然学了社工还是得好好干吧，毕竟有自己的专业价值追求，何况做的多是服务案主的个案工作，蛮有意思的。刚开始干起来费劲，环境熟悉之后也就慢慢好些了，所里现在对我的工作也蛮认可的。（访谈对象：WORKER8，20140806）

——非营利组织开始对公共部门及公共服务的感同身受。近年来，公众尤其民间力量对政府部门的形象认同褒贬不一；特别是年轻新生代，主要在体制外工作，容易为负面新闻和社会舆论所扰，存在“疑罪从有”“洪洞县里无好人”的认识误区。对非营利组织来说，无论是官办型还是草根型，以往更多是在年检登记、事项审批等环节作为被管理对象，与政府部门进行交往，对于政府职能运转及内部架构并不清楚。在一定意义上，对政府部门的认识处于“似是而非”状态。通过政府购买服务的渠道提供，非营利组织及其主要由年轻新生代组成的工作团队，不仅能够近距离地观察公共部门的事项运转，而且直接参与到公共服务与管理中来，对公共部门的印象有了更加客观、全面与感性的认识，拉近了“民”与“官”之间的距离。G省相关民办社工机构在嵌入服务过程中，对用人单位的管理架构、服务流程、工作纪律由陌生变为熟悉，不再认为公务员外壳身份下的工作伙伴仅是冷冰冰的官僚，发现他们同样也是具有喜怒哀乐、经常加班加点的职场人员，对现阶段我国社会服务与管理任务的空前增加、政府人少事多的现实状况有了更加深刻的认识。相应地，非营利组织在理解公共部门难处和艰辛的基础上，除了提供服务支援外，开始注重帮助政府部门进行正面的社会宣传，进一步维护和增强政府的公信力与亲和力。

以前没跟政府合作之前，我的一些公务员同学说他们的工作状态是“5+2”“白加黑”，我就骂他们是瞎吹牛，哪有这么忙。这两年通过几个购买项目的运作，发现民政部门、街道和社区的干部确实不好干，待遇其实不高，一遇重大活动、节假日，还搞得紧张兮兮。社工进驻到街道后，我刚开始担心，咱们社工帮人把活干了，人家是不是可以歇下来喝喝茶、上上网、淘淘宝（笑，自嘲：我这个人是不是有点阴险啦）。过了几个月，转了几个项目点，发现根本不是那回事，把这摊活交给你干，他手头的活照样不少，指不定又有新活来。现在才明白基层公务员确实人手不够，人家的编制控得又死，不像我们想怎么招人就怎么招人。尤其在DG这个地方，公务员配置还是按过去镇这一行政级别的户籍人口比例配备，根本就忙不过来。（访谈对象：WORKER7，20140806）

——个别非营利组织开始对官僚科层制的警觉。在现代，政府部门是官僚科层制的集大成者。尤其我国政府，是一个从上到下的严密组织体系，具有“集中力量办大事”的制度优越性和工作效率，但同时也面临科层官僚制不可回避的问题与制度惯性。而非营利组织的科层结构和官僚制度，相对淡化和简化很多。当一个简单的科层组织嵌入复杂的科层体制中去，受人对地位、尊严等追求的天然驱动，更多的诱变是简单的科层制往复杂的科层制靠拢，实际上也就产生了“官僚化”和组织机构异化的风险。曾几何时，我国行业协会商会就走过这样的弯路。离退休干部组建和参与社团，本身不是问题；但自觉不自觉地按照体制内工作模式和科层制度去建设社团，逐渐演变成为“二政府”。

G省民办社工机构在参与政府服务购买、与政府部门合作实施项目过程中，逐渐认识到去“官僚化”的必要性：如果机构及其成员乐于“官本位”的管理架构与思路，视个人职级提拔为奋斗目标，那么以服务对象为中心的工作目标将发生偏离，其面向一线的服务热情和服务效果就会大打折扣，机构的发展也不可能实现良性循环发展。因此，接受政府部门的服务购买，参与政府服务项目实施，不代表非营利组织在组织发展战略方面，必然接受政府的“收编”与改造，其独立性和专业性的坚守显得更加重要，而也只有坚持住独立性和专业性、提供更好的服务，才能更受服务性相对薄弱的官僚科层体制的青睐与支持。

政府部门很多做法很值得机构学习，尤其在建章立制、人员管理方面，比较成熟。但是，社工机构的宗旨是助人自助，不是为了当官，在内部人员管理方面，我们也建立了职级职层制度，但是即使到了社工督导位置，还是要去开展一线社工服务的，不是让你坐办公室、光发号施令的。而且我平常对同工们写报告做文案抠得并不是特别严。体制内现在不少部门和领导忙，很重要的原因是在应付各种文字材料，而且还得咬文嚼字。社工嘛，开展服务才是主业，时间和精力既然有限，浪费在文字游戏上太可惜了。（访谈对象：LEADER5，20140808）

8.3 非营利组织与市场的互动

按照社会责任理论，企业不可置身于社会发展之外的“世外桃源”。近几年，通过当地政府指引，G 省的一些大企业越来越重视企业社会责任的履行，开始探索引入企业社会工作，或者资助甚至购买非营利组织开展相关社会服务。同时，非营利组织在实施服务购买项目过程中，不仅有社会预防、社会救助等直接服务功能，也有社会发展的任务，往往涉及组织服务对象加工手工艺品、销售农作物或寻找就业岗位、销售渠道等增能型、发展型任务，用以提升服务对象自我谋生和发展能力。在这方面，非营利组织既非专长也无资源，必须依赖营销网络、合作企业等多方支撑与支持。因此，在政府购买服务过程中，非营利组织与企业并非“井水不犯河水”，在相关场合都需对方支持和参与。

8.3.1 企业对社会工作的认可

社会工作在政府、非政府等部门发挥效能，同样在企业中也发挥着重要作用。作为一项专业社会服务，企业社会工作有其特定的对象、方法和内容，在提升员工福利、提高企业管理效率等方面具有不可替代作用，是构建和谐企业机制，使企业良性循环与协调发展的重要保证。积极推进和开展企业社会工作，对解决员工问题、提高企业效率及促进经济社会的和谐发展有积极意义。在经济转型升级的关键时期，大部分企业面临着用工荒困境，而员工同样承受着来自社会、家庭、企业等方方面面的生理与心理压力；特别是 80 后、90 后技术型、知识型员工阶层的兴起，家庭矛盾、劳资纠纷等问题与日俱增，传统的企业管理理论和经验已经无法有效指导和协调多元化、复合化的管理矛盾。为此，迫切需要导入“企业社会工作”这一创新的管理思维，通过引入专业社会工作者这股新兴力量，以寻求社会、企业、员工等不同主体间的“和谐与平衡”。

在 G 省，尤其 SZ 等地作为我国改革开放的排头兵，在企业领域中最早开始了有组织、有计划的企业社工服务的实践，这一实践是适应企业对社工的需求而展开的。目前 G 省企业社会工作的开展模式主要为两种：(1) 政府全额购买反哺企业。政府通过公益项目资助的方式，开展企业社会工作项目；同时，市、区民政局以政府购买服务的方式向市、区总工会、信访等劳动就业服务部门派遣各岗位社工从事企业社工服务。这类模式的经费完全来自市财政性资金全额资助。(2) 企业自主购买与政府资助相结合。2010 年 6 月“富士康事件”后，企业自行购买社工服务的形式开始出现。SZ 市已有十多家社工机构与企业（包括民营医院、民营学校及社会组织）签订了企业购买社工服务的意向协议，服务的企业数量达 200 多家；较为突出的是该市 LG 区三部门联合发文建立了“和谐劳动关系社工综合服务站”，在每个街道选定一个工业园区，以购买企业社工服务的形式建立服务站，开展企业社工服务。该类模式的购买经费由市财政性资金按照企业购买金额的 50% 给予补贴。通过几年实践，G 省相关地市企业社会工作已初见成效。在一些企业开始逐步形成企业、员工都欢迎社工，社工成为企业、员工双方的“黏合剂”和“润滑油”。

企业社会工作是个新领域，也是个敏感领域，搞不好就会变成劳工维权运动。所以在刚开始推行的时候，政府有必要参与进来，财政也要有投入，购买非营利组织服务，让信得过的非营利组织嵌入企业之中开展服务，这样对企业主来说也是很好的因势利导、彼此多赢。这几年，我们这边不少企业已经参与到社工服务购买中来，他们有的直接去找相关社工机构买服务。这条路蹚了下来，我觉得大的方向应该没有问题。（访谈对象：PUB6，20140812）

8.3.2 社会工作对企业的求援

当前，生计发展仍是社会服务对象面临的主要障碍与急迫需求。尤其在就业和交易信息不对称、地域沟通和发展不对称的情况下，如何帮助妇女、残障人等特殊群体利用自身人力、土地及其他有限生产资料与生活资源，创造就业或创业空间，实现自给自足和良性发展，成为当前非营利组织尤其民办社工机构无法回避的问题。在社会服务购买环境下，如果一味在“输血”环境下解决服务对象的问题和诉求，而不重视服务对象自我“造血”功能的恢复，那么一旦项目购买中止，对服务对象来说也许会重回困境。因此，对于社会服务来说，虽是社会领域发展议题，但与经济领域并没有天然的割裂，反而很多事项必须有赖于市场的思维、资源、组织机构的支持和帮助。

G省开展社会工作制度建设过程中，对市场和企业的关注，源自对口支援汶川地震灾区后的“映秀母亲”社工服务项目的实施。该项目是集哀伤辅导、心理支持、组织发育、生计建设等功能于一体，社工机构鼓励一群在地震中失去子女的“映秀母亲”重拾羌族刺绣的手工技艺，并联络相关企业支持，帮助她们在网络上开办自己的羌绣店，实现自食其力并重拾生活的自信。这其中离不开G省本土不少中小企业的支持和宣传发动。随后，在本省社会工作服务购买实践中，社区经济理念得到探索和推广。NPO1等一些从事城乡社区服务的社工机构开始将城市与乡村看作是一个整体的、互动的社区，通过与城市销售商、供应商及广告商的合作，组织农户以生态、环保、健康的原则提供安全的农副产品，搭建城乡合作和公平贸易的平台，促进生产者与消费者之间互利互惠互助。NPO3等机构从驻区企业入手，通过合作共建的方式，建立专为残障青少年提供就业训练与岗位报酬的“庇护工厂”。从这个方向上看，企业直接参与到社会服务和社会发展的具体环节和链条中来，与非营利组织等主体共同携手发展，可能比实施单纯的捐钱捐物等公益慈善行为，更能发挥作为市场主体的专长，更加彰显企业的社会责任和独特价值。

我们帮村民搞种植，没有企业参与是不可能的。我们学社工的，赚钱不是强项（笑）。你看吧，选种方面，种业公司最清楚，销售吧，有农产品公司……我们重在协调和沟通，把绿色环保的理念推下去。从成本角度看，我们的合作企业都很给力，有的不收费，有的按成本价收取，有时还免费给我们出人出力。（指着电脑屏幕）你看这个销售平台网站和广告推送吧，都是城里一家公司帮我们做的。真要按市场收钱，我估计会哭的（笑）。（访谈对象：WORKER2，20140805）

8.4 非营利组织与基金会的互动

在我国非营利组织体系中，基金会是重要组成部分，且与社会团体、民办非企业单位这两类非营利组织相比，具有明显的“财团法人”性质。基金会一边连接市场企业资助和社会善款捐助，一边连接社会服务项目参与和支持，是我国社会服务领域一支重要的发展力量。从角色履行的角度看，基金会更多地扮演的是“投资者”的角色，而非擅长直接的社会服务提供。在当今条件下，包括西方社会工作发展的经验都表明，基金会是除了政府投入以外最大的社会服务“投资者”。中央 18 部门的《关于加强社会工作专业人才队伍建设的意见》也提出，要“鼓励和支持有条件的企业和个人设立非公募基金会，引导社会资金投向社会工作服务领域”。

8.4.1 基金会加大对非营利组织资助

基金会作为从事公益事业的非营利组织，是联系各类社会主体、引导和整合社会资源的重要载体。我国基金会的发展始于改革开放之初，到 2004 年《基金会管理条例》颁布以后，特别是 2008 年汶川大地震后，基金会进入了一个崭新的发展阶段。近年来，全国基金会每年筹集的社会捐赠达到 400 亿元人民币左右，每年的公益支出达到 250 亿元人民币左右；

G 省的基金会增长速度也很快，在回应社会需求，提供非基本公共服务方面发挥了重要作用。SZ 等地的基金会已把自己比作社会服务领域的“风险投资人”，公益社会服务项目就是基金会提供社会服务的具体产品。当前，部分基金会尝试建立自己的筹款和资助体系，利用招投标等方式资助或委托 G 省基层非营利组织开展公益项目。尤其民办社工机构发展以来，基金会格外倾心与其合作。

虽然在提供社会服务的覆盖面及资金投放规模上，基金会的作用不能跟政府相比，但基金会的优势在于，能在一些具体的区域、微观的领域内提供更深入、细致和个性化的服务。G 省发展社会工作的过程中，注意引入全国基金会参与，注重本地基金会建设，逐步将基金会登记权限由省里延伸到地市，SZ 率先登记成立了壹基金基金会，并在光明新区等地探索推广“来之社区、用之社区”的社区基金会建设，着力将基金会资源投放到基层社会服务领域。而且，基金会在资助民办社工机构等非营利组织过程中，对受助机构的资助不限于资金投入，更注重受助人的能力培养和可持续发展。因此，基金会在提供资金的同时，通常还伴有辅导、启发、陪伴成长、评估、监督以及思想理念传播等“能力服务”。这些个性化、有深度的服务与政府提供的广覆盖、保基本的公共服务相辅相成，共同构建起全方位多层次的社会服务供给机制。

基金会作为公益慈善的主要筹资者，外部都认为非常强势、“有钱”。其实，基金会开展社会服务也存在劣势。一些大型基金会，找到合适的项目，需要有个落地的过程。如果没有地方政府的认可，没有一些 NGO 的具体配合，光有项目资源，是无法传递到困难群众手中的，甚至就根本进不了社区、落不了地。毕竟现代公益慈善事业，不仅是发发红包，要靠服务项目的设计，让服务对象自身得到可持续发展。从这个道理上讲，基金会与社工机构有着天然的合作渊源。（访谈对象：THIRD4，20140812）

8.4.2 非营利组织有选择性地与基金会合作

当前，随着政府购买机制的建立和公共财政资源的输入，非营利组织对基金会资助的态度也在悄然转变。对国内基金会的资助，开始强调基于共同的发展理念、服务范围进行合作。对境外基金会的资助，则从过去的主动申请变为审慎的态度。境外基金会资助曾是我国社会工作发展初期经费来源之一，对 G 省关注和投入更大。境外资金资助社会工作主要有三种形式：一是境外接受国内申请方项目申请，只提供资金，不参与项目运作；二是境外提供资金、项目方案，不提供人员，与国内机构合作开展项目；三是境外提供资金、方案、人员，同相关政府部门达成项目合作备忘以后，直接进行项目的管理与运作。这三类形式中，较为常见的就是与非营利组织合作的第二种。客观地看，境外基金会与非营利组织的合作，在推动中国社会工作及社会服务专业化的同时，也带来一些风险与影响。毗邻香港的 G 省在一定程度上已经成为境外不良势力进入内地扶持发展“代言人”的必经通道和首选地域，需要严阵以待。

G 省在推动社会工作服务购买过程中，不仅政府对境外资助持谨慎态度，非营利组织也开始自觉并理智地重新审视与基金会的合作。一方面，扩大与国内基金会的合作，继续争取具有国际合作背景的境外项目，多方筹集社会服务资源，避免仅靠政府养活的尴尬局面；另一方面，重新梳理与境外合作项目，趋利避害地申请境外项目经费，并与政府部门保持有效沟通。总的来说，随着社会服务购买制度的推行，以及境外非政府组织管理法律的制定出台，进一步提升了非营利组织利用基金会资助渠道的娴熟程度与合作尺度，挤压和消除了一些潜在风险，有利于社会治理环境的安定与和谐。

谁家的小孩子喜欢光喝洋奶粉、不喝妈妈的奶的啊。妈妈没奶的时候，没办法，才去找奶喝呀。妈妈有奶了，奶水越来越多了，当然都愿意找妈妈的奶喝了。而且，妈妈的奶，与洋奶粉相比，既健康，又安全，大家当然爱喝了。呵呵，我说的这意思，你懂的哟。（访谈对象：WORKER12，20140812）

8.5 非营利组织与组织成员的互动

由于资源构成及配置方式不同，非营利组织的内部成员关系，也与其他类型组织不同。公共部门基于职权法定，形成的是“权威关系”；企业组织则基于报酬，形成的是“交换关系”，而非营利组织的内部分工与领导关系构成，则强调共同的理念、情感或伦理，同时兼具“权威关系”“交换关系”存在（Kathleen McInnis - Dittrich，1999：38）。因此，以民间性、非营利性、自治性、志愿性、公益性为特征的非营利组织，其自身治理及能力建设是提供优质社会服务、实现自身长效发展的根本保证。当前，非营利组织通过购买服务平台，制度化参与社会服务还处于初期阶段，其自身发展水平尚不成熟，需充分利用承接购买服务的契机，进一步在“水中学游泳”，实现“助人”与“自助”的双重功效。

8.5.1 职业化建设与专业化建设的互动

社会工作的管理不是为了管理，而是为了“人”的增能，包括案主和工作者，其前提就是肯定人的重要性。对机构来说，员工的动机、士气及社群关系是一项重要课题。随着政府购买服务的推进，当前非营利组织尤其民办社工机构快速发展，相应的人员缺口越来越大，这使得组织成员尤其是社会工作人才的引进、培养和使用显得紧要与急迫。当前，G省的社会工作专业毕业生不再无人问津，而是供不应求。一些民办社工机构负责人担心的不再是能否承接到服务项目，而是承接后有没有合格的人做的问题。因此，参与政府购买服务的民办社工机构都把人才战略看得格外重要。在具体实践中，针对招聘难的问题，G省的民办社工机构尝试建立人才来源多元化机制：通过招聘应届社工毕业生、从事其他行业的社工毕业生回流、持社工职业水平证书的社区基层工作人才转换、与内地高校实行订单式联合培养、将其他相关专业人才快速培养成为社工人才等方式，“多条腿走路”吸纳人才。通过这些措施，G省高校社会工作毕业生的就业率非常高，一些名不见经传的院校社工专业开始名气远扬，带动了一些地市院校纷纷开设或扩大社会工作专业，进而带动了 G 省全省层面的专业化教育与职业化建设的良性循环。

这几年发展下来，省内院校的社工学生但凡想干社工，基本都能找到工作，有的还没有毕业就开始在社工机构干活了。现在人员缺口越来越倚重外省社工毕业生来填补。但是吧，人家外省来咱们这儿干社工，尤其男孩子，要考虑安家生活的成本和质量，毕竟社工收入目前还不吸引人。这也可以解释现在为什么一是本地的孩子，二是女孩子在社工机构工作越来越多的原因了。（访谈对象：PUB11，20140810）

我们机构在发展过程中，初步探索了一些本土化运作模式和经验，但随着机构的迅速扩张、服务的快速拓展，也面临了中期发展的“四道坎”。具体来说，就是如何打破多元化战略管理模式的瓶颈、解决好究竟是做大还是做强的问题；如何解除机构服务布局的限制、形成聚合效应；如何缓解机构人才发展的危机，避免一些社工流失；如何应对机构动力不足的局面，改变承接政府采购的单一来源。（访谈对象：LEADER6，20140816）

年轻社工毕业生入职社工机构后，能否适应，如何在最短时间内适应并发挥作用，如何持续发挥更大作用，这些职业化发展与专业化水平提升的问题，同样困扰着民办社工机构的发展。政府购买基础上的支付社工年薪做法，缺乏动态激励，加之重复性与机械性工作导致的成长停滞，开始让一些社工产生职业倦怠，人员流动或流失现象时有发生。对此，一些社工机构以体现专业人才价值为导向，建立健全多层次、全方位的激励机制及发展愿景，最大限度地发挥组织成员的能力与特长，增强社工的成就感与归属感。例如，建立薪酬差别机制，在基本工资基础上，实行弹性工资制；建立动态晋升机制，提拔有贡献、有能力的员工往更高岗位发展；设立特色奖项，实行精神激励与物质激励相结合，表彰工作业绩突出者，激发员工的积极性与创造性。

关于专业化、职业化建设这个问题，背后涉及人的流动或流失的问题。机构待遇不好，人员容易流失；机构待遇不错，本事大的人觉得自己上升空间有限，也容易流失。前两年机构社工流失率从百分之几一度上升到百分之十几，搞得我很冒火，功夫下得不小，咋还有人要走呢。后来一个办企业的朋友劝慰我，一个成熟的行当，人员流动率在20%行业警戒线以下都是正常的，没有流动，都一潭死水了，这个行当也就没啥前途了。我想想，是这个理，毕竟现在社工是全省全国大发展，人员自然也会大流动。去年我去内蒙古包头，居然在那儿看到我们以前一位社工回家建了社工所，搞得我蛮开心的。看来我这机构，还有点办“黄埔军校”的意思在里面嘛。（访谈对象：LEADER4，20140809）

此外，G省的民办社工机构十分重视社工的督导培训，而机构的社工也视之为一项福利。其做法包括：（1）NPO4等机构借助香港等地先进督导力量，结合本土文化和国情培训本土督导；（2）NPO6等机构实行督导团队制度，由多名经验丰富的专业督导结成团队，为社工进行督导和培训；（3）NPO3等机构建立阶梯式督导培训体系，使本土社工可以通过系统的学习及培训成长为优秀的本土督导；（4）NPO1等机构建立形式多样、内容全面的督导培训课程，采取组织内培训和外部培训相结合、个人督导与小组督导相结合、现场督导与非现场督导相结合等形式；（5）NPO2等机构整合与共享督导培训资源，建立组织间、高校与组织间的有效合作机制，共享优质督导培训资源，并建立畅通的督导培训反馈系统和成效评估系统。总的来说，激励制度与督导制度结合使用，促进了机构的职业化建设、专业化培育的良性循环，实现了组织与成员发展的同步性。

8.5.2 组织文化建设与社会主流价值观的互动

个体、组织与国家，其行为都受其价值观指引。我国社会工作在从西方引进的时候，有意识地仅引入技术和制度，屏蔽了基督教文明的价值体系。而且即使在社会工作伦理要求非常严格的美国，也坦承社会工作伦理因时因地而异、未曾停息，不是“刻在石头上”的（Frederic G，Reamer，

2005：189－190），不能墨守成规，需要适应政治、经济、文化、科技的新变化新要求。社会工作作为专业助人的工作，没有健全的价值观体系就无法安身立命，必须建立本土化的价值观体系来填补。

G 省十分重视非营利组织尤其民办社工机构的组织文化建设。例如，NPO1 等机构加强了社会工作者的道德价值和政治素质教育。NPO2 等机构重视日常教育，将机构社会工作理念融入服务群体，强调“助人自助”价值观在实践中的具体运用，辅导社工具体应对和处理社工服务过程中的价值观冲突。NPO4 等机构加强组织文化的构建，塑造组织特有的文化标示，形成针对组织成员的凝聚力，针对社会成员的吸引力。NPO6 等机构在强化机构使命建设和文化建设的同时，建立积极的质量哲学和管理哲学，逐渐培育和发展技术型和价值型相结合的复合型组织。NPO5 等机构还大力营造社会工作组织发展的自我组织氛围，促进社会工作人员使命感建设，发展本土社会工作文化，实现我国传统的社会福利思想与现代社会服务思想的有效结合。当前，G 省成规模的民办社工机构，较为普遍地建立了党支部、团支部等组织，重视核心价值体系的学习和践行。这些做法促进了机构及其成员的“知行合一”，提升了社会工作的品质和形象。

当前有些不了解社工或 NGO 的人，总把不大信任社工，当作是“反党反社会主义”、搞“对抗性竞争”似的。其实，社会工作讲以人为本、助人自助、包容、接纳，与现在提倡的“自由、平等、公正、法治，爱国、敬业、诚信、友善”等社会主义核心价值观是不谋而合的，只不过大家都埋头光做不说，没有很好总结成本土的价值观罢了。再说，我和机构不少人也是党员或团员，也有党支部，我还是书记。大家兢兢业业为困难群体服务，实际上就是在以行动践行党和团的宗旨，总不能扣“反党反社会主义”的帽子吧。有时候，对机构和员工的管理犹如是管孩子，整天说孩子不好，孩子能好得了吗；多说孩子好，手把手带着孩子玩，不好的孩子也会听话的；而且有玩头的话，也没时间和机会捣乱啊。关键还是事在人为，得多上心、多用心。（访谈对象：LEADER2，20140804）

8.6 本章小结与讨论

马克斯·韦伯的社会行动理论认为，存在两种基本社会关系，一种是“社区”关系，由个人间的情感形成，带有似情感型行动或传统行动为基础的情感；另一种是“社团”关系，无论是工具理性还是价值理性行为，都建立在理性基础上。它们都与韦伯所谓的“合法秩序”相关，呈现为从社会关系建起较大社会结构进行概念化的方式（乔纳森·特纳，2006：180）。从该角度看，政府购买社会服务的社会行动过程中，皆具社区型、社团型二重特征，并可统一为概念化、模块化的合法秩序表征。

8.6.1 社会服务多元主体“互容共进”格局的初显

对非营利组织来说，无疑是政府购买服务制度行为的受益方，这种受益不仅来自发展机遇和发展资源的增多，也来自于发展质量和发展地位的提升，即通过服务行为的提供，其服务提供的角色作用得到进一步增强。对服务对象来说，经过专业社会工作的增能和赋权，其社会适应、生存和发展的能力得到了加强，相应的其自服务的角色作用得到了进一步增强。对政府来说，其接纳和接触非营利组织的过程，也是其自身与时俱进不断学习和适应的过程，尤其“鲇鱼效应”的发端，有助于其公共管理和社会服务主体功能角色的进一步增强。对企业来说，在招标项目的竞争性关系之外，新增了与非营利组织合作共事的载体与机会，有助于更好履行社会责任、增强社会主体角色。对基金会等非营利组织及组织人员来说，政府购买服务行动和政社合作的参与，将他们推向了新的历史舞台，更能彰显其角色作用和价值使命。因此，“有组织集体之间的交易可能产生将它们联合起来的社会纽带，就像个体们之间的社会交换往往产生整合性纽带一样”（彼得·M. 布劳，2008：442）。政府购买服务的过程之后，是总体上呈现社会服务多方共赢的格局，是多方主体互相包容发展的过程。而且，对比购买服务推行之前的角色进退情况来看，这种包容发展的成效明显，当初角色作用上升的主体（非营利组织）更上一层楼，角色作用徘徊的政府、企业等主体进一步增强了自身角色能动性，而角色退化的服务对象及家庭也进行了一定程度的角色修正和弥补，较宽范围地增强了各主体角色的功能作用。因此，对这样的角色互动效果，可以用“互容共进”来概括，“容”讲的是主体之间包容式、而非对抗式发展；“进”讲的是通过角色互动，社会服务主体的角色作用都获得了不同程度的增进。

表 8－1　政府购买后的社会服务供给变化框架

服务主体	服务角色担当	服务资源传递	服务规范运营	总体评价
国家/公共部门	↑	↑	↑	↑
市场/企业	↑	↑	—	↑
社会/非营利组织	↑	↑	↑	↑
家庭等非正式部门	–	↑	–	↑
案主社会服务需求及满足程度	↑	↑	—	↑

8.6.2“互容共进”格局的常态化尚需引导和巩固

本研究基于 G 省社会工作案例研究，通过实地深度访谈与成效感知，得到“互容共进”的结论。这种结论与现象，不只是各方主体的自觉行为，实际上也存在一定应然约束。

（1）道德约束。本研究涉及的社会服务主体，无论是法人还是自然人，若置于道德高地，其动机是追求事业价值和公益属性，而非以公谋私、蝇营狗苟。若本身带着不良动机掺入，“寻租”“串谋”等逆反行为也将会发生。

（2）制度约束。发自内心从事社会服务、实现古道热肠，不代表只要遵循价值观、专业规则与手法，就可达到“好心办好事”的功效，尚需遵守法律法规和共同约定的规则，营造一个“按规矩办事”“合理取酬”的公道环境，才能保障社会服务的开展和各方权益的救济以及定分止争。因此，无论是对公权力的限制，还是对民间权益的保障，“互容共进”的格局必须有法律、政策和规则来保驾护航，否则难以形成良性格局。

（3）禀赋约束。社会服务及社会政策不是纯粹的公共支出安排，更不是经济发展的负担或束缚，而是解放、增强社会活力的必要因素。因此其格局构建与禀赋投入、经济运行等状况是紧密一体的。经济形势恶劣、财税亏空、政府赤字严重，社会服务更多是守成局面，难以创新性地往“互容共进”突破；反过来，“互容共进”局面的实现也能促成社会和谐局面和社会创造活力，促进经济发展与社会互动，形成良性循环。因此，在经济发展进入“新常态”时期，愈加需要注意禀赋要素向社会领域的投入和流动，做到“宏观政策要稳，微观政策要活，社会政策要托底”，促进良性格局构建与模式推广。

客观地看，民办社工机构仅是非营利组织体系比例不高的一类专业型服务组织，G省也是仅代表我国社会工作和服务水平较高的区域之一，G省社会工作服务领域通过政府购买服务，初显了“互容共进”的格局效果，并不意味着能够直接推导出在全国层面、在整个社会服务领域都已形成“互容共进”的实然格局。这种案例归纳和特点概括，是否具备科学性、完备性、可推广性，进而支撑政策设计和制度实施，是整个研究最关键的问题之一，也是接下来研究必须要解决的问题。

第9章　结论与讨论

前文以G省现实案例为基础的讨论，试图从社会服务供给格局中相关主体的角色关系和互动效果中提炼模式，探索规律。本研究认为，“委托代理－互容共进”模式是集合组织体系架构、责任体系划分、资源体系传输、治理体系完善的系统集中模式，是G省相关地市先行先试、改革创新凝练出的一套社会工作与社会服务实践模式，是为全国社会工作和社会服务事业发展提供的一套可借鉴的本土化实践模式，是我国现代化转型中社会服务供给制度改革和服务型治理格局构建的一次有益尝试和方向示范。

9.1“委托代理－互容共进”型社会服务模式的提出

前章基于对社会工作领域政府购买民办社工机构服务的案例分析，梳理并总结出政府购买的“委托代理”关系与多重角色的“互容共进”格局，下文试就模式的归纳、模式之间优劣等问题作一讨论。

9.1.1 基于G省的研究发现：“模式”创新的可能性变为现实可行性

本研究开宗明义，提出聚焦“模式”问题进行研究，隐含着研究假设：社会服务及其购买领域存在新“模式”产生与概括的可能性。主体叙述部分正是围绕这种可能性在展开，并逐个议题进行挖掘和发现。那么，这些研究发现是否构筑了“模式”的典型性与现实性？研究发现的“模式”，究竟是多个分散“模式”，还是一个可以共同概括的“模式”？这正是本研究追寻的终极问题。

——首先，对研究发现进行梳理。通过前述章节铺陈展现，可以看到G省的社会服务购买存在以下特征与规律：（1）发展背景方面，立足于推进现代社会福利事业发展、非营利组织体系建设的改革创新，实现了社会服务供给与非营利组织治理的路径耦合。（2）动力机制方面，社会服务是对现代化进程中工业化、城镇化、老龄化等问题及个体失能的及时应对，通过服务购买方式引入非营利组织参与，重在解决个体、家庭、公共部门及市场等服务主体供给不足的问题，避免福利服务供给格局的坍塌或失衡。（3）政策设计方面，依托专业化、职业化、本土化社会工作政策体系的建构，将购买民办社工机构的社会服务作为推动社会工作发展及社会服务供给的载体与抓手，形成了社会服务购买的制度化安排。（4）运行机制方面，重视“竞争性”“独立性”“公开公平公正”等原则的一以贯之，强调通过契约的方式，形成公共部门与非营利组织之间的委托代理关系。（5）互动效果方面，通过非营利组织的社会服务提供，实现了多个主体在多个环节上的互动与互信，增添了自身参与社会服务的动力与能力，达到了互容共进的治理效果。而这五方面的发现，是基于社会福利事业单位供给的传统社会服务模式所不具备的，也并非随意性地采取市场规则进行服务供给的个别行为，而是制度化、常态化，并在一定地域和领域较为普遍的系统性行为，因此具有“典型性”的集成，可以进行“模式”的归纳。

——其次，要回应G省的“模式”是一个，还是多个的问题。近年来，G省注重梳理本土社会工作服务经验，探索本土社会工作的理论化、系统化、可操作化，积极构建适应本地情况的社会工作制度体系；在制度建设基础上，关注发展模式的构建，珠三角地区的“SZ模式”“DG模式”“GZ模式”先后高调登场。这三种所谓的模式确实各有侧重，体现了各自社会工作实践发展的特点和规律。SZ市首开购买服务、创建民办社工机构的先河，侧重通过购买社工岗位进入嵌入式服务；DG市侧重进行系统性制度建构，首先建立政府购买社工服务的归口预算管理体制和机制，对民办社工机构实行统筹规划和精细化管理，引导民办社工服务机构有序健康发展；GZ 市则将社会工作与社区社会服务紧密捆绑起来，利用“家综”服务平台开展项目化服务购买，将社会工作服务覆盖到街道，走出了民办机构规模化发展的道路。

但是，这三种模式更有明显的共性特征。在手段上，它们都采取了制度化、民间化、政府购买服务的方式，引入民间力量和竞争手段，委托专业化社会服务机构提供社工服务；在成效上，都促进了服务对象需求的满足、个体能力的恢复、政府职能的转移、非营利组织的发展及企业社会责任的提升。而且本研究在导论部分就指出，模式是一种简约、类比的表达形式，是对研究对象主要要素的抽象概括，从而获得对研究对象更本质、更深刻、更准确的认识。因此，“模式”不等于现象本身，更不适宜随意以地域命名模式。严谨地说，“SZ 模式”“DG 模式”“GZ 模式”不是“模式”，而是进行“模式”概括与提炼的“原型”；基于 G 省 SZ、DG、GZ 等地的实践“原型”，可以共同抽象概括为同一个发展“模型”。

9.1.2 基于 G 省原型基础上的模式提炼

那么，G 省“原型”基础之上的“模式”该如何概括呢？文献述评部分，即已看到，除了以地域冠名外，现有理论概括大都从“竞争”与“合作”的角度，对社会服务购买的相关模式进行归纳和梳理。但实际上，竞争是一种现象、不是一种结果；购买服务不一定都是招投标竞争行为，也有单一来源采购、询价等非竞争性购买方式，这些方式都可归为“委托代理”性质。至于“合作”，则是一种状态、是一种手段，并不具有深层次的功能归属；而且矛盾客观存在，“合作”状态强调统一性，掩饰对立性，有失公允。因此，对模式的归纳与凝练尚需透过研究发现，进一步从整体上和本质上去把握事物存在的特征及运行规律。

针对前述五个研究发现，选择排除事物次要的、非本质的部分，抽出事物主要的、有特色的部分，可以发现“委托代理”“互容共进”最具典型意义，相对也是对 G 省的“原型”比较客观、深刻和本质的认识。换句话说，G 省社会服务购买领域形成了“委托代理 - 互容共进”的发展模式。而且，社会服务购买作为工具和手段，所取得的“模式”，是对社会服务供给与治理提供的贡献；相应地，“委托代理－互容共进”模式，是一种社会服务模式创新，而不是购买服务模式的单纯总结。其中，“委托代理”侧重引入现代国际通行的购买服务方式，建立政府与非营利组织契约化管理、竞争性参与基础上的委托代理关系，进一步用制度化的手法明确非营利组织和政府部门在社会服务供给过程中的权利、责任和义务，将社会服务（社会工作）由一项随机性社会活动上升为制度化的社会行动，提升了民办社工机构等非营利组织的功能地位。“互容共进”并不否定或回避多元主体之间的矛盾对立，但更强调“包容性”发展，侧重将多元主体参与的本土社会服务与社会治理兼顾起来，通过政府购买的制度化平台，将社会工作服务约束在管理之中，将社会管理和治理体现在社会服务之中，有效地促进社会服务和治理领域各方主体发挥潜能和作用，实现服务型治理的目标、功能与布局的统一。因此，“互容共进”追求的结果不仅仅是非营利组织与政府之间的合作共赢，也并非你退我进、此消彼长，而是国家、社会、市场、家庭、个体等多元主体的共同进步、互相促进。

“委托代理”具有工具属性，“互容共进”彰显治理功能。实事求是地看，在两者关系方面，“委托代理”的竞争型操作并非一定能达到“互容共进”的理想状态，而“互容共进”状态的实现也有多条操作路径。因此，两者并非理所当然地就可以成为对方的充分必要条件，只有“委托代理”与“互容共进”落在统一的话语平台、发展愿景及运作体系下，方能形成共同的逻辑起点、共同的任务目标及因果关系。这就涉及对前述五个研究发现的理论回应，即“委托代理－互容共进”模式作为现代性社会服务多元供给的产物，要求非营利组织等社会力量具备一定数量规模和专业实力，且以制度化建构为前提，以项目化运作、契约化管理、流程化控制为抓手，看重社会服务多元主体的角色定位与关系互动；只有这几方面的前提条件和工作机制都具备了，“委托代理”与“互容共进”才可能真正地嫁接在一起，形成一个归纳精练，但内涵丰富的理论模式。

进一步地看，政府购买服务与“委托代理——互容共进”模式也不是互为充分必要条件。当政府购买服务，尤其购买非营利组织的社会服务，符合或达到上述五个特征，方可构成真正意义上的“委托代理——互容共进”模式。而“委托代理——互容共进”模式的取得和形成，除了政府购买服务外，PPP合作、绩效支付（PDFS）、公益创投等方式的创新运用，同样可以在社会服务领域达到如此效果①。

至于“委托代理－互容共进”模式的终极目标，自然是促进社会工作发展和非营利组织建设之外的更高层次社会发展目标，这就涉及社会服务供给基础上的社会福祉提升、社会文明进步等时代使命的传承。而且，从发展格调看，“委托代理－互容共进”模式的出现符合“美美与共，天下大同”的社会发展新期待，具有开拓、开放、开明的新意。可以说，委托代理与互容共进的联手，实行了现代化视野下“西学为用”与本土化视野下“中学为体”的衔接，照顾到了“形而下”操作与“形而上”制度、理念的统筹，服务与治理功能的结合，做到了现实与预期的兼顾，进而构成了相对统一及严密的运行体系。

9.1.3 与西方“互容竞争”型社会服务模式的对话

通过政府购买方式提供社会服务的制度安排，发端于西方，成熟于西方。目前，社会工作及服务机构在西方社会服务领域发挥了重要作用，已进入国家法律认可的社会建制之中，但也铸就了一种高成本的专业社会工作发展模式。尤其最近一些年来，经济全球化对西方社会工作和社会服务发展带来了较大冲击，原有的社会工作运行体制及资源输送都产生了显著变化。在运行体制上，由之前的“纯福利”机制向“准市场”机制转型，以提高社会工作机构的运行效率。在经费来源上，政府不再完全担责，而是鼓励一定程度的收费服务和民间资助，引导相关非营利组织注重对“社会服务市场”的开发，弥补财政资金的不足；在政府经费投入方面，逐渐改变原有按机构规模和人员数量拨款的模式，而是形成“一笔过”模式，提升社工服务机构的发展活力和工作效能。这些举措形塑了国家与社会、政府机构与非营利组织之间的新型分工格局与合作关系。

---

① 例如，2013年6月，浙江宁波市举行了“百家民营企业——百家社会组织——百个公益项目”对接会，委托非营利组织提出公益服务的创意和项目预算，然后请民营企业认捐，亦起到了“委托代理－互容共进”的效果。

但是，西方国家的非营利组织自诩为独立于国家和市场的“第三部门”，从合法性角度，主张自由主义、多元主义，强调自身的独立性、代表性及社会责任属性，与政府的关系定位在既合作又竞争的状态。而且欧美文化崇尚“小政府、大社会”，社会公众对政府保持警惕态度，具有倾向利用非营利组织解决问题的习惯。因此，在西方政体下，当价值观和利益发生冲突时，非营利组织可以也敢于同政府及执政党发生对抗，近年来新尝试通过社会企业等方式，试图把政府甩在一边，建立一整套直接面向对象的资源筹措与供应的循环体系。经过半个世纪的探索、发展与纠葛，随着非营利组织体系的羽翼丰满，西方社会服务的当代模式可以用“委托代理－互容竞争”来概括。

尽管各国法律主张非营利组织的非政治性、非政党性，尽管西欧一些政府对购买非营利组织的服务作出政策调整和范围收缩，试图限制非营利组织扩大政治与社会影响力，但现实中不少非营利组织仍具有一定政治倾向及对抗性。而且，西方非营利组织受价值观念及宗教因素驱动，已渗透到从社区参与到政府决策各层面的国家治理。美国在国内对非营利组织采取“实用主义”的管理与合作，并未采取英国的政社合作COMPACT模式，有其深意所在。德国干脆依托宗教色彩明显的六大全国性志愿福利服务联合会实施服务购买，以妥协求平和。在2014年香港的社会政治风波中，也出现了令人警醒的情况。香港特区政府沿袭英国治理模式，多年来购买社工机构服务，侧重资源输出与契约管理，忽略联络、治理与契合，一些社工机构的异见人士站到了政府对立面，成为对抗性力量。在肯定西方政府购买服务模式对完善社会治理体系作用的同时，也应看到非营利组织与政府具有离散、冲突和对抗的可能，香港模式就是一个很好的例子。非营利组织监管体制设计与购买服务工具的使用尺度，实际上折射出政府、政党与社会的微妙关系，绝非宣扬的“公民社会”那么简单和美好。

较之西方的社会服务模式，“委托代理－互容共进”模式也是政府购买服务的制度化安排，重视市场化、民间化转变，造就政府与非营利组织（社工机构）的委托代理关系，实行契约化的管理和网络化的督导，但中西方社会服务供给主体在社会治理格局中的位置、掌控能力和相互关系有所差异。在西方，从古希腊、古罗马的城邦制开始，无论是神权与皇权的交替时期，还是民主与自由的宣扬时期，国家治理基本上都属松散化、小规模化及一定程度的自治化，国家政权、政党和政府缺乏举国动员的义务、机制和能力，民众及社会多少缺乏对国家的天然信任与依赖，多元混存与水平博弈是其自然态势，社会服务领域的多元治理与竞争也是应有之义。而在中国，华夏文明传承至今，基本属于“家国天下”的大一统体制，民众及社会对国家的遵从没有削弱，对权威的质疑难成主流，平和环境下的社会主体缺乏竞争意愿和抗争意识。目前的中国非营利组织，无论数量、质量还是社会影响力，远远没有达到能与政府部门、企业对等的“第三部门”位置，社会资本、社会力量对如何运用非营利组织的载体形式进行运营尚不娴熟，既无力也无心形成振臂一呼的独立地位和规模效应，尚需通过国家资源供给，搭建购买服务平台，解决生存和发展问题，继而发挥技术层面的专业作用和补缺职能。我国传统、国情及社会形态，决定了“互容竞争”的关系模式的非适用性；相较于西方社会服务提供与治理模式，“委托代理－互容共进”的模式显得更为贴切与适用。

如果进一步比较社会领域服务主体的现实构成，则更能看出中西方模式的差别来。西方习惯于“第一部门”“第二部门”“第三部门”的三分法，中国习惯于“体制内”“体制外”的二分法。因为西方政府大体都是“三权分立”的小政府，政权建构及政党建设并未延伸到社区，除了法定的公共管理职能部门外，没有中国特色的“事业单位”体系，也没有面向街道或社区的派驻机构；其要建立健全内容完整、功能庞大的社会服务网络体系，更多只能依靠非营利组织的壮大发展，但其对非营利组织的发展又缺乏科层官僚体制的控制力，形成了竞合与博弈的现实矛盾。而在中国，除了非营利组织提供社会服务外，还有一个更加庞大的事业单位体系、准行政化的城乡社区工作体系，还有诸如计划生育协会之类免于非营利组织登记的庞大官办社团组织体系，这些大口径意义上的非营利组织，其规模、实力、动员能力及与国家和政府的天然联系，是西方非营利组织体系所不能比拟的，甚至是无法同台竞技的。

9.1.4 与我国传统“计划指令”型社会服务模式的对话

计划经济时代，我国传统的社会服务模式是政府依托事业单位，面向“单位制”体系下对象分明的群体，进行指令性的任务安排。改革开放以来，我国社会服务供给方式进行了多元化探索，逐步强调体制外力量的作用发挥，但主体服务功能仍由体制内的事业单位来承担。即便依托社区机构等官办非营利组织进行服务，一般建立的也是“管家型”的行政吸纳社会的关系。

的确，目前我国社会工作领域仍在探索政府主导推动型、政府与民间合作型、市场化竞争型与外来植入型等多种发展方式；但实质仍然是政府委托体制内力量还是体制外力量、采取指令性安排还是竞争性选择的问题。传统的依托福利院、救助站等事业单位提供社会服务方式，很显然采取的是体制内指令性安排。而专业社会工作领域，江西万载模式通过引入专业社工嵌入体制内进行服务的方式，依然采取的是指令性安排方式，主要通过招录、转岗、合同制聘用等方式嵌入社会服务供给格局，社会工作者本身并不依托独立的社工机构。相比之下，我国传统的社会服务的“计划－指令”管理模式，与强调非营利组织独立性及社会服务竞争性的“委托代理－互容共进”模式有着明显的差别和差距，往往缺乏竞争的活力、透明的规则和长久的生命力。尤其到基层，如果依赖长官意志和主要领导的“英明神武”，通过行政手段“拉郎配”，短时间内可以做到社会服务模式创新的“政绩工程”，形成所谓的典型模式；但人为意志相对于市场规则，更容易人去政息、走不长远。

相较于指令型的社会服务与管理体制，G省的实践较好地体现了政府与非营利组织在合作框架下的多元主体互动，由“大政府、小社会”向“将社会还给社会”的“强政府、大社会”格局转变。政府与民办社工机构的关系，也逐渐由“主导和强力干预”向“合作与治理”转变，政府逐渐让渡出适合非营利组织履行的职能和责任空间，以促其获得自主发展。

但是，强调“委托代理－互容共进”这种现代服务供给模式的优越性，并不意味着否定传统“计划－指令”型社会服务模式的优势与生命力。这两种模式分别隐含着前置条件与发展契机，“委托代理－互容共进”模式更多是工业化、城市化、市场化、GDP 实力强、人员密集且流动速度快、社会服务需求体量大的社会文明进程下的产物，因此多被我国东部沿海、率先进入现代化的地区所青睐与采用；而“计划－指令”型社会服务模式则更多应对于传统社会形态，适合于我国当前发展速度较缓的中西部地区，尤其在传统的农业县及“空心化”乡镇的社会服务供给过程中，通过传统的事业单位与公共部门供给，基本上可以满足需求、实现福祉提升与社会和谐的功能。若形象地比方，可以进一步举第 3 章关于给盲人“放电影”的例子：在 G 省这样人口密集度高、盲人需求成规模、服务供给社会化程度高的地方，通过非营利组织来提供“放电影”服务，确实比通过文化馆“放电影”要灵活、专业，甚至省钱省事；但要是在新疆呢？一个区县地广人稀，为了零散几个盲人的福利供给，无论从外引进还是本地孵化非营利组织、无论是采购其“放电影”服务还是向其转移职能，远不如干脆利落地指令让文化馆下乡时捎带把“放电影”的事情做了。因此，探讨模式的优越性必须立足于具体情境，尤其在传统与现代性交织的中国社会，更需注意。

另外，“委托代理－互容共进”与“计划－指令”模式还有制度安排上的弹性差异。“计划－指令”模式严格意义上是法定职能的服务提供，多从事科层制下的“规定动作”，一旦设定，往往就“尾大不掉”，服务内容和标准只能升不能降。而制度实施的刚性及普遍性、均等性，决定了无论天南海北，符合法定条件的有需求个体都可申请获取相关公共部门或事业单位的服务提供，无论当地政府部门情不情愿、有没有条件和能力，往往都需依指令行事；若未尽职履职，则易引发争议及被诉公堂的风险。例如，前些年，国家和地方通过“红头文件”的制度化方式指令相关优抚保障措施落实，但各地之间落实标准、速度、广度、效度不一，造成“计划－指令”模式难以贯通全域、“一碗水端平”，出现了不少群体性上访事件。而从 G 省情况来看，“委托代理－互容共进”模式下的服务提供，既有“规定动作”，也有“自选动作”；既有国家法定，也有地方试行；既可边说边做，也可光做不说。因为，购买服务政策虽是制度化的，但服务科目、项目与标准的设置可以是动态的，具有制度弹性及地域灵活性，并不见得非要“红头文件”下来、搞四海皆同。这种制度弹性，决定了“委托代理－互容共进”模式具有“船小好调头”的优势：地方今年财政收支状况好，可以多搞一些社会服务购买；来年财力有限或下滑，可以少搞一些；因是向非营利组织第三方提供资金支持与服务项目指引，政府不直接与服务对象发生关联，这种调整方式受影响大的是非营利组织，服务对象的不满及社会的反弹与争议反而会少些，而这正是地方政府治理所需要的一种方法与技巧。

9.1.5 对社会服务模式所涉及的“国家－社会”关系的剖析

从政治治理和社会治理来看，政府购买非营利组织服务，实际上是国家行动体系与社会行动体系的融合。这两套行动体系的权力来源各不相同，国家权力来自于科层体系的强制权威，而社会权力则来自于社会契约与协商认同。对政府购买非营利组织服务的模式探讨，必然涉及“国家－社会”的关系问题，以及如何建构起浑然一体的秩序体系问题。客观地看，西方以“社会契约”规范各集团的利益争夺而立国，中华以“治家之道”视民如子而立国。当前理论界在西方学术话语浸透下，对“国家－社会”关系的讨论往往把双方默认为对等的主体，据此探讨角色的定位回归、权重的大小强弱、关系的互容排斥。实际上，在东方中华文明圈的社会空间内，我们面对“强国家－弱社会”的历史沉淀，理应追求“强国家－大社会”的政社关系，而非生搬硬套。

中国政府在社会领域的责任回归，首先是执政党及国家意志的体现；而政府在社会领域的简政放权、政社分离、政社合作及多元治理理念宣扬，并不意味着执政党地位下降，与其他主体平齐对等。从当前政策导向看，社会治理的理想格局是“一元垂直领导下的多元水平治理”。在中国国情下谈社会领域的伙伴关系与多元治理，主要谈政府职能部门与社会的关系，并不触及到非营利组织与执政党的分权与互动，与西方语境下国家与社会的关系截然不同。

国家治理的一个要义就是，尽可能地通过价值观认同或改造、利益输送与权益保障、机会提供与平台搭建等温和方式，将各类精英群体吸收或附着在治理体系之中，尽可能地减少对立面。自古至今，国家治理最为提防的就是失意的精英群体（以小知识分子群体为主要代表）与贫困农民及产业工人等困难群体走到一起、抱成一团。如今，活动在基层的非营利组织，其主要成员不少是精英群体或准精英的背景，他们有专业技巧、志愿精神、价值理念和独立判断，容易通过服务提供及案主交流，成为群众领袖、意见领袖、社区精英，形成精英群体和困难群体的对话与共谋。如果这种对话与共谋脱离于治理体制的操控范围，秉持了专业性、独立性、政策倡导性，丢掉了忠贞性、平和性与政治可靠性，对于国家治理来说风险巨大，对于靠群众路线起家、深耕基层的执政党来说更是现实挑战。那么，最明智且能收缩自如的选择，无疑是在打破“官民”二重封闭结构基础上，发挥购买服务等社会政策的“导流渠”作用，吸纳新的社会精英群体，主动渗透到他们之中去，不求相同、但求相知，不求所有、但求所用；而且，非营利组织的领导人，有着官方（或党的体系内、统战队伍、合作团队里）的身份或者企业家等多重角色和交叉身份，远比专业专职社工这样单一、独立的职业身份更加可靠。可以说，购买服务及非营利组织建设，不仅是新时期的治理之道，也是新时期的统战策略之一。

传统只能回味，不能回去；现代只能迎接，不能回拒。由于转型期的中国社会同时兼具传统、现代、后现代多种结构特征（李友梅，2003：62－67），政府治理模式与社会发展特征间仍存在张力（周雪光，2013：11－17）。同时，以牺牲社会活力和社会自主性为代价的“强国家－弱社会”治理模式已渐入死胡同，其所依赖的制度条件随着改革开放的深化而逐渐消失，以相对封闭条件下居住人口管理与服务为基础的“技术治理”和单一目标的项目化、碎片化运作已有“老牛拉慢车”之虞。而且，对社会的稳定问题既不能掉以轻心，但也不能形成和强化“不稳定幻象”。因此，执政党以购买服务的方式创新，配之以“支部建在连上”的党建、“走群众路线”的统战与协商工作，以资源输出和价值观输入两种方式，强化非营利组织对社会的珍重、对民众的情感、对政府及执政党的认同，形成全方位、现代意义上的互容共进格局，有助于执政党开诚布公地接纳和指导其下一水平层面的多元主体互容共进，提升国家整体治理水平和执政能力。正因如此，党的施政纲领中明确提出推行政府购买服务，支持让专业的人做专业的事，尽量避免“外行领导内行”；但是购买服务政策的施行隐含着潜在条件，即非营利组织等社会主体的参与，是有利于互容共进格局的形成及巩固党的执政，而不是形成非营利组织“一家独大”、干扰和冲击正常的水平治理格局，进而形成对上的冲击和挑战。

对于当代中国社会而言，一个至关重要的问题是：如何在现代个体主义价值观念不断萌生、传统社会依赖纽带日趋弱化的背景下，重新塑造新型社会团结机制。从人类社会历史实践和国际经验的角度来看，这个问题如果缺乏有效的应对，往往会危及一个社会的和谐稳定发展。尤其随着新生一代的崛起、网络社会的兴起，这个问题显得更加严肃和重要。当前，改革开放以后出生的 80 后、90 后已经走上了经济社会发展的主战场，00 后一代也正在崛起，他们生活在“西潮东进”、自由开放、崇尚个性、“吐槽”文化、“互联网”技术依赖与网络生活习惯的环境，没有“体制内”“体制外”的身份划定与约束，他们对个体作用的发挥、对内心“善”的追求、对网络线上线下活动的自发参与，已非传统说教或“集体”活动、“党团”组织所能覆盖。在互联网时代，照本宣科的东西方传统官方意识形态体系逐渐丧失吸引力，民主、自由、法治、阶级斗争等抽象概念在课堂上成为新一代大学生们的催眠曲，权力层与年轻人的沟通出现了思想、语言和方法障碍。相应地，新时期的结社冲动、机制与方式，尤其从事直接社会服务的非营利组织发展，有别先前，在朝着更加多元化、公益化、年轻化的方向发展；而一个国家要把握住长治久安的命脉，必须在年青一代的治理、结社及作用发挥上多加用心，大意不得。

在中国的文化体系中，社会组织强调“互赖”关系，而非欧美以个体为中心的“自赖”文化取向（林万亿，2006：211 -212）。相应地，在中国的“国家 - 社会”框架体系中，党和政府对非营利组织的期盼和要求，不仅在于“专”，更青睐于“红”，希冀“你中有我、我中有你”，抵触甚至反对西式的社会与国家“泾渭分明”、非营利组织精英群体的“特立独行”。中国的国家治理，尤其社会治理，更多追求的是一种内核凝聚、外围“混沌”的“云”状态，讲究非对抗前提下的包容与和谐，兼顾速度、力度、效度与凝聚度，吸纳、减少或者灭绝游离四散的“乌云”“乱云”，一步步地推动着社会稳健向一个大方向走，不断实现“祥云”的有序扩张与主动吸附，聚集形成体量更大、氛围祥和、润泽更广的共同体，这便是社会领域多元主体“互容共进”的意蕴所在。所以，在中国，面临现代化及全球化的新形势、新规律、新挑战、新问题、新力量，购买非营利组织服务，不仅是建立委托代理的契约关系与伙伴关系，更重要的是对新社会力量、新社会精英的正视、尊重、接纳与培育，把离散的自由职业者嵌入非营利组织的“网”构之中，把年轻的新生代“溶”进一元化的正统治理体系之中，这是中国社会治理与西方社会治理的本质区别。形象地说，就是要通过购买服务等“液态”政策，润泽和填平坑坑洼洼、相对固化的中国社会结构，形成具有弹性和内生动力的“凝聚态”，促进科层化治理、刚性治理向扁平化治理、柔性治理转变。

在“国家－社会”总体架构下的“云”凝聚态，随着政府的简政放权，进一步让渡与拓宽了社会参与的空间。这种让渡与拓宽，往往表现为社会服务购买、社会工作传输、志愿服务支持、城乡和谐社区建设、非营利组织建设等联动手段的展开，通过温馨服务及“善”的唤醒，不仅使得非营利组织，更使得服务对象及家庭、社区由“输血”向“造血”的“助人自助”功能转变，由被动接受服务向主动自我教育、自我管理、自我服务转变。因此，在国家治理体系法治刚性与人文关怀的统一结构下，当下乃至今后所做的是从“政府”的手中，而非“国家”的手中，将“社会”还给“社会”。只有社会的自组织、自我服务、团结功能完善和发达了，多元供给的主脉通道、民间纾难解困的毛细血管都通畅了，群众的烦心事方能更低成本地舒心解决，居民的家门才敢大方地向邻居敞开，年轻人及孩子们才能真正体会人间温暖及来之不易，社会和谐的“凝聚态”“弹性体”才能更好地以较小的社会成本、较大的人口红利，朝着更加美好的方向跃进。但愿，社会服务购买能如一剂“药引”。

当然，矛盾具有对立统一性。在中国的制度实践中，通过委托代理的购买服务及“母爱式”的关照，并非都会形成互容共进格局，也会有竞争型、对抗性问题出现。在这方面，执政党比政府更敏感，也更不含糊。在中国国情下，委托代理－互容共进的社会服务供给模式，具有温和性、合作性、建设性与稳妥性，可以挤压逆向非营利组织的竞标机会、发声平台和争夺民心空间，起到“为我所用”甚至是“以革命的两手对付反革命的两手”的治理效果。因此，非营利组织通过社会服务购买，建立起与国家的委托代理－互容共进关系模式，发挥出对共同体的修复、融合、激发等建设性作用，远比参与维权、公民结社、政策倡导、意识形态激变等自组织活动更具有“正能量”、可包容度与进步空间。在这个问题上，当有正反两面清醒而自信的认识。只要政策到位、方法到位、投入到位、情感到位，社会治理与服务领域不会翻起什么浪。当下，在促进社会福祉的共同逻辑起点和致力社会进步的共同任务目标下，高举社会服务而非治理的旗帜，驻足于社会服务层面，却步于社会政策倡议与公民社会权利宣扬，有序有效发挥贡献与作用，坚持“把好事做好”，获取国家机器的包容度，增添基层群众的获得感，对于非营利组织来说无疑是理性选择、最优选择，而这也正是中国发展现阶段与整体社会进程所决定与欢迎的。

进一步分析“国家—社会”关系下的政府购买非营利组织社会服务的社会治理风险溯源，也许当下舆论环境更多关乎政治治理方面的“异己分子”问题，视之“洪水猛兽”。但一方面，经济治理方面转移来的风险，在基层购买服务的实践操作中，也应同等重视，甚至要更加防备。因为随着中国特色市场经济体制的确立与完善，“国家—市场”关系得以端正，市场经济的规划意识和法治建设得以健全，相应地当下在市场经济领域“兴风作浪”“招摇撞骗”空间越来越少，犯错成本越来越高，而社会领域尤其公益服务领域，仍处于粗放型状态，使得市场领域的“坏人”“地头蛇”“幕后操纵人”“影子股东”掉头转向政府购买服务等社会治理新生领域中上下其手。从这个角度看，“国家—社会”关系与“国家—市场”“市场—社会”关系互容共进也很重要。

最后还需指出的是，不能为标榜或推崇某种社会治理与服务模式，用“一刀切”的方式来总体性地概括和讨论国家与社会间关系。比如，在人口的精细化管理与服务方面，政府负责主要体现为“把关人”和“托底者”的角色，政府通过社会政策安排社会力量在此领域发挥重要作用；但在风险治理领域，政府负责就表现为全权主导式的动员与资源整合。当一种更具包容力、容纳多种治理结构的新型治理格局成型时，当代中国的国家治理能力也将会迈向新的台阶。从这个角度看，中国治理模式呈现总体的“互容共进”，将是国之所幸。

9.1.6 对福利多元主义理论范式的一点思考

“委托代理－互容共进”的社会服务模式研究结果，来自于福利多元主义的分析框架和理论范式。在对研究结论进行发散思考之时，有必要对理论范式进行必要的回应。传统的福利多元主义有两条研究路径，一条是横向路径，观察社会服务资源与职能如何从政府传递到社会、市场、非正式部门等平行主体上，更多体现的是由原点向四周辐射；另一条是纵向路径，观察社会服务资源与职能如何从中央政府传递到地方政府，更多地体现的是由上到下。而本研究基于地方层面的社会服务多元传递，则是由下到上的“模式”归纳与比较，进而上升到“国家－社会”层面的观察与思考。那么福利多元主义研究范式是否具备一条由下到上、由服务传递功能向服务治理功能上升的研究路径？如果具备这种可能的话，是否拓宽了福利多元主义理论运用的空间象限，进而使其从单纯的社会福利、社会政策分析工具跃升为更宽层面的社会科学研究范式呢？从该角度看，本研究似未穷尽，且在此记录在案。

9.2“委托代理－互容共进”型社会服务模式的现实推广建议

对“模式”总结归纳的目的，除了理论创新，更重要的是指导实践。当前，推广“委托代理－互容共进”型社会服务模式有利于优化我国社会服务供给与治理格局，可在理念更新、战略规划、政策创制和操作措施等方面多下功夫。

9.2.1 关于模式推广的可行性与必要性

可推广性是“模式”的基本特征，也是归纳和总结“模式”的根本目的。基于G省经验基础上的“委托代理－互容共进”型社会服务模式，其生机与活力取决于该模式能在多宽多广范围内推广。由于G省经济发达、财力雄厚，而全国绝大多数省市还不能与之媲美，因此其社会服务购买模式可否进行推广，面临着客观的质疑，需要予以澄清。

——基于G省案例的模式总结，不代表仅是G省的经验总结。模式来自于对实践经验的总结，但经过提炼共性、抽离细节的加工处理后，超脱于原来的实践域。实际上，近些年来，北京、上海、天津、成都、重庆、青岛、济南等地纷纷采取竞争性服务购买、非营利组织培育、简政放权、“三社联动”等做法，也取得了“委托代理－互容共进”的格局与效果。因此，“委托代理－互容共进”模式如何跨出G省范畴、走向其他地方的命题，本身是个伪命题。

——“委托代理－互容共进”模式的制胜之处在于理念和制度，而非财力基础。本研究的相关数据已经显示，社会服务购买资金，乃至是整个社会服务领域的资金，在地方经济社会发展的预算盘子中，所占分量不大，甚至是微乎其微，往往一地一域的一项公路建设项目资金投入，就超过了数十万、数百万群众社会服务投入。G省能够形成“委托代理－互容共进”模式，关键是理念和制度创新上“敢为天下先”，而其实践成效更能证明，决策者的思想认识到位、制度设计到位之后，资金投入的到位是顺理成章、水到渠成之事。因此，推广“委托代理－互容共进”的社会服务与治理模式，首先不是有没有钱的问题，而是有没有“心”的问题。

——形势在倒逼着“委托代理－互容共进”模式多行多试。诚如前文述及，“委托代理－互容共进”模式是现代化发展格局下工业化、城市化、老龄化等问题催生的产物，是服务多元供给中其他相关主体角色退化的理性选择，甚至是“无奈”之举。G省等地因率先进入现代化，面临的现代化问题和挑战，自然比其他地域来得早、来得多、来得猛，因此才有社会服务与治理模式的推陈出新。而现代化的议题与使命，并非 G 省独有，其他地域亦在面对，只是时间早与晚、程度高与低的区别。因此，在“四个全面”的现代化发展轨迹与蓝图设计之下，其他地域借鉴 G 省经验，践行“委托代理 - 互容共进”模式也是大势所趋。

9.2.2 关于理念更新的建议

G 省的经验启示我们：理念是行动的先导。推广“委托代理 - 互容共进”型社会服务模式，当走出传统思想误区，吸收引进现代治理思想，进一步坚持和发扬中国特色的道路自信、理论自信与制度自信。

——进一步走出社会治理领域的思想误区。改革没有回头路。当前，社会治理领域的改革是继市场治理领域改革之后的新一轮改革，涉及理念与思维的碰撞和争鸣，尤其在发展非营利组织、社会工作、推行政府购买服务等方面，有人认为这是西方资本主义鼓吹“公民社会”的一套做法，应予以抵触或限制使用。但实际上，对治理工具持“怀疑论”，大可不必。30 多年前，我们实行改革开放、引入市场经济，就市场经济“姓社姓资”的问题也曾有所争论，但最终随着实践发展而烟消云散。既然我们拥有制度自信、理论自信和道路自信，就更应大气磅礴地吸纳四海经验和国际做法，更好地为我所用。尤其在社会服务领域，引入购买手段和竞争规则，并不意味着“市场化”或向“公民社会”靠拢。而且还应看到，近现代中国的改革实践，往往自觉不自觉地坚持“大破大立”“只争朝夕”，希冀用较短的时间去圆心中的“梦”。但是，一味图快，以致“忘记出发的目的”，以致万里之外异邦提醒“停下来、等一等灵魂”，不得不防。中华民族有数千年传承，但前人曾用较短时间、“暴风骤雨”般地改造了传统社会；在重返全球现代化轨道后，又重新面临对新社会“否定之否定”的改造，不能再犯过去的“盲动症”教训，何况社会的修复与重建本身就需代际之间的传承和时间的涤荡。因此，推行社会服务（社会工作）购买，需要开明、睿智、坦荡与稳健改革，不宜急功近利、慌不择路，不可期待“一日看尽长安花”，且待“润物细无声”，“功成不必在我”。

——坚持“中学为体，西学为用”。诚然，中国在追赶世界现代化过程中，或多或少地在以欧美为对照，但是中国文明的内核、“家文化”的传承、中国人的精神世界并非通过伤筋动骨的改革，就可以全盘“西化”，或者所谓的“现代化”“国际化”的。这就要求我们吸收引进西方制度和国际经验的时候，更多地侧重“形而下”的方法与技术吸收，有意识地剥离“形而上”的意识形态渗透，自觉地将全球现代性与中国传统性结合好，打造成为具有中国气质的治理体系与模式。

——改造与健全中国社会工作的价值体系，将其纳入执政党的理论体系。西方的社会工作具有明显的基督教价值体系的浸染，西方的社会服务体系根植于其政治和文化制度体系之中。中国社会工作在本土化过程中，存在着对西方价值体系的取舍问题。当前，与其羞羞答答地进行本土价值观改造、生怕拿到国际上让人笑话、觉得变味儿，还不如开诚布公、大张旗鼓地建立中国社会工作的价值伦理体系。在理论储备成熟时，宜将社会工作的经验、思想及力量纳入新时期党的思想政治工作体系、群众路线之中，将本源服务资本主义的理论转化进入社会主义执政党理论体系，增强社会意识形态领域的话语主动权。

——追求“美美与共、天下大同”的社会和谐与社会文明。中国自古以来具有“君子和而不同”的治理思想，全面构建和谐社会的国家战略更是对“美人之美、各美其美、美美与共、天下大同”的认可与期许。无论开展非营利组织建设与管理，还是推行社会工作服务及其购买，都应有“和而不同”的胸怀、“美美与共”的追求，而非绝对理性地建成高度同质化的单向度社会。尤其在购买社会服务、推行社会工作过程中，应尽可能地将案主及家庭、社区对“真善美”追求的热情和潜能调动起来，实现整体社会由“他助”向“自助”转变。

——中西医结合，治未病。形象地看，社会工作、社会服务是为社会个体、社会肌体“看病”的。当下中国，“社会病”属于传统问题与现代问题的混合发作，必须突破维稳逻辑的社会安全机制，走“中西医结合”的综合视角与预防道路；对于社会问题的预防和诊断，注意“风起于青萍之末”。现代信息社会、开放社会，困难个体的维权意识及抗争意识增强，问题若不积极消弭于萌芽，极具“小事拖大、大事拖炸”的破坏力，必须加大政府购买服务力度，尤其是购买专业社会工作的力度，提高社会服务的主动性、日常性、针对性与覆盖面。当前，在全面依法治国和简政放权的时代背景下，公共部门服务与非营利组织服务更应把握好“刚柔相济”，即公共部门承担法定、刚性、无区别的服务，不要随随便便“法外开恩”做善事；而应将个性化、柔性化、带有苗头性、未来方向性及一定风险性的服务，通过服务购买等方式，委托非营利组织来具体实施，由其进行“滴灌”，使得消弭个别问题的同时，不引起公众攀比。

——发挥联动作用和创新机制。虽然现代科学研究及制度设计讲究分科治学、分门别类，但是日常生活的场域是系统紧密而非零碎分割的，社会问题与社会矛盾往往多维交织，并非线性延展，因此必须坚持系统论和联系的观点。首先，注重社会与经济的联动，通过服务购买等方式，运用经济领域的思维、手法和资源服务与支撑社会发展的同时，挖掘社会领域供给侧的潜力与人口红利，推动混合福利与混合经济更好地融合。其次，注重现实社会与虚拟社会的联动，“互联网+”思维涌入社会服务领域，势必对传统社会服务、社会治理方式产生颠覆性冲击，有必要主动接受和应对虚拟社会治理的新问题和新模式，促进线上与线下的融合，推动互联网、物联网时代的“熟人社会”重构。最后，注重社区、社会组织（非营利组织）、社会工作的“三社联动”，以服务购买为契合，落在提升社会服务与治理水平的共同使命宗旨和发展平台上，推动社会力量与专业资源下沉到基层服务与治理领域，推动以服务对象为中心的“一站式”“一门式”服务开展，发挥各类社会力量、社会资源和社会政策的最大合力。

最后，需要指出的是，“委托代理—互容共进”社会服务模式的取得，需要政府购买服务等上述多种联动手段的运用。政府购买非营利组织的服务，并不意味着政府或非营利组织不可以再采用其他手段来筹集和配置服务资源、服务资金。相反，这是值得提倡的。一个非营利组织，百分百依靠政府购买服务，是没有长久光明前途的。

9.2.3 关于战略规划的建议

G省的实践最关键是形成了制度化，而制度实践最忌讳“放烟花”、造“政绩工程”“孤岛效应”；也反对刻意拔高，吊人胃口，形成“尾大不掉”。“委托代理-互容共进”社会服务模式的推广，宜从战略布局和体系规划角度，科学把握定位，稳健前行。

——创建与教育、医疗等社会事业相平行的社会工作服务体系。立足“十三五”规划制订与实施，争取建构面向困难群体、独立运行的基本社会服务体系，与教育、卫生医疗、住房、社会保障等公共服务体系平行。为保证和增强其公共性、公益性及专业性，宜明确将社会工作纳入基本社会服务的主体范畴。为更好地方便社会识别，甚至可旗帜鲜明地将基本社会服务改称为社会工作服务，丰富社会工作的外延与内涵，将传统的、行政的、半行政的社会工作吸纳进来。在制度上梳理、归拢和健全基本社会服务的部门职能，设立社会工作职能机构，加强基本社会服务运作及资质的内部协调和外部指导。只有国家机器具有了社会服务及专业社会工作的理念和职责，才能督导基本社会服务的生产者提供合格的个性化、综合式的“服务”，而非单纯的标准化、科层式“管理”。

——优先建设社会服务类非营利组织体系。民办非企业单位是我国非营利组织中专事社会类服务的组织体系。当前我国民办非企业单位制度改革处于进退维谷状态。民办非企业单位的发展，若仍重在支撑民办教育、民办医疗等非社会服务产业，将在市场一体化的经济转型中丧失自身优势和价码；而随着国家鼓励社会力量参与养老助残等社会服务事业，公建民营、国有民营、民办公助、事业单位转制都需合适的载体与身份，加之产生结构调整，社会资本闻声而动，倒逼民办非企业单位的制度改革必须挑起社会服务的大梁。其中一个重要突破口就是做大做强民办社工服务机构，丰富民政等部门的可调配资源，增强登记机关对民办非企业单位的掌控能力[①]。当然，坚持社工“人”合性而非“资”合性的民办社工机构，专业化、精细化色彩较浓，非社工方面的人才和服务资源配给不足，影响其朝量化规模发展。前述章节，梳理G省相关地市民办社工机构、民办非企业单位的同步发展数据，可看到专业社工机构在民办非企业单位体系中比例很低。实际上，西方国家和香港地区的专门社工机构集中于精神康复社会工作临床治疗，直接提供社会服务的机构很少专门称为社会工作事务所、社会工作服务中心。建议将民办社会工作机构外延扩大为民办社会服务机构，与民办教育机构、医疗机构平行，单独构成一类。社会服务机构须具有助人自助宗旨及专业力量配备，但并非只开展“量贩式”“巡诊式”“专科式”人力输出，也提倡“家综类”运营、“院舍式”建设、“坐诊式”服务、“全科式”办理，把民办社会服务机构打造成我国社会服务的主力。

——将社会服务购买纳入社会治理体制和公共财政供给体系。政府购买社会服务受社会治理体制和公共财政预算制约。政府与非营利组织之间既不能错位，也不能越位、缺位。一方面，要撇清关系。宜开放空间、让渡空间，该由社会承担的职责转给非营利组织；按照政社分开、管办分离原则，引导和规范各类非营利组织在职能、机构、人员、财务等方面与党政部门、企事业单位脱钩，切实解决党政领导干部在非营利组织兼职问题，推动非营利组织真正成为独立的法人主体。另一方面，要拉近关系。政府应建立与非营利组织对话机制，开放空间但不开天窗，让渡空间但不让阵地，加强与非营利组织的信息、资源、项目与人员沟通，建立非营利组织参与社区服务与治理的备案和统计制度，织密基层社会治理的网格；引导非营利组织参与地方治理和社会服务，加强“三社联动”及“社工带义工”，提供参与政协、人大的机会，以合作、协商、党团活动等方式构建政社合作的社会服务网络及监管体系，不“一买了之”。在此基础上，加强党和政府对非营利组织的领导，加强社会主义核心价值观体系与社会

① 民政在非营利组织管理方面的职能，既是归口登记部门，也是社会服务等业务领域的主管部门。开展非营利组织建设，民政部门不能有部门本位思想，但也不能懈怠本业务领域非营利组织的建设。社会服务类组织如果达不到20%份额，将是比较遗憾与可惜的。

服务机构价值体系的融合，真正把各类非营利组织纳入党委和政府主导的社会服务体系，把非营利组织发展成党和政府可以放心、依靠与使用的力量。

西方政府购买服务，涉及中央财政资源向地方财政资源的转移和下沉；当前，我国社会服务购买尚未建立转移支付制度。根据G省经验，宜建立公共财政支出的“千分之一”量化目标，即公共财政用于购买社会服务的资金规模达到年度预算支出总盘子的1‰比例。近些年，民政领域社会服务资金支出保持在财政预算3%水平线，民政部门可将分散在各业务口上的个性化社会服务整合为一个项目包，申请新的财政预算科目用于购买服务。按1‰比例测算，全国约为150亿元（不到2013年民政系统事业单位举办经费的2/3），约占民政经费的1/30，并不显山露水，且是多级申请，易于争取和接受。只有达到如此资金规模，社会服务购买才能真正实现常态化与实效化，社工岗位、社工机构、非营利组织总量及平均拥有量等发展指标方有保障。并且，基于地区财力差异，为避免“马太效应”“孤岛效应”，可仿照社会救助资金拨付方式，加大体现国家责任、中央财权的社会服务项目经费的转移支付，优先向中西部地区和贫困区县倾斜，主动把公共财力用在最需关爱的弱者身上，把最易出现风险的“洼地”找齐、把最易被常人遗忘而抗争性力量盯住不放的“漏洞”填平。另外，宜进一步优化彩票公益金的使用方向，由过去基于申报制的福利类事业单位硬件建设投入，向开放式、竞争型的社会福利服务购买投入转变。

9.2.4 关于政策创制的建议

中国是执政党中央及中央政府集权的国家，各地服从中央的权威。在更广地域更深领域推广“委托代理-互容共进”模式，必须靠政策去部署和落实。因此，建议从国家和政府的角度，加快与社会服务相配套的制度或政策改革。

——改革非营利组织登记和管理制度。探索建立社会服务机构直接登记制度，发挥民政部门作为业务主管部门和登记主管部门的“双主管”部门的作用。明确新增社会服务业务可由社会力量承办的，原则上不新设事业单位，鼓励和引导社会各界兴办社会服务类非营利组织；借鉴高新技术企业孵化制度，在区县及以上行政区域层面，建立非营利组织的孵化器、孵化园。依托街道与社区，实施社区社会组织备案制度。推进简政放权，宜将微观层面的事务性服务职能、社区公共服务职能、社会慈善和社会公益等职能转移给非营利组织。建议国家层面研究制定转移社会服务职能的指导意见和转移事项目录，建立相应的动态调整机制和公示制度。另外，在欢迎社会力量、社会资本参与的同时，要警惕并应对商人创办社会服务类非营利机构的潜在风险。在治理结构上，要加大对创办人员身份资质要求与诚信记录审查，探索公职人、外部审计人员担任监事制度，逐步建立健全“黑名单”制度。

——健全政府向非营利组织购买服务制度。建议将购买非营利组织的社会服务纳入优先主题和重点领域，尽快从中央层面健全政府购买社会服务的制度体系。将社会工作服务纳入政府采购范围，修订政府采购法及相关配套政策，将采购法中的“服务”扩展到公共服务，明确社会服务的优先权属，做到服务购买有法可依。健全购买服务预算管理制度，统筹安排政府购买资金，列入部门常规预算，实行国库统一支付。完善契约管理和评价标准，明确补助原则、监控机制、评估指标、奖惩规定和准入、退出机制，提高财政资金的使用效率，让社会服务机构有事可做、有钱做事、有责任做好。

民政等业务主管和服务使用部门，应格外重视推进本业务领域具体的社会服务标准化建设，宜将国家标准、行业标准乃至地方标准的制定实施，放在与政策创制同等地位。只有标准健全并清晰明了，社会服务购买中的各方主体才能更好照章办事、按规矩说事。

——完善财税政策及相关产业政策。建议财政、税务和民政等部门建立财税制度改革与非营利组织改革的联动协调机制。一方面，给予非营利组织在所得税、流转税等税种优惠来鼓励发展、激发活力，在用水、用电、用地上执行相关产业政策予以便利，探索非营利组织向银行贷款的政府担保或社会第三方担保制度；另一方面，梳理和规范非营利组织经济行为的税收征管和票据使用，确保税收优惠不被滥用。社会服务机构的生存和发展，不能完全拘囿于购买服务项目及政府财政支持，也面临市场开拓与商业依托。宜以其行为性质而非主体身份，进行公益性认定，分类核算纳税额度及减免抵扣范围，更好地发挥福利混合经济的作用，增强非营利组织的自我“造血功能”的同时，避免其过分商业化。

9.2.5 关于操作措施的建议

严格来说，“委托代理－互容共进”的社会服务模式是一种实践模式，更是一场创新改革，尤其在社会工作服务制度建设上，需注意具体操作上的原则、路径和方法。

——党委与政府主导、推动和支持。党委和政府在推动社会服务发展过程中应发挥领导核心作用，承担主要职责：制订相关的政策法规与规划、宣传发动、培训、人财物资源投入、培育发展与监管评估社会服务机构，规范推进社会工作专业化和职业化、加强党建、依法执法等。对于社会工作发展，应坚定不移地继续执行《社工意见》与《社工规划》，争取实现既定的量化目标；重视法制建设，在研究制定社会工作专门条例的同时，要在社会服务相关法律法规中，加入使用社会工作者或购买社工服务的条款。

——因地制宜，适度规模，循序渐进。对沿海经济发达地区，在社会工作起步阶段，政府可投入较多的人财物资源，对原有社会服务体系注入社工专业元素、实行社工化改造的同时，大力培育民间社会服务机构，实行政府购买服务，建设专业社工服务场地设施，并逐步加大力度，扩大规模，构建体系。而在经济社会相对落后地区，政府可根据自身财力和需求，适度投入，初期阶段可侧重于宣传发动培训和向原有社会服务体系注入专业社工元素，同时整合现有场地设施资源，探索向民间社会服务机构购买服务，并逐步加大比重。但是，“因地制宜、适度规模、循序渐进”绝不可变成无所作为或敷衍了事。对各地来说，如同社会救助不可或缺，社会服务和社会工作也是必需的，都需积极推进。

——低端起步，逐步提升，坚持专业化、职业化要求。在实践中，需警惕社会工作庸俗化、泛滥化倾向，有的地方甚至将所有的社区工作人员及党群工作者都视为社会工作者，而在获得社工资格证书的人员中，不少缺乏专业训练，更遑论社会工作的实务能力。因此，社会工作可低端起步、逐步提升，但一定要坚持专业化、职业化方向，起步阶段不可放松。另外，为避免人才流失率过高，社工专业人才的待遇问题应予重视。政府购买社工服务的价格水平决定社工队伍整体的专业水准、服务质量及行业前景，要摈弃把专业社工人才等同于低成本廉价劳动力的做法和想法。应适当提高专业社工待遇，其实际收入不宜低于政府公职人员的70%。实际上，对于非营利组织的发起人与负责人管理，也是这样的道理。“英雄莫问出处”，当非营利组织体系建设还处于发展上升期，应秉承开放开明思维，低端起步，逐步提升，打造一支类似职业经理人队伍的非营利组织管理人才队伍。

——改造旧有体系与推进民间化运作相结合。民间化运作是社会服务与社会工作的重要方向。新增养老机构、残疾人服务机构、家庭服务机构，应尽量采用政府购买服务、民间机构承办方式。在增量部分实行民间化运作的同时，也不能忽视存量部分。可对原社会服务体系进行社工化改造，包括对员工进行社工知识培训、设置专职社工部门或岗位、引进专业社工人才等（社工化改造也应包括党政机关部门尤其是一些行使民生福利职能的部门）。更关键的是要打破政府包办社会服务的传统，加快事业单位管理体制改革，财政预算由拨付制改为采购制，将事业单位推向市场与社会，实行社会服务经费预算管理由“身份”向“契约”转变，政府对事业单位、非营利组织等法人统一实行服务购买，将事业单位放在与民间机构同一竞争平台，激发其活力与危机意识，提升其能力，促其提供更多更好的服务。

——岗位购买、项目购买与实体化相结合。在发展初期，可以考虑岗位购买占主导或重要比重。项目购买是境外国家和地区社工服务的主导形式，也是我国今后社会服务和社会工作的发展方向，应积极探索并逐步加大比重。重要的是，应建立项目购买的规范标准、程序和办法，形成良好机制，为大规模实施项目购买创造条件。社会服务机构也应朝实体化方向努力，尤其从事长期照护服务的机构，应配备专业场地设施，加强院舍投资建设，提供全流程服务。

——规范运作，严格监管，确保社会服务的非营利性。要持之以恒地选用竞争性购买方式，围绕招标、投标、竞标、评标等环节，建立并实施严格规范公正的制度性规则。建立科学合理的评估体系，兼顾“谁购买谁评估”“第三方评估”“多主体评估”等模式，制定社会服务分类考核评估指标体系，细化相关参数，兼顾人文关怀，提高考核评估标准的专业性、公正性与实效性。建立以科学评估为基础的奖惩机制，奖惩方式既包括资金物质奖励、提高或降低购买费用标准、增加或减少购买数量、精神荣誉奖励；也对严重违规者，必要时应毫不犹豫地清除出局，甚至追究法律责任，使评估管理具有足够震慑力。

当下，还要重点在会计制度和账薄管理上多下功夫。相对实体企业来说，社会服务类非营利组织大多是轻资产型的，尤其以人力服务、技术服务输出为主的非营利组织，注册资金并不需很多，场所设施投入往往是一次性的，不是很大，但其运营后来往的资金流却不容小觑。相应地，非营利组织会计也不同于企业会计、行政事业会计。而当前由于制度不健全、措施不细化、处理不透明，导致个别非营利组织的“股东”以虚增成本开支、关联交易等方式，占有、处分国有财产（财政资金）和社会财产（公益捐赠），中饱私囊、赚取“利润”，离经叛道。对此，必须予以关注、应对和打击。在条件具备时，修订《中华人民共和国刑法》等法律法规条款或制定司法解释，应将非营利组织成员相关违法犯罪行为明确纳入职务侵占罪乃至贪污罪、偷税漏税罪等序列之中。

9.3 本研究的缺憾及对未来研究的展望

政府购买服务，是一个庞大而复杂的领域，涉及多个主体、多重角度、多项目标。本研究以“模式”为落脚点，从社会服务多元主体供给的角度切入，重点围绕非营利组织的作用发挥来梳理相关问题，难免在简化、组合化、模块化等方面存在“挂一漏万”情形，在研究完善及成果应用方面还有进一步的努力空间。

9.3.1 研究方法的客观局限及对全局情况的把握不足

作为典型性研究，本研究选取G省相关发达地市和业绩较好的民办社工机构作为研究对象。实际上，G省各地的社会服务和社会工作事业发展水平不尽相同，有先行先试、早出成果的地方，也有相对落后、发展节拍慢的地方；参与政府购买的民办社工机构，也有服务质量不尽如人意、机构发展江河日下的。若对政府购买服务进行全面评估，宜将好、中、坏三类案例统一起来，不仅要分析相关地方为什么能形成委托代理－互容共进模式，也要分析为什么有些地方尚未形成委托代理－互容共进模式。而且，根据福利多元主义理论，除了"社会化""市场化""私营化"问题之外，还存在"地方分权化"问题。在G省等地方实践中，面临不同层级及同一层级不同部门之间的关系互动和彼此博弈，地方分权化及部际关系问题不容忽视，可单作议题研究。另外，社会工作服务还有督导、志愿服务引导等环节，在这方面展开分析也有意义。至于政府财政资源供给的"M_0"，如何以及达到怎样的"M_2"的经济学规模效益，对"互容共进"更具说服力。但是，出于尽量聚焦主要问题、主要矛盾的考虑，以及时间、篇幅等考虑，这些方面删繁就简、没有过多涉及。总体上说，本研究出于理想化的研究设计和方向性预测，把一些情况和问题割舍；而这些问题的深入研究，实际上有助于增进"委托代理－互容共进"理论模型的完整性、全面性与科学性。

9.3.2 文化差异的把握不足

不同的现代性，隐含了价值优先性的差异（许纪霖，2009：154）。现代社会人类活动的背后，总有动机的形成和价值观的支撑。而不同主体立足不同利益诉求和价值追求，对同一事物的认识和处置方式也不尽相同。在社会服务领域，除了"公益"的共同价值追求外，政府、非营利组织、企业、非正式部门以及服务对象本人都有不同的利益动机和价值追求。个体价值追求的多样性，实际上也就是社会主体的文化差异。当前，这种文化差异及矛盾是客观存在的，只是并没有显得那么突出和尖锐而已。本研究过程中，注意到了价值观及文化差异问题，但没有作为研究重点和研究线索去处理。但是，文化差异是事物和体制发展的根本性问题，尤其伴随着社会层级和社会群体的分化，以及社会意识形态的多样化，当事业转型发展处于窗口期、“十字路口”时，往往就透过一些争端反映出来。当前，一些地方党委和政府部门对非营利组织心有余悸，有出于文化差异和文化冲突的担心。但实际上，无论何种制度或意识形态植入中国，对于中国来说，不变的是传承千年的文化传统精髓，责任先于自由，义务先于权利，群体高于个人，和谐高于冲突，进而构筑起一个整体性民族和国家。从这个角度看，中国人的文化追求中有天生的“天下大同”思想和淳朴的社会主义理念。因此，存在文化差异的客观现实，不代表没有办法去弥补或融合。对于社会学来说，坚持“以人为本”理念，围绕政府购买非营利组织社会服务过程中的文化和价值体系构建进行探讨，也是一件很有意义的事情。讲好“中国故事”，把“形而上”的事情说通了，道理能让各方接受，“形而下”的操作性问题和模式推广问题解决起来也将会更加顺畅。

9.3.3 现实批判及问题预警的展开不足

学术研究不等同于政策研究。学术研究不仅关乎理论创新，也重视对现实的预警及前瞻，需要具有批判的眼光和超脱的立场。本研究以购买非营利组织社会服务的模式问题为线索展开研究，对政府购买服务过程中遇到的实际问题和潜在风险进行了实证分析，归纳了一些实践做法，提出了一些应对策略，但没有对官方决策行为及漏洞进行充分剖析，更没有选取失败案例进行深刻批判，进而全面揭示政府购买社会服务的政治风险、经济风险、财政风险。其实，从技术操作层面来看，面对事物发展支流上存在的问题及隐含的风险，解决之道是相对清晰和明了的，不在于笔墨多少。关键是知易行难，在世俗化、人情化、“情法交织”的中国社会，制度能不能一以贯之、科学而理性地制定并执行下去是核心问题。尤其在政府购买服务诸多实践环节，面临“串通”“共谋”的可能与风险，不得不防，须严阵以待。如果容许错误动机下的错误行为肆意发生，那么政府购买服务的异化问题，极有可能会成为学术批判的靶子，而这是各方都不愿看到的。

附　　件

附件 1　英国地方政府购买社会服务的内容（以约克市为例）

服务类型		具体服务内容
成年人社会照护	照顾者支持服务	
	感知功能异常者服务	包括：有视觉、听觉障碍的人以及盲聋
	上门照护服务	协助服务对象融入社会；协助穿衣、食物准备、买菜、买衣、使用公共交通；行动能力相关服务（如提供楼梯升降椅、楼梯扶手等）；家庭管理；药物管理
	保护易受伤者防其受虐待	防止性虐待；防止盗窃；防止恃强凌弱行为；防止使用者受到羞辱；防止使用者遭受他人的控制；防止他人不让使用者吃饭等
	心理保健、精神卫生	心理咨询热线；精神卫生支持咨询热线；照顾者也可以使用该服务
	个人化服务	直接补贴；个人预算；咨询服务
	家庭式疗养院	支持使用者作出选择、进行评估；家庭式疗养院/护理院等的具体照护服务事项
老年人服务	需求评估	需求评估；服务方案设计支持；资产评估
	日间看护	需求评估；资产评估；护理方案设计；日间看护相关的服务内容
	上门送餐服务	需求评估；送餐服务；上门协助加热

续表

服务类型		具体服务内容
儿童青少年服务	儿童上门咨询与评估服务	咨询与评估服务中心为公众、专家等人提供与易受害儿童有关信息与支持
	专业社工提供的长期服务	长期服务队伍跟各种专家和机构合作给家庭提供咨询和支持；专业社会工作人员参与法庭审理程序；社会工作者经常访问服务对象（包括儿童、青年人及其父母）
	寄养儿童相关服务	儿童照护、教育以及卫生服务
	专业社工提供的“进入社会青年人照护”	支持青年人自力更生，在离开寄养制度后，协助其独立生活；支持青年人继续接受教育；支持青年人参与就业培训；支持青年人就业
	司法社工服务	主要内容为指导服务对象，协助他学到不同“策略”让他能够避免不再犯罪
	社会工作专业紧急值班队伍	在正常办公时间之外接受居民的咨询，包括傍晚、深夜、周末和法定假期；包括心理咨询、儿童保护及为要住院的儿童/被允许离开医院的儿童提供相关支持
	残障儿童/青年人社工服务	
	寄养/收养相关服务	支持养父母/寄养父母以及给寄养儿童找到被收养的机会
	社会工作顾问	
	家庭支援小组	儿童的培养方面的咨询；针对于孩子为0—10岁的父母的指导性咨询；为16—25岁的青年人提供心理咨询、信息等支持；妇女支援小组
	青年人咨询热线	为16—25岁的青年人提供心理咨询、信息等支持
	学习障碍青年服务	为13—19岁青年人提供学习支持
	就业咨询	信息咨询；指导性支持
	指导性服务	为易受害的儿童/青年人（10—17岁）提供指导者服务

（翻译原文来源：约克市议会官方网站 http：//www. dhs. state. il. us/page. aspx）

附件 2　香港政府购买社会服务主要内容

服务人群/名称	服务类别	服务内容
社会保障	综合社会保障援助计划（简称综援）	标准援助金、补助金、特别津贴
	自力更生支援计划	就业援助计划、社区工作计划等
	公共福利金计划	高龄津贴、伤残津贴
	暴力及执法伤亡赔偿计划	暴力伤亡赔偿、执法伤亡赔偿
	交通意外伤亡援助计划	按意外受害人的伤亡情况支付，财务损失不在援助之列
	紧急救济服务	遭受天灾或其他不幸事故的灾民获得救济等
安老服务（社区照顾及支援服务）	长者服务中心之长者地区中心	这是地区层面的长者社区支援服务，包括社区教育、个案管理、长者支援服务队、护老者支援服务、健康教育、社交康乐活动、膳食及洗衣服务、偶到服务等
	长者服务中心之长者邻舍中心	这是邻里层面的小区支持服务，服务包括教育及发展性活动、义工服务、辅导服务、外展及小区网络、社交康乐、膳食服务及偶到服务等
	社区照顾服务之改善家居及社区照顾服务	为身体机能中度受损的体弱长者提供的系列家居照顾及小区支持服务，包括护理计划、个人照顾、康复联系、暂托服务、24 小时紧急支持、家居环境安全评估及改善、交通及护送服务等

续表

服务人群/名称	服务类别	服务内容
安老服务（社区照顾及支援服务）	社区照顾服务之综合家居照顾服务	为体弱长者、残障人士及有特殊需要的家庭提供多种照顾及服务，并因个案性质分为伤残及体弱个案、普通个案
安老服务（社区照顾及支援服务）	其他社区支援服务	包括长者度假中心、老有所为活动计划、长者咭计划
安老服务（院舍照顾服务）	长者宿舍（正逐步转型为护理安老院舍）	提供集体住宿的生活环境、各类型活动及照顾支持，提供住宿照顾服务
安老服务（院舍照顾服务）	护理安老院	为健康欠佳、肢体残障或轻度精神残障的长者提供住宿、膳食、一般的个人照顾和有限度的护理
安老服务（院舍照顾服务）	护养院	为身体较弱且不能在护理安老院活动和充分照顾的长者，提供医疗护理、康复服务及起居照顾服务
安老服务（院舍照顾服务）	紧急住宿服务	为有紧急需要的长者提供临时住宿及照顾服务
家庭及儿童福利服务	领养服务	为父母双亡、被父母遗弃及非婚生而其父母未有抚养的儿童找寻合适及永久的家庭，本服务属于收费内容
家庭及儿童福利服务	慈善信托基金	为有紧急经济困难而缺乏其他支撑的个人或家庭提供临时经济援助
家庭及儿童福利服务	社会福利署热线服务	24 小时互助语音系统，提供资料索取、即时辅导、支援和咨询服务并有跟进服务
家庭及儿童福利服务	家务指导服务	家居训练及督导
家庭及儿童福利服务	保护家庭及儿童服务	帮助家庭暴力中的受害者，保障受到负面影响而经法庭转介的儿童的利益
家庭及儿童福利服务	幼儿服务	支持和巩固家庭 3 岁以下幼儿的体能、智能、语言、社交及情绪的发展

续表

服务人群/名称	服务类别	服务内容
家庭及儿童福利服务	体恤安置	房屋援助
	家庭危机支援中心（向晴轩）	尽早介入和协助身处危机或困扰中的个人或家庭
	危机介入及支援中心（芷若园）	向性暴力受害者、面临家暴或其他家庭危机的个人或家庭提供全面援助
	家庭生活教育	兼具预防及发展功能的社区教育
	寄养服务	紧急照顾、日间照顾
	综合家庭服务	家庭资源组、家庭支援组、家庭辅导组
	儿童住宿服务	为21岁以下因各种原因而暂时未能得到适当照顾者提供住宿服务
	受虐妇女住宿服务	为面临家暴或其他危机的妇女及其子女提供临时居所
	露宿者服务	提供一套整合服务
	防止自杀服务	为有强烈或中度自杀倾向的人士提供服务
	临时收容中心/市区单身人士宿舍	为有需要人士和露宿者提供服务
康复及医务社会服务	学前儿童康复服务	包括早期教育及训练中心、幼儿园兼收计划、特殊幼儿中心、残障幼儿暂托服务
	残障学龄儿童服务	轻度智障儿童之家/兼收轻度智障儿童的儿童之家，住宿照顾服务
	肢体残障/智障/精神康复人士服务	日间训练或职业康复服务、住宿服务、社区支援服务
	视觉听觉受损人士服务	学前儿童康复服务、日间训练或职业康复服务、住宿服务及社区支援服务
	职业康复服务	庇护工场、综合职业康复服务中心、辅助就业、残障人士在职培训计划、职业康复延展计划等

续表

服务人群/名称	服务类别	服务内容
康复及医务社会服务	就业/业务拓展机会及社会企业	创业展才能计划，设有康复服务市场顾问办事处
	日间训练服务	特殊幼儿中心、展能中心等
	残障人士的资讯科技训练及支援	康复数码网络
	特定基金	香港展能精英运动员基金、赛马会视障人士资讯科技计划
	医务社会服务	因患病、创伤或残障引起的情绪、家庭、照顾、人际关系等提供辅导服务；协助病人制订离院计划，评估其心理健康及转介病人及其家人申请康复服务及有关社区资源；提供经济和实物援助，如减免医疗收费及购买医疗器材等；与其他医务人员合作为有需要的人提供有关援助；为遇到同类问题的病人或其家人安排小组辅导服务或讲座
青少年服务	综合青少年服务中心	专为6—24岁儿童青少年服务，包括指导及辅导、支援服务、社群服务及培养起社会责任和发展个人潜能等
	学校社会工作	推行“一校一社工”政策，帮助在学业、社交和情绪发展上有困难的学生解决问题
	课余托管计划	为6—12岁儿童提供支援服务，包括功课辅导、膳食、家长督导及教育、技能学习和其他社交活动
	地区青少年外展服务	通过外展服务法为6—24岁的儿童及青少年提供辅导和指引
	深夜外展服务	通过外展服务法为接触可能受不良影响的高危夜游青少年提供必要的技术和援助

续表

服务人群/名称	服务类别	服务内容
青少年服务	青年热线服务	通过电话接触为处于高危情况的青少年提供心理辅导
	地区青少年发展资助计划	照顾区内处于不利环境的0—24岁的儿童青少年的成长提供服务
	社区支援服务计划	为接受警司警戒的儿童及青少年提供服务
社区发展服务	社区中心	为社区不同年龄的居民提供聚首和联谊服务，增进人际关系和社区凝聚力
	邻里层面社区发展计划	为福利服务和社会设施不足或完全欠缺的社区提供服务
	边缘社群支援计划	通过外展服务、个案工作及小组工作服务，协助精神病康复者、露宿者等重新融入社会
违法者服务	社区层面服务	感化服务、社会服务计划、青少年犯罪评估专家小组、社区支援服务计划、监管释囚计划及曾违法者及刑释人员服务
	感化和住宿院舍服务	包括教育及职业训练、个案及小组工作服务、社区服务、康乐服务、监护人探访/外出许可、健康护理等服务
戒毒康复服务	服务设施	设有滥用精神药物者辅导中心、住院戒毒治疗及康复中心和中途宿舍，以及为吸食毒品人士、戒毒康复人士及家人而设的中心
	青少年戒毒康复服务	戒毒治疗、康复服务及融入社会
临床心理服务	运用心理治疗的诸多方法提供服务，转介当事人介绍其他服务，如院舍服务或精神科药物治疗	

（资料来源：香港特别行政区社会福利署网站 http://www.swd.gov.hk/tc/index/）

附件3　2014年G省及全国社会工作发展相关情况统计

（一）社会工作行政管理机构设置情况

单位：个

省级及计划单列市社会工作行政管理机构设置情况	
民政厅（局）设立相对独立的社会工作处（室）	北京、天津、辽宁、黑龙江、上海、浙江、G省、重庆、宁夏、新疆，大连、深圳（10+2）
民政厅（局）在人事处等加挂社会工作处牌子	河北、山西、内蒙古、吉林、江苏、安徽、福建、江西、河南、湖北、湖南、广西、四川、贵州、云南、西藏、陕西、青海，新疆生产建设兵团，青岛、宁波、厦门（18+1+3）

地市级和县级社会工作行政管理机构设置情况

地域	行政区域级别	设立相对独立的社会工作处室（科、股）	在相关处室加挂社会工作处室（科、股）牌子	地域	行政区域级别	设立相对独立的社会工作处室（科、股）	在相关处室加挂社会工作处室（科、股）牌子
北京	地市级	1	3	江西	地市级	0	3
天津	地市级	1	0		县级	7	2
河北	地市级	1	10	山东	地市级	1	6
	县级	0	0		县级	2	24
山西	地市级	1	10	河南	地市级	0	11
	县级	13	0		县级	2	0
内蒙古	地市级	2	2	湖北	地市级	0	2
	县级	11	6		县级	1	2
辽宁	地市级	1	10	湖南	地市级	0	10
	县级	0	101		县级	4	16
吉林	地市级	0	1	G省	地市级	6	6
	县级	0	1		县级	8	0

续表

地市级和县级社会工作行政管理机构设置情况							
地域	行政区域级别	设立相对独立的社会工作处室（科、股）	在相关处室加挂社会工作处室（科、股）牌子	地域	行政区域级别	设立相对独立的社会工作处室（科、股）	在相关处室加挂社会工作处室（科、股）牌子
黑龙江	地市级	1	6	广西	地市级	0	1
	县级	0	0		县级	0	0
上海	地市级	1	1	四川	地市级	0	14
江苏	地市级	1	8		县级	5	12
	县级	8	1	贵州	地市级	0	4
浙江	地市级	3	3	云南	地市级	2	5
	县级	20	9		县级	0	5
安徽	地市级	0	8	甘肃	地市级	0	0
	县级	3	25		县级	0	0
福建	地市级	0	7	新疆	地市级	1	0
	县级	0	11		县级	0	0
新疆生产建设兵团	地市级	1	0		–	–	–
合计	地市级	24	131	合计	县级	84	215

（根据民政部社会工作司内部清单转化为数据，其中海南、重庆、陕西、青海、宁夏均为0）

（二）社会工作协会成立情况

单位：个

成立省级社会工作协会的省（自治区、直辖市、计划单列市）	
已成立	北京、天津、河北、内蒙古、吉林、黑龙江、上海、江苏、浙江、安徽、江西、河南、湖北、湖南、G省、广西、海南、重庆、青海，大连、厦门、深圳（19+3）
未成立	山西、辽宁、福建、山东、四川、贵州、云南、西藏、陕西、甘肃、宁夏、新疆，新疆生产建设兵团，青岛、宁波（12+1+2）

地市、区县成立社会工作协会的情况

区域	地市级	县级	区域	地市级	县级
北京	11	–	湖南	3	4
天津	1	–	G省	13	18
河北	2	5	广西	–	1
山西	1	1	海南	–	–
内蒙古	5	7	重庆	4	–
辽宁	4	13	四川	11	20
吉林	3	2	贵州	–	–
黑龙江	1	–	云南	–	1
上海	–	9	西藏	–	–
江苏	5	13	陕西	2	1
浙江	4	20	甘肃	1	–
安徽	5	14	青海	2	5
福建	2	3	宁夏	–	–
江西	3	6	新疆	4	3
山东	7	17	新疆生产建设兵团	2	–
河南	3	3	总计	97	168
湖北	1	2			

（三）社会工作职业水平评价考试报考及通过情况

单位：人

年度	2008 年	2009 年	2010 年	2011 年	2012 年	2013 年	2014 年	合计
报考人数	137800	87000	71594	80003	126821	170143	207751	743312
参考人数	103899	67637	56928	63514	101598	134164	166600	694340
助理社工师	20648	6611	5428	8068	23846	27300	28431	120332
社工师	4192	4227	2664	2338	6104	11658	7426	38609
通过人数	24840	10838	8092	10406	29950	38958	35857	158941

（四）全国社会工作者职业水平评价持证人员情况

单位：人

地域	总数量	年度增长数量	地域	总数量	年度增长数量
北京	17964	2534	湖南	3390	648
天津	3370	966	G 省	33334	8742
河北	2950	454	广西	2184	359
山西	1633	272	海南	207	63
内蒙古	794	209	重庆	2468	655
辽宁	5393	980	四川	4968	1516
吉林	3067	544	贵州	627	127
黑龙江	2779	416	云南	1252	196
上海	7388	1441	西藏	10	2
江苏	21155	5200	陕西	2666	1297
浙江	12753	2634	甘肃	742	154
安徽	4229	1227	青海	268	28
福建	4929	1377	宁夏	322	61

续表

地域	总数量	年度增长数量	地域	总数量	年度增长数量
江西	2085	263	新疆	865	241
山东	6948	1440	新疆生产建设兵团	330	55
河南	3719	702	总数	158941	35857

（五）全国社会工作专业岗位开发情况

单位：个

地域	岗位数量	年度增长数量	地域	岗位数量	年度增长数量
北京	18929	936	湖南	2900	920
天津	3365	2112	G 省	14448	2896
河北	829	14	广西	698	433
山西	682	215	海南	56	21
内蒙古	4279	2683	重庆	1500	800
辽宁	5410	107	四川	5699	1499
吉林	3625	490	贵州	100	100
黑龙江	1100	195	云南	637	–
上海	10000	–	西藏	–	–
江苏	18000	13200	陕西	71	15
浙江	1344	198	甘肃	358	358
安徽	2848	409	青海	300	215
福建	1691	1062	宁夏	112	30
江西	2841	822	新疆	1208	13
山东	1514	–	新疆生产建设兵团	6157	482
河南	1236	100	总计	113907	31095
湖北	1970	770			

（六）民办社会工作机构培育情况

单位：个

地域	民办社工机构	年度增长数量	地域	民办社工机构	年度增长数量
北京	106	46	湖南	135	92
天津	35	31	G省	770	217
河北	49	–	广西	43	29
山西	18	4	海南	8	4
内蒙古	240	–	重庆	95	31
辽宁	96	–	四川	418	173
吉林	63	5	贵州	9	7
黑龙江	17	7	云南	81	17
上海	135	22	西藏	–	–
江苏	177	91	陕西	112	87
浙江	446	45	甘肃	12	3
安徽	42	30	青海	32	–
福建	90	43	宁夏	8	2
江西	50	8	新疆	40	9
山东	109	47	新疆生产建设兵团	3	–
河南	56	5	总计	3522	1070
湖北	27	15			

（七）财政资金、福彩公益金和社会资金对社会工作投入情况

单位：万元

地域	投入总量	地域	投入总量	地域	投入总量
北京	3674	安徽	860	四川	10346
天津	15134	福建	3907. 31	贵州	50
河北	1191	江西	880	云南	1063. 96
山西	220. 98	山东	5100	西藏	–
内蒙古	700	河南	2663. 07	陕西	66

续表

地域	投入总量	地域	投入总量	地域	投入总量
辽宁	1236	湖北	2110.5	甘肃	260
吉林	1040	湖南	4662.3	青海	820
黑龙江	709.74	G省	105382.34	宁夏	67
上海	34900	广西	1635.3	新疆	420
江苏	11150	海南	205.99	新疆生产建设兵团	936.95
浙江	5164	重庆	6083	总计	222639.44

（数据来源：民政部社会工作司）

附件4 G省及相关地市社会工作政策体系目录

（一）G省社会工作政策文件目录

序号	政策文件名称	出台时间
1	中共G省委办公厅、G省人民政府办公厅关于发展和规范我省社会组织的意见	2008
2	民政部、G省人民政府共同推进珠江三角洲地区民政工作改革发展协议	2009
3	G省民政厅落实省部共建协议率先建立现代社会工作制度工作方案	2009
4	G省民政厅关于加强全省民政系统社会工作人才队伍建设的意见	2009
5	G省民政厅关于印发《G省民政厅关于进一步促进公益服务类社会组织发展的若干规定》的通知	2009
6	G省财政厅关于开展政府购买社会组织服务试点工作的意见	2009
7	G省人力资源社会保障厅、民政厅关于印发《G省民政事业单位岗位设置管理指导意见》的通知	2010
8	中共G省委、G省人民政府关于加强社会建设的决定	2011
9	中共G省委办公厅、G省人民政府办公厅关于加强社会工作人才队伍建设的实施意见	2011

续表

序号	政策文件名称	出台时间
10	G省政府办公厅印发政府向社会组织购买服务暂行办法的通知	2012
11	G省民政厅关于印发《关于确定具备承接政府职能转移和购买服务资质的社会组织目录的指导意见》的通知	2012
12	G省民政厅关于进一步规范民政服务领域政府购买和资助社会工作服务的通知	2013
13	G省民政厅关于G省社会工作专业人才培育基地和G省社会工作专业人才重点实训基地认定和管理办法（试行）	2013
14	G省民政厅关于社会工作者继续教育管理的实施办法（试行）	2013
15	G省民政厅、团省委文明办关于推进社会工作者与志愿者联动工作的实施意见	2013
16	G省民政厅关于印发《G省民政事业单位养老机构社会工作服务指引（试行）》等社会工作服务指引的通知	2013
17	G省社会工作专业人才队伍建设中长期规划（2014—2020年）	2014

（二）SZ市社会工作政策文件目录

序号	政策文件名称	出台时间
SZ市委、市政府文件		
1	中共SZ市委、SZ市人民政府关于加强社会工作人才队伍建设推进社会工作发展的意见 1. SZ市社会工作者职业水平评价实施方案（试行） 2. SZ市社会工作人才教育培训方案（试行） 3. SZ市社会工作专业岗位设置方案（试行） 4. SZ市社会工作人才专业技术职位设置及薪酬待遇方案（试行） 5. SZ市发挥民间组织在社会工作中作用的实施方案（试行） 6. SZ市财政支持社会工作发展的实施方案（试行） 7. SZ市“社工、义工”联动工作实施方案（试行）	2007 简称 SZ “1+7” 文件
2	中共SZ市委、SZ市人民政府关于加强社会建设的决定	2011

续表

序号	政策文件名称	出台时间
3	SZ 市社区服务“十二五”规划	2011
4	中共 SZ 市委、SZ 市人民政府关于进一步推进社会组织改革发展的意见	2012
SZ 市民政局及区级文件		
5	SZ 市社工机构行为规范指引	2008
6	SZ 市民政局系统编制内社工岗位设置实施办法（暂行）	2009
7	2011 年度 SZ 市社会工作服务机构绩效评估实施办法	2011
8	SZ 市社会工作事业发展“十二五”规划	2012
9	关于调整政府购买社工服务资金使用标准的通知	2012
10	SZ 市社区服务中心运营与评估标准	2013
11	SZ 市工委、市民政局关于构建社会组织综合监管体制的意见	2014
12	SZ 市社会组织抽查监督办法	2014
13	ET 区加强社会工作人才队伍建设推进社会工作发展试点方案	2008
14	LG 区推进社会工作人才队伍建设试点工作方案	2008
15	GM 新区社会工作绩效评估实施办法	2010
16	PS 新区社区服务中心管理办法（试行）	2011
SZ 市社会工作行业文件		
17	SZ 市社工督导人员工作职责手册（试行）	2009
18	SZ 市社会工作者守则	2009
19	SZ 市社会工作者登记和注册管理办法	2010
20	SZ 市社会工作者继续教育实施细则（试行）	2010
21	SZ 市社会工作行业投诉处理规范（暂行）	2010
22	SZ 市社会工作服务机构聘请顾问管理办法（试行）	2010
23	关于我市社区服务中心聘请顾问相关安排的通知	2011
24	SZ 市社会工作者督导助理选拔指引 附件：SZ 市一线社工考核评估细则	2012
25	SZ 市社会工作者协会章程	2012

（三）DG 市社会工作政策文件目录

<table>
<tr><th>序号</th><th>政策文件名称</th><th>出台时间</th></tr>
<tr><td rowspan="8">1</td><td>中共 DG 市委、DG 市人民政府关于加快社会工作发展的意见</td><td rowspan="9">2009
简称
DG
“1 + 8”
文件</td></tr>
<tr><td>附件 1：DG 市社会工作者职业水平评价实施方案（试行）</td></tr>
<tr><td>附件 2：DG 市社会工作人才教育培训方案（试行）</td></tr>
<tr><td>附件 3：DG 市社会工作专业岗位设置方案（试行）</td></tr>
<tr><td>附件 4：DG 市社会工作人才专业技术职位设置及薪酬待遇方案（试行）</td></tr>
<tr><td>附件 5：DG 市发挥公益性社会组织在社会工作中作用的实施方案（试行）</td></tr>
<tr><td>附件 6：DG 市财政支持社会工作发展的实施方案（试行）</td></tr>
<tr><td>附件 7：DG 市社工、志愿者联动工作实施方案（试行）</td></tr>
<tr><td>2</td><td>中共 DG 市委办关于印发《DG 市社会工作试点实施方案》的通知</td></tr>
<tr><td>3</td><td>DG 社会工作领导小组办公室关于社工聘用问题的通知</td><td>2010</td></tr>
<tr><td>4</td><td>DG 社会工作领导小组办公室关于社工薪酬发放问题的通知</td><td>2010</td></tr>
<tr><td>5</td><td>DG 社会工作领导小组办公室关于社工休假及相关问题的通知</td><td>2011</td></tr>
<tr><td>6</td><td>DG 市人民政府办关于印发《DG 市政府购买社会组织服务实施办法（试行）》和《DG 市政府购买社会组织服务考核评估实施办法（试行）》的通知</td><td>2011</td></tr>
<tr><td>7</td><td>DG 市民政局关于印发《DG 市社会工作者登记注册实施办法（试行）》、《DG 市社会工作者继续教育实施办法（试行）》和《DG 市社会工作督导人才选拔培养办法（试行）》的通知</td><td>2011</td></tr>
<tr><td>8</td><td>DG 市社会工作协会关于印发《DG 市社会工作服务机构行为规范指引（试行）》和《DG 市社会工作督导工作职责手册（试行）》的通知</td><td>2011</td></tr>
<tr><td>9</td><td>中共 DG 市委、DG 市人民政府关于加强社会建设的意见</td><td>2012</td></tr>
<tr><td>10</td><td>中共 DG 市委办公室、DG 市人民政府办公室印发《关于加快推进社会体制改革建设服务型政府的实施意见》等七个加强社会建设文件的通知</td><td>2012</td></tr>
<tr><td>11</td><td>DG 市社区社会组织登记备案管理暂行办法</td><td>2013</td></tr>
</table>

续表

序号	政策文件名称	出台时间
12	DG 市人民政府关于印发《DG 市政府向社会转移职能暂行规定》的通知	2013
13	DG 市政府向社会组织购买服务工作暂行办法	2013

（四）GZ 市社会工作政策文件目录

序号	政策文件名称	出台时间
1	中共 GZ 市委、GZ 市人民政府关于学习借鉴香港先进经验推进社会管理改革先行先试的意见	2009
2	市民政局关于印发《GZ 市民政局事业单位社会工作岗位设置指导意见》的通知	2010
3	中共 GZ 市委、GZ 市人民政府关于加快推进社会工作及其人才队伍发展的意见	2010 简称 GZ “1+5” 文件
4	市民政局关于印发《GZ 市社会工作专业人员登记管理实施办法（试行）》的通知	
5	市财政局、市民政局关于印发《GZ 市财政支持社会工作发展实施办法（试行）》的通知	
6	市民政局、市财政局关于印发《GZ 市政府购买社会服务考核评估实施办法（试行）》的通知	
7	市民政局、市财政局、市地税局关于印发《GZ 市扶持发展社会工作类社会组织实施办法（试行）》的通知	
8	市民政局、市人力资源和社会保障局、市编委办关于印发《GZ 市社会工作专业岗位设置及社会工作专业人员薪酬待遇实施办法（试行）》的通知	
9	市民政局、市财政局关于印发《推进我市社会管理服务改革开展街道社区综合服务中心建设试点工作方案》的通知	2010
10	中共 GZ 市委、GZ 市人民政府关于全面推进街道、社区服务管理改革创新的意见	2011
11	中共 GZ 市委、GZ 市人民政府关于加强和创新特大镇、村社会服务管理意见	2011
12	中共 GZ 市委办公厅、GZ 市人民政府办公厅印发《关于街道、社区服务管理体制机制改革创新的实施办法》的通知	2011

续表

序号	政策文件名称	出台时间
13	中共GZ市委办公厅、GZ市人民政府办公厅印发《关于加快街道家庭综合服务中心建设的实施办法》的通知	2011
14	市民政局关于进一步做好街道家庭综合服务中心建设工作的函	2012
15	市民政局　市财政局　市地方税务局关于印发《GZ市民办社会工作服务机构公共财政基本支持实施办法（试行）》的通知	2012
16	中共GZ市委、GZ市人民政府关于创新社会管理加强社会建设的实施意见（作为《中共GZ市委、GZ市人民政府关于全面推进新型城市化发展的决定》附件12下发）	2012

附件5　G省相关地市购买社会工作服务目录框架梳理

<table>
<tr><td>购买方式/项目目录</td><td colspan="2">指标内容</td></tr>
<tr><td rowspan="2">购买岗位</td><td colspan="2">编制原则：政府购买/配备社工岗位的多少是按所需单位规模的大小和服务对象的需求量来确定的，按一定比例配置，并针对不同职位有不同的职级要求</td></tr>
<tr><td colspan="2">设置社工岗位并可对外购买服务的机构目录：社会福利机构：福利院（含儿童福利院、老年人福利院），老人院，康复中心（含精神病院）。社会救助机构（含农村五保机构）。收养机构。城乡社区及社区服务中心。慈善机构。优抚安置机构［军休所、军休中心、荣誉军人疗养院（医院）］。救灾减灾部门。殡仪馆。婚姻登记机构。学校（含特殊教育学校、工读学校）。医疗卫生机构。医院。司法矫正机构（看守所、戒毒所、监狱、社区矫正机构）。残联。儿童青少年服务机构（少年宫、儿童服务中心）。劳动与社会保障机构（含就业服务）。信访部门。老龄组织。人民调解机构。群团组织［工会、共青团、妇联（含家庭服务中心）］。公安部门。企业。相关特殊领域机关和单位</td></tr>
<tr><td rowspan="3">购买项目</td><td colspan="2">编制原则：以购买社会工作单项服务为基础进行设计，由于购买单项项目和购买综合项目在服务方面均以服务人群为标准进行分类和目录制定</td></tr>
<tr><td>流动人口社会工作服务</td><td>为流动人口提供家庭教育、亲子互动、社区参与、居民互助及政策宣传倡导等服务。其旨在积极推动流动人口融入城市生活，增进当地居民与流动人口的互动、理解与互助，实现当地居民与流动人口的和谐相处</td></tr>
<tr><td>农村留守人员社会工作服务</td><td>帮助留守老人、儿童和妇女缓解生活困难，开展生活帮扶、安全与健康、学业辅导（儿童）、休闲娱乐、心理疏导、情感支持、村民互助、社区自治及社区网络关系建设、政策宣传倡导等服务</td></tr>
</table>

续表

购买方式/项目目录	指标内容	
购买项目	老年人社会工作服务	开展生活救济、生活照料、照顾护理、养生保健、休闲娱乐、兴趣培养、代际沟通、权益维护、情绪处理、精神慰藉、心理疏导、家庭支持、社区参与、生命关怀、临终关怀及政策宣传倡导等服务，同时应重点关注高龄老人、老年痴呆症患者、残疾老人、失独老人和空巢老人等。其旨在建立系统化、专业化和人性化的养老服务体系，提升老年人社会服务的层次与质量
	残障人士社会工作服务	开展生活照料、康复训练、就业创业、休闲娱乐、精神慰藉、心理疏导、互助网络、社区教育、社区参与、社会融入及政策宣传倡导等服务，同时应重点关注残障老人、重度残障人士和多重残障人士等。其旨在建立系统化、专业化和人性化的助残服务体系，提升残障人士的生活质量，促进残障人士的社会融入
	特殊人群社会工作服务	主要针对药物滥用人员、有不良行为青少年、艾滋病病毒携带者、精神病患者、流浪乞讨人员、社区矫正人员、服刑人员、刑释解教人员等特殊人群，开展行为偏差纠正、法制教育、生活帮扶、就业帮扶、生活习惯、心理疏导、情绪处理、信心重建、家庭辅导和关系重构、社区教育、社区参与、环境适应和政策宣传等服务
	受灾群众社会工作服务	主要围绕各类受灾群众的经济、社会、心理和精神需求，开展生活救助、生计项目开发、心理疏导、精神重构、社区重建（含人际关系和情感支持）、社区教育（含防灾减灾知识普及）及资源链接与整合等社会工作专业服务
	儿童及家庭社会工作服务	主要为 14 岁以下儿童及其家庭提供儿童保护、教育与成长、社会适应、学业督导、同伴发展、生活教育、权益维护（如家庭暴力）、卫生保健、妇女发展和信息资讯等服务
	青少年社会工作服务	主要为 14—18 岁的未成年人开展生活救助、学业辅导、就业辅导、生涯发展规划、价值观引导、生活教育、人际交往、兴趣培养、自我认知、心理疏导及社区教育等服务，以帮助青少年解决问题、克服困难
	职工社会工作服务	主要为各类单位组织尤其是各种企业职工开展员工帮扶计划（包括职业发展、家庭支持、人际支持、困难帮扶等）、企业管理支持（包括企业社会责任、企业文化建设、员工关系等）和劳动争议处理（主要是矛盾调解、关系协调和权益维护等）。其旨在建立和谐劳动关系，在员工职业与福利发展的基础上提升企业效率

附件 6　购买社会工作服务招标书示例

项目名称：　2014 年度 WJ 区社会事务办社工服务岗位采购项目

采购编号：　YL14DZFG007JO

采购目录：　服务类

采购方式：　公开招标

采购预算：

包 A 的预算

名称	每年每个岗位服务费（元）（最高限价）	岗位数	服务时间（年）	总预算（元）
社工岗位	76000. 00	8	3	2688000. 00
社工助理岗位	48000. 00	6	3	

名称	每年每个岗位服务费（元）（最高限价）	岗位数	服务时间（年）	总预算（元）
社工岗位	76000. 00	6	3	2232000. 00
社工助理岗位	48000. 00	6	3	

供应商投标资格：　6. 包（A/B）合格投标人：6. 1 投标人是在中华人民共和国境内注册的法人机构；6. 2 投标人必须是非营利性社会组织并需具备有效的民办非企业单位登记证书（法人）、税务登记证及组织机构代码证；6. 3 投标人必须在 DG 市社会组织管理局登记注册（若未注册的，必须承诺在结果公示结束后七天内在 DG 市社会组织管理局完成登记注册），没有按要求登记注册的中标人，采购人有权取消其中标资格；6. 4 本项目不接受联合体投标。备注：凡两家或以上供应商参加同一项目的采购，有如下情况的，一经发现，将视同串标处理：a）为同一法定代表人的；b）为同一股东控股的；c）其中一家公司为其他公司最大股东的。

采购文件公示开始时间：　2014 年 5 月 21 日 08：30

采购文件公示截止时间：　2014 年 5 月 27 日 17：30

获取文件开始时间：　2014 年 5 月 21 日 08：30

获取文件截止时间：	2014年6月9日17：30
获取文件地址：	略
采购文件售价（元）：	150．00
文件递交开始时间：	2014年6月10日09：00
文件递交截止时间：	2014年6月10日09：30
文件递交地址：	略
开标时间：	2014年6月10日09：30
开标地址：	略
采购人名称：	DG市WJ区办事处社会事务办公室
采购人地址：	DG市WJ区万福路
采购代理机构名称：	DG市粤隆招标有限公司
采购代理机构地址：	DG市NC区胜和路华凯大厦1202号
经办人名称：	翟××
联系电话：	0769－8883××××
说明：	投标人如果没有在DG市政府采购网上注册的，购买采购文件时需提供如下资料：1）营业执照原件/注册登记证书及复印件（加盖公章）；2）税务登记证原件及复印件（加盖公章）；3）银行开户许可证原件及复印件（加盖公章）；4）组织机构代码证原件及复印件（加盖公章）；5）法定代表人身份证复印件（加盖公章）；6）资质证书，并提供以上资料原件的彩色扫描PDF电子版文件。已注册的投标人须携带营业执照、组织机构代码证、税务登记证复印件（加盖公章）。

附件 7　购买社会工作服务项目投标书示例

大鹏残疾人康复治疗服务投标书目录

附件 8　购买社会工作服务中标公示示例

2014 年市级社工服务岗位（06－08）采购（C 包）中标公示受 SZ 市政府采购中心委托，我司对 2014 年市级社工服务岗位（06－08）采购（C 包）（招标编号：SZYM2014－G0041）进行了国内公开招标，经过评标委员会评议，现中标结果已经采购单位确认，特此公示如下：

1. **投标报价及资格核查情况：**

序号	投标单位名称	投标总价	资格核查
1	SZ 市鹏晨社会工作服务社	494000.00	合格
2	SZ 市春雨社会工作服务社	487500.00	合格
3	SZ 市润鹏社会工作服务社	487500.00	合格
4	SZ 市升阳升社会工作服务社	494000.00	合格
5	SZ 市温馨社工服务中心	487500.00	合格
6	SZ 市安澜社工服务社	494000.00	不合格
7	SZ 市志远社会工作服务社	484698.00	合格
8	SZ 市福田现代社工事务所	486000.00	合格
9	SZ 市 LH 新区启明星社工服务中心	492000.00	合格
10	SZ 市 LG 区彩虹社会工作服务中心	493974.00	合格
11	SZ 市日月社会工作服务社	493740.00	合格
12	SZ 市 LG 区春暖社工服务中心	493836.00	合格

2. **评审专家名单：**

林××、赵××、李××、刘××

3. **中标情况：**

（1）中标单位：SZ 市 LG 区彩虹社会工作服务中心

（2）中标金额：人民币肆拾玖万叁仟玖佰柒拾肆元

为体现“公开、公平、公正”的原则，现对以上中标结果公示三个工作日。招标机构联系人：钟××；联系电话：0755－8350××××

SZ市裕明财务咨询有限公司

二〇一四年八月十三日

附件 9　购买社会工作服务合同示例

甲方：SZ 市民政局

乙方：（社工机构名称）

丙方：（用人单位名称）

根据国家有关政策法规，经甲、乙、丙三方协商，在平等、自愿、公平和诚实信用的基础上，就甲方向乙方购买社会工作者为（即丙方）提供专业化服务事宜，自愿签订本合同，共同遵守本合同所列条款。

第一条　服务目的

第二条　服务群体

第三条　服务内容

第四条　购买人员数量

社会工作及相关专业的专业人员 × × 名

第五条　服务标准（注明此标准是每人量还是全部的量）

每名社工专业工作服务指标量，不得低于该名总工作量的 70%。

指标	协议水平
1	
2	
3	
4	
5	
6 ……	

第六条　服务要求

1. 乙方应本着服务至上、诚信为本的宗旨，为丙方委派身体健康并符合合同要求的 × × 名社工，同时需监督管理指导社工为丙方提供相关的优质服务。

所提供的社工应具备以下基本条件：

原则上社工应当为已经取得助理社工师/社工师资格考试证书，或者为社会工作专业及与社会工作相关专业（社会学、心理学、法律、社会保障等）本科（含本科）学历以上；未获得职业资格证书确需上岗的，可以聘为“社工员”（不得超过用人单位使用社工总数的20%），且购买经费及社工员的工资薪酬与注册社工应有区别（具体按照社工主管部门的相关规定执行）；

尊重服务对象的自决权、隐私权、知情权，保护其利益，接纳服务对象；

能运用专业方法和技巧，为丙方解决服务对象的实际问题，为丙方相关工作出谋划策；

热爱社会工作，具有社会责任感和敬业精神，遵守职业操守及丙方的管理制度。

2. 甲方统一督促乙方提供的社工要具备120个小时的培训时间（20小时民政部门基础培训、100小时机构培训），并在合同期内全部完成，乙方保证不定期的专业知识培训。

3. 乙方应与社工建立劳动关系，订立和履行劳动合同，支付社工工资、缴纳相关的社会保险金等费用。

第七条 服务期限、试用期及面试

1. 本合同有效期从2011年1月至2011年12月止。机构应尽快安排社工上岗，若在合同有效期内缺岗一个月以上的，经核实将按实际缺岗时间扣除甲方支付给乙方的服务费用。

2. 社工的服务试用期与社工机构签订的劳动合同约定的试用期不得累计计算。社工的试用期工资以劳动合同的约定为依据计算，与本合同的试用期无关。

3. 新上岗社工需乙方严格把关，丙方无须再面试。若社工与丙方要求不符，丙方可在试用期内要求乙方调换。

第八条 服务费用、支付方式

1. 资助金额：按照7万元/人/年的标准，资助大写人民币____元（￥____）。（拟增加部分另行签订补充协议）

2. 资金拨付：

（1）社工岗位服务经费的80%为“社工服务资助经费”（ ￥____），乙方在2011年3月底前一次性提供甲方该部分资助经费的《G省机关事业单位往来结算票据》，甲方将分一至两次拨付受托银行托管并按月拨付乙方。

（2）社工岗位服务经费的20%为“社工服务费”（￥____），乙方需提供予甲方该部分费用的合法税票，甲方于2011年3月底前拨付60%，即￥____；10月底前拨付40%，即￥____。

第九条　劳动条件

1. 乙方社工按照丙方正常工作时间提供社工服务，并结合所在岗位的实际情况，每周须达到35小时工作时间。回乙方接受培训的时间不得与丙方的正常工作时间冲突。社工工作时间与用人单位工作总时间应保持一致，原则上为7小时/天、35小时/周（但工作时间40小时/周内不视为加班，且因工作岗位特殊需错时上下班的，不宜与用人单位工作时间段保持一致）。

2. 丙方应保证乙方社工正常的作息时间和休假，合理安排其相关工作。如确需在双休日和国家规定的法定假日加班的，须在征得乙方社工同意并另行给予加班补贴的前提下进行，或者安排补休。因社工工作地点在用人单位，原则上其请休假以用人单位批复为准；在不违反社工机构人事管理制度的前提下，社工经用人单位批复即可请假，但应同时电话或传真告知社工机构，并尽快报社工机构登记完善有关备案手续。

3. 丙方在使用社工前，应明确社工服务地点。如果需要外派到SZ市以外的地方工作，也需要明确告知该社工需要到异地的具体地点、异地保险的购买、从事的社工服务内容等，与乙方协商一致后报甲方备案。

4. 到2011年12月底前，允许社工每周有半天的集中督导时间，具体时间和地点由香港督导商用人单位和社工机构后相对固定下来。

5. 各用人单位应对见习督导的相关工作予以实际的支持与配合，共同加强对所在单位一线社工指导和管理。

第十条　考核管理

1. 丙方每季度对乙方提供的社工进行考核。在丙方进行的考核评估中（含试用期内），如乙方社工提供的服务未能达到协议标准或不能通过相关工作考核，丙方有权要求乙方予以调换，经两次以上调换仍达不到工作要求的（占所提供社工15%以上），丙方可提出解除协议要求；双方发生争议的，甲方应予协调。

2. 乙方负责社工业务管理、教育、培训，并配合丙方对社工进行日常管理、考核等。

3. 乙方应对派出的社工定期进行继续教育和考核评估，以促进社工能力的不断提升。

第十一条　责任划分

1. 甲方的权利和义务：（1）在约定的时间内进行拨款。若甲方在约定时间内未按时拨款，造成重大影响的均由甲方承担责任。（2）甲方有权对乙方进行指导、监督和审计工作。具体包括财务监督、服务指导、服务监督及综合评估工作。乙方须配合甲方的工作。（3）若乙方未按照协议将款项全部用于该服务开展，包括挪用、转借、另作他用等，则乙方须承担违约责任，甲方有权停止拨款，乙方应返还未按规定使用的款项；同时，甲方有权单方终止本协议，甲方终止本协议时，乙方应返还甲方已拨付的全部服务资助款项。（4）具体履约过程中如乙方和丙方发生争议，甲方应承担协调处理的职责。（5）丙方若不当使用社工，或丙方让社工所做工作超出社工专业服务范畴的，甲方在调查取证确认事实后，有权直接调换该社工岗位。

2. 乙方的权利和义务：（1）乙方在收取甲方拨付的款项时，需提供给甲方正式的票据。（2）乙方要严格按要求将代收代付的资助款项使用于社工工资薪酬、社工服务活动开展以及社工办公经费等。对于款项的20%经费部分，乙方可用于机构的管理经费，包括场地租金、行政管理人员的薪酬福利、员工培训、水电费和日常行政开支等。如不按要求使用的，乙方应返还甲方所拨的款项。（3）有下列情形之一的，乙方有权临时召回社工或解除合同并向甲方和丙方索要违约赔偿金：①甲方未按时支付有关费用的；②约定的服务内容发生变更而未取得乙方同意的；③丙方对社工工作要求违反法律、法规或损害其身心健康的；④丙方无正当理由频繁要求调换社工的。

3. 丙方的权利和义务：（1）如因乙方社工故意或重大过失给丙方造成损失，丙方有权追究乙方相关责任。（2）丙方应尊重乙方社工及其工作成果，提供安全的劳动条件和必要的工作环境。（3）丙方应合理使用社工，使其充分发挥应有的专业作用，防止社工行政化倾向。

4. 合同延期：本次社工岗位的合同是往年合同的延续，但在下列情况下除外：①对机构进行的年度评估中，未达 A 级标准的机构的所有社工岗位应重新进行统一招投标；②用人单位强烈要求更换社工机构的（经社工主管部门核实理由充足的）；③市或区社工主管部门经过评估认为要调整具体社工岗位的（但原则上要从新增社工岗位中进行对等补充）。

若出现以上情况，则双方停止履行合同或者视情况可重新签订合同。

第十二条　违约责任

该协议属社会公益范畴，影响面广，意义深远，受中华人民共和国有关法律的管辖和保护；任何一方违反合同约定，另一方均有权要求其赔偿因违约造成的损失；乙方应严格履行协议内容，绝对不能挤占、挪用资助资金，乙方如果发生任何违约行为，除按前述条款约定返还项目款外，还需向甲方支付资助社工服务款 30% 的违约金。

第十三条　合同争议的解决方法

本合同发生的争议，由甲乙丙三方友好协商解决。协商解决不成的，可依法向人民法院起诉。

第十四条　合同未尽事宜及生效

三方可协商解除本合同。未尽事宜三方应另行以书面形式补充。本合同一式四份，甲、乙、丙及甲乙双方指定的资金监管银行各执一份，具有同等法律效力，自三方签字盖章之日起生效。

甲方（盖章）：	**乙方（盖章）：**
法定代表人或委任代理人：	**法定代表人或委任代理人：**
联系电话：	**联系电话：**
年　　月　　日	**年　　月　　日**
丙方（盖章）：	
法定代表人或委任代理人：	
联系电话：	**年　　月　　日**

附件10　2013年DG市购买民办社工机构服务评估指标体系列表

第一部分：机构运营（500分）				
一级指标	二级指标	三级指标	评价方式	评价主体
1. 基础条件（25分）	1.1 场地设施（7分）	1.1.1 办公场所（1）	实地查阅	评估中心
		1.1.2 办公设备（1）		
		1.1.3 图书资料（1）		
		1.1.4 培训设施（1）		
		1.1.5 专业工作室（1）		
		1.1.6 网站建设（2）		
	1.2 社工配置（12分）	1.2.1 社会工作者学历情况（3）	实地查阅	评估中心
		1.2.2 社会工作者专业结构（3）		
		1.2.3 通过职业资格考试比值（3）		
		1.2.4 社工离职率（3）		
	1.3 管理人员配置（6分）	1.3.1 专职管理人员数量（2）	实地查阅	评估中心
		1.3.2 专职管理人员专业资格（4）		

续表

第一部分：机构运营（500 分）				
一级指标	二级指标	三级指标	评价方式	评价主体
2. 组织治理（38 分）	2.1 组织架构（7 分）	2.1.1 组织架构图（3）	实地查阅	评估中心
		2.1.2 组织架构图在机构运作中的落实情况（4）		
	2.2 部门职责（8 分）	2.2.1 各部门权力、职责说明（4）	实地查阅	评估中心
		2.2.2 中、高层管理人员职责说明（4）		
	2.3 中长期战略规划（7 分）	2.3.1 战略规划的制订（3）	实地查阅	评估中心
		2.3.2 战略规划的执行（4）		
	2.4 理事会治理（8 分）	2.4.1 理事会章程规范度（2）	实地查阅	评估中心
		2.4.2 理事会角色、权利和责任（2）		
		2.4.3 理事会人员设置与分工（1）		
		2.4.4 理事会成员信息完善度（1）		
		2.4.5 理事会职能履行情况（2）		
	2.5 监事会运作（4 分）	2.5.1 监事会设置（2）	实地查阅	评估中心
		2.5.2 监事会职责履行情况（2）		
	2.6 党建工作（4 分）	2.6.1 党组织设置（2）	实地查阅	评估中心
		2.6.2 党组织开展活动（2）		

续表

第一部分：机构运营（500分）				
一级指标	二级指标	三级指标	评价方式	评价主体
3. 行政与人事管理（85分）	3.1 人事政策（9分）	3.1.1 劳动合同签订（3）	实地查阅	评估中心
		3.1.2 招聘、辞退员工的程序（3）		
		3.1.3 人事档案资料的记录与保存（3）		
	3.2 工资社保（12分）	3.2.1 社工工资发放及时性（3）	实地查阅	评估中心
		3.2.2 员工基本社会保险（3）		
		3.2.3 员工职级晋升和工资增长机制（6）		
	3.3 绩效考核（18分）	3.3.1 绩效考核体系设立情况（6）	实地查阅	评估中心
		3.3.2 组织考核的实施情况（6）		
		3.3.3 考核结果的使用情况（6）		
	3.4 员工培训（25分）	3.4.1 新员工启导课程（7）	实地查阅	评估中心
		3.4.2 在职员工培训计划（8）		
		3.4.3 员工培训工作实施情况（10）		
	3.5 社工监管（17分）	3.5.1 社工监管制度（4）	实地查阅	评估中心
		3.5.2 社工监管记录（5）		
		3.5.3 社工到岗情况（8）		
	3.6 实习生管理（4分）	3.6.1 实习生管理制度制定（2）	实地查阅	评估中心
		3.6.2 实习生管理情况（2）		

续表

第一部分：机构运营（500分）				
一级指标	二级指标	三级指标	评价方式	评价主体
4. 服务管理（135分）	4.1 服务政策（15分）	4.1.1 服务政策的制定与执行（15）	实地查阅	评估中心
	4.2 服务程序（35分）	4.2.1 服务程序制定与执行（10）	实地查阅	评估中心
		4.2.2 服务过程记录（9）		
		4.2.3 资料档案管理（8）		
		4.2.4 信息保密情况（8）		
	4.3 服务检讨机制（43分）	4.3.1 自我检查制度（12）	实地查阅	评估中心
		4.3.2 定期检讨执行情况（18）		
		4.3.3 结果处理与跟进（13）		
	4.4 意见收集及投诉处理机制（7分）	4.4.1 制度建设（2）	实地查阅	评估中心
		4.4.2 相关信息收集（2）		
		4.4.3 处理与跟进（3）		
	4.5 督导机制（35分）	4.5.1 督导制度建立与执行（15）	实地查阅	评估中心
		4.5.2 内部督导人才培养（10）		
		4.5.3 与外部督导沟通配合情况（10）	问卷调查	香港督导
5. 组织文化建设（87分）	5.1 服务品牌（21分）	5.1.1 服务品牌意识（7）	实地查阅	评估中心
		5.1.2 服务品牌建立（7）		
		5.1.3 服务品牌宣传（7）		
	5.2 获奖情况（16分）	5.2.1 员工个人获奖情况（8）	实地查阅	评估中心
		5.2.2 机构团体获奖情况（8）		
	5.3 团队文化建设（10分）	5.3.1 机构与社工之间沟通交流情况（5）	问卷调查	机构社工
		5.3.2 组织团队建设活动情况（5）		
	5.4 员工满意度（40分）	5.4.1 公益服务理念（5）	问卷调查	机构社工
		5.4.2 管理能力与水平（5）		
		5.4.3 组织文化（5）		
		5.4.4 薪酬待遇（5）		
		5.4.5 工资发放（5）		
		5.4.6 内部支持（5）		
		5.4.7 内部培训成效（5）		
		5.4.8 员工的整体评价（5）		

续表

第一部分：机构运营（500分）				
一级指标	二级指标	三级指标	评价方式	评价主体
6. 组织持续发展能力（130分）	6.1 运营与服务创新能力（25分）	6.1.1 运营与服务过程中体现出的创新意识（5）	实地查阅	评估中心
		6.1.2 创新性服务模式探索与实践（10）		
		6.1.3 创新性服务模式总结与提炼（10）		
	6.2 资源整合能力（25分）	6.2.1 人力资源整合情况（6）	实地查阅	评估中心
		6.2.2 物质资源整合情况（7）		
		6.2.3 组织资源整合情况（6）		
		6.2.4 其他资源整合情况（6）		
	6.3 公共事件响应（15分）	6.3.1 公共事件响应机制建设（7）	实地查阅	评估中心
		6.3.2 对公共事件的回应情况（8）		
	6.4 服务单位评价（40分）	6.4.1 与服务单位的沟通合作情况（8）	问卷调查	服务单位
		6.4.2 机构对社工的监管情况（8）		
		6.4.3 对该机构社工专业服务质素的评价（8）		
		6.4.4 对该机构组织文化建设情况的评价（8）		
		6.4.5 对该社工机构的总体评价（8）		
	6.5 督导评价（20分）	6.5.1 机构与督导的沟通合作情况(4)	问卷调查	香港督导
		6.5.2 对该机构专业组织管理情况的评价（4）		
		6.5.3 对该机构专业服务能力的评价（4）		
		6.5.4 对该机构促进社工成长方面所给支持方面的评价（4）		
		6.5.5 对该机构的总体评价（4）		
	6.6 公共传媒评价（5分）	6.6.1 获得媒体正面报道情况（5）	实地查阅	评估中心

续表

第二部分　财务运作（100 分）			
一级指标	二级指标	评价方式	评价主体
1. 财务管理机制（30 分）	1.1 民非财务制度建立（6）	实地查阅	评估中心财务人员
	1.2 专职财务人员（6）		
	1.3 财务会计报告（6）		
	1.4 财务会计资料归档（6）		
	1.5 财务报表业经审计（6）		
2. 政府资助款项使用（50 分）	2.1 社工工资符合制度要求（5）	实地查阅	评估中心财务人员
	2.2 岗位社会工作者配置到位（15）		
	2.3 活动经费使用比例（10）		
	2.4 工资及活动经费占政府资助款比例（10）		
	2.5 员工工资发放额度符合文件规定（5）		
	2.6 核算政府资助款项（5）		
3. 整体财务健康状况（20 分）	3.1 收支平衡（10）	实地查阅	评估中心财务人员
	3.2 总体评价（10）		

第三部分　综合成效（400 分）				
一级指标	二级指标	三级指标	评价方式	评价主体
1. 岗位服务成效（80 分）	1.1 岗位服务监管与评估（30 分）	1.1.1 岗位服务管理体系（7）	实地查阅	评估中心
		1.1.2 岗位绩效评估工具（8）		
		1.1.3 岗位绩效评估工作实施（15）		
	1.2 岗位服务数据统计（10 分）	1.2.1 服务数据统计的时效性（5）	实地查阅	评估中心
		1.2.2 服务数据统计的准确性（5）		
	1.3 岗位服务指标完成情况（15 分）	1.3.1 合同服务量设置合理性（5）	实地查阅	评估中心
		1.3.2 合同服务量达成比率（5）		
		1.3.3 各类型服务达成比率（5）		
	1.4 岗位服务成效（25 分）	1.4.1 服务成效报告撰写规范性（7）	实地查阅	评估中心
		1.4.2 报告总体质量（8）		
		1.4.3 岗位服务综合成效（10）		

续表

第三部分　综合成效（400分）				
一级指标	二级指标	三级指标	评价方式	评价主体
2. 项目服务成效（80分）	2.1 项目服务成效测评机制（30分）	2.1.1 项目服务管理体系（7）	实地查阅	评估中心
		2.1.2 项目绩效评估工具（8）		
		2.1.3 项目绩效评估工作实施（15）		
	2.2 承接政府委托项目运营情况（20分）	2.2.1 签订项目服务合同数量（5）	实地查阅	评估中心
		2.2.2 政府资助项目运作质量（15）		
	2.3 自主筹资项目运作情况（10分）	2.3.1 自筹资金项目数量（5）	实地查阅	评估中心
		2.3.2 自筹项目运作质量（5）		
	2.4 项目服务成效（20分）	2.4.1 服务成效报告撰写规范性（5）	实地查阅	评估中心
		2.4.2 报告总体质量（5）		
		2.4.3 项目服务综合成效（10）		
3. 义工服务队伍建设（20分）	3.1 义工服务队伍体系建设情况（5分）	3.1.1 义工队伍管理制度建设（2）	实地查阅	评估中心
		3.1.2 义工调动与管理工作实施（3）		
	3.2 义工服务管理情况（5分）	3.2.1 义工登记、注册情况（2）	实地查阅	评估中心
		3.2.2 对义工进行培训和团队建设情况（3）		
	3.3 发动义工参与服务情况（10分）	3.3.1 义工参与服务活动次数的比例（5）	实地查阅	评估中心
		3.3.2 社工发动义工参与活动的次数（5）		
4. 服务单位对服务成效的评价（80分）	4.1 协议工作完成情况（20）		问卷调查	服务单位
	4.2 对服务单位的影响（30）			
	4.3 对服务对象的成效（30）			

续表

<table>
<tr><th colspan="4">第三部分　综合成效（400 分）</th></tr>
<tr><th>一级指标</th><th>二级指标</th><th>评价方式</th><th>评价主体</th></tr>
<tr><td rowspan="6">5. 督导对服务成效的评价（80 分）</td><td>5. 1 岗位工作量饱和度（10）</td><td rowspan="6">问卷调查</td><td rowspan="6">香港督导</td></tr>
<tr><td>5. 2 岗位工作专业体现度（10）</td></tr>
<tr><td>5. 3 社工服务对服务对象需求的满足情况（15）</td></tr>
<tr><td>5. 4 专业技巧应用（15）</td></tr>
<tr><td>5. 5 服务对象的转变情况（15）</td></tr>
<tr><td>5. 6 社会工作者专业质素（15）</td></tr>
<tr><td rowspan="6">6. 服务对象对服务成效的评价（60 分）</td><td>6. 1 服务对象对所接受服务的认知情况（10）</td><td rowspan="6">随机抽取一定比例服务对象进行电话访谈</td><td rowspan="6">服务对象</td></tr>
<tr><td>6. 2 服务对象对所接受服务的满意度（10）</td></tr>
<tr><td>6. 3 服务对象对社会工作者的评价（10）</td></tr>
<tr><td>6. 4 专业技术的应用情况（10）</td></tr>
<tr><td>6. 5 服务对象反映的服务成效（10）</td></tr>
<tr><td>6. 6 对社会工作者和社会工作机构的总体评价（10）</td></tr>
</table>

附件 11　购买社会服务项目实施计划书示例

“青友团”青工人际交往服务项目书

一、项目背景

SZ 是一个外来劳务工非常聚集的城市，在经历经济腾飞的同时也面临着各种各样与外来劳务工相关的问题。其中，青工作为最重要的一个群体，他们面临的工作、生活、人际交往等方面的问题也日益凸显。根据埃里克森人生八阶段理论，处在成年期的人，面临着“亲密对孤独的冲突”与“生育对自我专注的冲突”，而处在成年期的青工群体，需要在恋爱中建立真正亲密无间的关系，从而获得亲密感，不仅要生育下一代，同时要承担更多的社会责任。很多聚集在工业园区、大型企业的外来青工，工作环境、工作模式较单一，人际交往圈较为狭窄，很难在繁忙的工作之余结交更多的朋友，导致此阶段对亲密感的需求得不到满足，从而产生了很多社会问题。

青工婚恋交友服务项目旨在通过企业社工的介入和服务为 LH 地区工业园区和企业的青工们提供一个扩大人际交往圈的平台，帮助他们解决因婚恋交友需求得不到满足而产生的各种问题，同时服务于社区及周边的外来务工人员，丰富外来工业余生活，为外来工群体提供支援和互助网络，促进社区和谐。

二、项目目标

通过前期的调研，了解到青工群体在婚恋交友方面的问题与需求，我们针对青工群体的现状，结合他们的实际需求，希望达到以下目标：

1. 针对青工正处在特殊的人际交往时期，通过教育服务，倡导正确的婚恋观，帮助他们正确认识到应如何面对婚恋交友中出现的问题。针对部分青工因教育缺失而导致的各种伤害事件，通过婚前教育（如性教育、育婴知识、家庭关系的处理等）的方式减少。

2. 针对青工恋爱关系中出现的困扰以及家庭关系中出现的分歧和冲突，通过专业社工个案工作来化解矛盾，提高个人解决问题的能力，修复家庭功能和结构。

3. 针对青工缺乏扩大人际交往圈途径的问题，为其打造婚恋交友平台，通过各种婚恋相关的小组和社区活动建立青工之间的联系。

4. 针对青工婚恋交友方面的需求，通过调研并形成综合调研报告，探索此类服务中企业社工的角色和作用。

5. 孵化一个以企业青工为主要力量的社会组织或义工小组，为自己园区的企业青工提供宣传、交友、联谊、调解等服务。

三、项目实施地与受益人群

项目实施地：LH 新区，外来青工聚居区

项目受益人群：有婚恋、交友需求的外来青工群体

四、项目内容

（一）在工业园区建立固定的交友活动中心

建立固定的青工活动中心是吸引青工参与服务和保证服务延续性的最重要保证。作为项目执行和社工办公的场所，青工活动中心应该建立在青工群体聚居的工业园区或社区，能够容纳至少 50 名人员开展活动，同时包括工作人员的办公场所。

（二）针对青工的具体需求，提供相关服务

1. （教育性服务）针对婚恋交友和身心健康方面的富有教育性意义的宣传、讲座和培训活动。

我们经常可以在服务中看到青工群体中普遍存在着健康知识缺失的问题，尤其是生殖生育健康方面的知识。对于青年女工而言，这方面的问题尤其突出，从而常常发生未婚先孕、堕胎、未婚生子等情况。开展健康知识讲座，旨在为青工群体尤其是青年女工普及健

康知识、女工权益知识，强化他们的自我保护意识和能力，推动两性关系平等化，减少他们在婚恋过程中可能受到的伤害。

对在婚恋交友的过程中遇到的有效沟通、有效解决冲突等问题通过沟通技巧工作坊、婚恋知识大讲堂、潜力挖掘小组等服务帮助青工群体挖掘潜力，提升能力。

2.（婚恋及家庭辅导服务）针对青工群体在恋爱和婚姻家庭方面遇到的情感困扰和家庭问题进行一对一的辅导，帮助其恢复正能量，正确面对困扰，提高解决问题的能力。同时针对婚姻法方面的知识提供咨询服务，帮助维护自身合法权益。

3.（拓展人际交往圈服务）针对青工群体交际圈过小的现状，举办各类小组和社区活动，帮助青工群体走出工厂，走出宿舍，认识更多的朋友，建立支持网络。

（1）建立“青友团”青工婚介会所

在项目所在地自建或与专业相亲机构合作开办青工婚介会所，建立会员档案，提供实名制相亲服务。

（2）交友联谊主题活动

在每年的情人节、七夕节、光棍节、圣诞节等节日举办“八分钟”约会、联谊沙龙、联谊晚会等活动，鼓励青工群体积极参与。

（3）整合资源，与交友网站合作，在网站建立交友专区，方便青工通过网络建立联系。

（4）每年与婚纱摄影公司或婚庆公司合作举办“青友团”集体婚礼活动。

4.（社会组织孵化服务）本着鼓励企业青工积极自主参与社会建设的理念，开展与青工婚恋交友相关的社会组织孵化服务，组建义工团队，扩大项目服务群体范围。

（1）组建“青友团”义工服务队

以先期参与“青友团”项目服务的义工为主力，逐渐发展更多的青工参与，注册团体义工，先期协助项目社工开展各种服务。

（2）义工领袖培养、义工培训和义工发展服务在服务过程中逐渐培养义工领袖，通过与区义工联的合作，寻找义工培训资源，将“青友团”义工组织发展成为自主化、规范化运作的义工团队。并逐渐将义工服务分化为不同部门，为有需要的青工群体提供宣传、交友、联谊和其他相关服务，充实义工团队力量。

五、项目保障

（一）组织保障

该项目由LH新区相关政府部门作为业务主管单位，负责项目场地、经费落实以及项目监管等；SZ市LG区至诚社会工作服务中心负责派遣社工，对社工进行日常管理及业务指导等。

（二）专业保障

项目将邀请香港社研专业督导、井冈山大学、长沙民政学院、中南民族大学等各大高校专业师资队伍以及其他对青工人际交往服务工作感兴趣或有经验的人士参与，建立项目顾问团队，对项目的发展方向、内容、进度等进行指导和评价。

（三）监督评估

项目开展过程中，特别关注受益群体的反馈，鼓励受益群体参与项目活动的设计和组织；通过公益评估组织对项目效果进行定期评估。

六、项目分项清单及报价

本项目服务期为一年，共派驻3名社工，共计44.9万元。

序号	支出项目	支出细项	支出金额（万元）	比例	备注（核算方式）
1	人员经费	社工工资	13.68（0.38/月×3人×12月）	60.94%	市级社工服务购买协议及资助协议
		社工绩效奖金及福利	0.464（0.012889×3名×12月）	2.07%	
		社会保险	2.52（0.07×3名×12月）	11.22%	市社保局文件
		住房公积金	0.576（0.016×3名×12月）	2.57%	
		合计	17.24	76.79%	
2	活动	活动经费	0.288	1.28%	物资及小礼物等
		办公经费	0.216	0.96%	办公用品及环境布置
		交通费用	0.216	0.96%	通讯费及午餐费等
		合计	0.72	3.21%	
3	机构综合管理费用	机构全体社工后续教育及培训	0.36	1.6%	聘请授课专家费用
		机构行政人员工资及管理费分摊	4.13	18.4%	包括机构水电、房租、固定资产折旧、非限定性等分摊
		合计	4.49	20%	
	项目总合计		22.45	100%	

附件 12　社工服务项目案主跟踪服务案例

由受助走向自助的蜕变——一个脱离低保行列的家庭新适应

案例分类：家庭个案

所属项目：××街××家庭综合服务中心

所属机构：GZ 市××社会工作服务中心

跟进社工：林××

跟进起止时间：2012 年 11 月至 2013 年 3 月

一、背景

1. 个案来源：社会工作者在社区随机家访时偶然来到小 C 家，当时只有妈妈叶姨在家，社会工作者尝试了解更多关于小 C 和家庭的情况，初步了解这个家庭的需求，叶姨也明确希望社会工作者可以提供帮助。

2. 基本资料：

（1）家庭基本情况：服务对象一家是一个三口之家。叶姨是广西人，41 岁，之前曾有过一段婚姻，生了一个女儿，目前已成年，在 GZ 工作。离婚后嫁给了比自己年长将近 30 岁的现任丈夫宝叔，并生了小 C。叶姨目前在一家医院的饭堂工作。小 C 年约 16 岁，刚刚升读区内一所职业中学。由于宝叔年纪大，10 年前就已经没有工作了。

（2）家庭资源情况 ：2011 年，政府的相关政策允许长者一次性买断社保享受退休待遇。考虑到宝叔年纪比较大，而女儿才 16 岁，养老没有保障，叶姨和宝叔商量决定向亲友借款 3 万多元一次性买断社保，这样每个月可以拿到 1381 元的退休金，但还要每月缴纳 352 元的医保金。2011 年 9 月，宝叔拿到退休金后，他们一家的收入超出了低保线，政府按规定取消了他们一家的低保待遇。

二、需求

1. 家庭的经济及生活适应

服务对象一家现在面临的外部问题主要是资源不足，未能顺利帮小C申请学费减免；失去低保救助后，家庭生活面临更多开支，令服务对象一家生活资源更缺乏。服务对象一家曾是低保对象，享受政府相关的福利待遇，当取消相关福利待遇后，服务对象一家感到彷徨。除政府提供的资源外，服务对象一家很少利用社会环境中的其他资源，也缺乏寻找和利用这些资源的意识。

2. 小C的情绪舒缓紧急

小C目前的情绪依然低落，可见升学失利给她造成很大的打击。在中考期间小C曾出现自虐行为，如果目前情绪处理不好，很可能导致小C再次发生自虐行为，需要及时帮助小C从升学失利的打击中走出来。

三、做法

1. 介入理论

社会支持理论重视人对社会的适应性问题，强调人在社会环境中的感受，重视个人对周围环境中的资源的利用。社会支持是与困难群体的存在相伴随的社会行为，一般是指来自个人之外的各种支持的总称，社会工作人员在社会支持理论的指导下，为需要帮助的困难群体提供社会支持，包括正式的社会资源和非正式的社会资源。

2. 服务策略

（1）适当时候约见宝叔和小C，整体评估服务对象一家的需求，与服务对象协商个案服务的具体目标，并发掘服务对象一家所做过的努力，发掘他们的能力，以更好协助他们寻求资源满足自身需求。

（2）评估小C目前的情绪状况，协助她处理升学失利的情绪困扰，尽快适应新的学习，协助她发展未来的学习目标。

（3）协助服务对象一家调整目前的收入分配，以应对目前生活的困境。此外，社会工作者需了解相关政策，以及寻找合适的资源，协助服务对象向相关部门及社会机构申请所需资源，从中培养服务对象一家寻找和利用社会资源的能力和意识。

3. 介入过程

第一阶段：建立关系，协助服务对象一家调整收入分配，按需要迫切程度分配收入，以应对取消低保带来的影响。

社会工作者分析，由于有了宝叔这份养老金后，一家人的收入超出低保线，失去低保相关的福利救助，这是宝叔未曾预见的。宝叔非常认同社会工作者的分析，这些意外的困难才是造成困扰的原因，即使再次选择，自己还是希望借钱购买社保，为将来养老作保障。

宝叔继而诉说家庭目前的困境。社会工作者重新分析了宝叔目前面对的经济困境，一是女儿的学费，二是偿还债务，三是生活开支。社会工作者与宝叔一起分析，这三个主要开支如何分清主次，宝叔认为女儿的学业最重要，其次是保障一家的生活，最后是偿还债务。清晰开支的主次后，社会工作者鼓励宝叔先满足女儿的学业需要，先交学费，然后保障一家人的基本生活。债务方面，建议宝叔这两个月暂缓偿还，等一家生活稳定后再慢慢偿还。宝叔虽然还是觉得目前生活困难，但已经清晰家庭开支的主次，相信熬过 3 年，一家人的生活将得到改善，并且不需要担心自己养老会成为妻子和女儿的负担。

第二阶段：协助小 C 处理学业上的困惑，预防自虐行为发生。帮助小 C 寻找资源完成学业，同时培养服务对象寻找社会资源的能力。

社会工作者通过行业内的专业网络找到了在 GZ 市有资助职业中学的基金会，并与相关负责人联系，了解相关流程和所需材料。做好相关准备后，社会工作者约见了小 C。首先，社会工作者从小 C 目前的学习生活聊起，尝试多了解小 C，同时也与小 C 建立关系。了解了她对自己就读的职中会计专业的看法，鼓励她即使是读职业中学也可以有很大发展空间的。在等待政府助学申请审批期间，小 C 告知社会工作者自己学校有一个优秀学生助学金项目可以申请，通过社会工作者与居委会协调，开具了证明，帮助小 C 顺利凭借自己优秀的学业成绩获得助学金。

社会工作者与小 C 谈她对目前学习生活的感受，小 C 感觉目前开始有学习的目标，希望自己可以考取大学。对于不能升读高中虽然感觉遗憾，但小 C 对目前的学习状态感觉不错，希望通过努力将来有一份好工作，改善家庭生活。

第三阶段：个案评估及结案。

个案服务后期，服务对象一家的困扰得到解决。小 C 通过自身发掘顺利获得助学金资助后，积极参与学校的社团活动，并多次到中心参加义工服务，已开始积极面对新的学业及生活。宝叔一开始对目前的生活很担忧，现在也按原来的计划还款，期望 3 年后家庭经济方面有较好的改善。最后，社会工作者还引导服务对象一家向“狮子会”申请了一些生活物资资助，减轻家庭的负担。

四、成效

评估主要针对实现目标的评估测量。在个案服务过程中，社会工作者成功协助服务对象分析如何处理家庭财务，适应了因取消低保带来的影响，并协助服务对象安排好家庭开支分配，令生活变得稳定及有希望。其次，社会工作者曾主动帮助服务对象资源链接并未成功，但这给了服务对象一家示范，他们开始主动发掘更多满足自身需求的资源，并成功申请。小 C 在社会工作者的引导及学校老师的帮助下，开始规划自己的学业及职业的发展道路，目前已积极面对学业和生活。社会工作者的介入并未直接为服务对象带来资源，但提升了服务对象发掘和利用社会资源的意识和能力，成功申请相关资源并改善家庭经济困境。

结案情况：服务对象一家的服务目标基本达到，他们的需求基本得到满足，社会工作者在知会服务对象前提下结束专业关系。由于宝叔已 70 岁，已转介中心长者服务跟进。小 C 在个案服务期间曾参与中心义工服务，会继续邀请其参与义工服务及中心青少年服务。

五、点评

1. 本个案服务对象是一个刚脱离低保的家庭，虽然收入水平超出了低保救助线，但实际上他们的生活并没有改善，反而面临经济危机。在与宝叔及小 C 面谈时，社会工作者仅仅是帮助其分析目前面对的情况，以及对未来生活的希望，帮助他们有序处理目前的困境，建立慢慢改善生活的希望和信心，让他们更好接受和面对生活。服务对象的习惯思维是政府会有救助，一旦失去就感觉无助，社会工作者的介入让服务对象一家有了新的看法，他们开始关注社会资源，而不是抓住政府福利不放。社会工作者主动引导服务对象一家争取社会资源，最后获得成功。

2. 本个案在评估时已发现服务对象一家的支持网络不足，亲友网络缺乏，邻居网络缺少，重点依靠政府，但在个案跟进时并未重点协助服务对象建立支持网络。在社区处理该类个案，需要协助服务对象建立社区内的支持网络。

参考文献

中文著作（含译著）

[1] 本书编写组.《关于加强社会工作专业人才队伍建设的意见》辅导读本［M］. 北京：中国社会出版社，2011.

[2] 陈锦棠，等. 香港社会服务评估与审核［M］. 北京：北京大学出版社，2008.

[3] 陈武雄. 社会立法析论（第二版）［M］. 台北：扬智文化事业股份有限公司，2006.

[4] 蔡汉贤，等. 社会福利新论（二版增修）［M］. 台北：松慧有限公司，2006.

[5] 段凤东，等. 民政简史［M］. 北京：中国社会出版社，1996.

[6] 丁建定. 社会福利思想（第2版）［M］. 武汉：华中科技大学出版社，2009.

[7] 费孝通. 社会调查自白：怎样做社会研究［M］. 上海：上海人民出版社，2009.

[8] 费孝通. 乡土中国［M］. 北京：北京大学出版社，2012.

[9] 法正. 社会政策与社会立法［M］. 台北：高点文化事业有限公司，2006.

[10] 法正. 社会福利服务［M］. 台北：高点文化事业有限公司，2006.

[11] 范丽珠. 全球化下的社会变迁与非营利组织（NGO）［M］. 上海：上海人民出版社，2003.

［12］风笑天．社会学研究方法［M］．北京：中国人民大学出版社，2001.

［13］丰华琴．从混合福利到公共治理——英国个人社会服务的源起与演变［M］．北京：中国社会科学出版社，2010.

［14］广东省地方史志编纂委员会．广东省志民政志［M］．广州：广东人民出版社，1993.

［15］关信平．社会政策概论［M］．北京：高等教育出版社，2004.

［16］何增科．公民社会与第三部门［M］．北京：社会科学文献出版社，2000.

［17］黄晓东．社会资本与政府治理［M］．北京：社会科学文献出版社，2011.

［18］黄施涛，等．社会福利概论：以老人福利为导向［M］．台北：心理出版社，2006.

［19］黄源协．社会工作管理［M］．台北：扬智文化事业股份有限公司，1999.

［20］黄源协．个案管理与照顾管理［M］．台北：双叶书廊有限公司，2007.

［21］金观涛．探索现代社会的起源［M］．北京：社会科学文献出版社，2010.

［22］金观涛．兴盛与危机：论中国社会超稳定结构［M］．北京：法律出版社，2011.

［23］金耀基．博源文库现代性与中国社会转型丛书总序［M］．北京：社会科学文献出版社，2009.

［24］景天魁．当代中国社会福利思想与制度［M］．北京：中国社会出版社，2011.

［25］厉以宁，等．走向繁荣的战略选择［M］．北京：经济日报出版社，1991.

［26］李兵．社会服务［M］．北京：知识产权出版社，2011.

［27］李兵．社会服务研究［M］．北京：知识产权出版社，2012.

[28] 李秉勤. 欧美福利制度：挑战、改革与约束 [M]. 北京：中国社会出版社，2011.

[29] 李旭章. 中国财政变革与基本公共服务均等化 [M]. 北京：中共中央党校出版社，2012.

[30] 李迎生. 转型时期的社会政策：问题与选择 [M]. 北京：中国人民大学出版社，2007.

[31] 李迎生. 社会工作概论 [M]. 北京：中国人民大学出版社，2010.

[32] 李迎生. 当代中国社会政策 [M]. 上海：复旦大学出版社，2012.

[33] 李仲伟，等. 广州文献书目提要 [M]. 广州：广东人民出版社，2000.

[34] 廖鸿，等. 澳大利亚非营利组织 [M]. 北京：中国社会出版社，2011.

[35] 林万亿. 台湾的社会福利：历史经验与制度分析 [M]. 台北：五南图书出版股份有限公司，2006.

[36] 林万亿. 福利国家——历史比较的分析 [M]. 台北：巨流图书公司，2006.

[37] 刘洪. 民政30年广东卷（1978—2008年）[M]. 北京：中国社会出版社，2008.

[38] 刘少杰. 中国社会学的发端与扩展 [M]. 北京：中国人民大学出版社，2007.

[39] 柳拯. 规律与模式：从制度视角建构中国本土社会工作 [M]. 北京：中国社会出版社，2010.

[40] 罗荣渠. 现代化新论——世界与中国的现代化进程 [M]. 北京：北京大学出版社，1995.

[41] 马骏，等. 美国进步时代的政府改革及其对中国的启示 [M]. 上海：格致出版社，2010.

[42] 马庆钰、廖鸿. 中国社会组织发展战略 [M]. 北京：社会科学

文献出版社，2015.

［43］民进中央宣传部．雷洁琼文集（下）［M］．北京：开明出版社，1994.

［44］民政部人事教育司．民政理论与培训实务教材［M］．北京：中国社会出版社，2006.

［45］潘绥铭．论方法：社会学调查的本土实践与升华［M］．北京：中国人民大学出版社，2011.

［46］彭华民．福利三角中的社会排斥——对中国城市新贫穷社群的一个实证研究［M］．上海：上海人民出版社，2007.

［47］彭华民．西方社会福利理论前沿：论国家、社会、体制与政策［M］．北京：中国社会出版社，2009.

［48］彭华民．从沉寂到创新：中国社会福利构建［M］．北京：中国社会科学出版社，2012.

［49］彭秀良．守望与开新——近代中国的社会工作［M］．石家庄：河北教育出版社，2010.

［50］全国干部培训教材编审指导委员会．科学发展主题案例：社会服务与管理［M］．北京：人民出版社，2011.

［51］全国社会工作者职业水平考试教材编写组．社会工作综合能力［M］．北京：中国社会出版社，2011.

［52］孙长学．社会服务业：战略与选择［M］．太原：山西经济出版社，2012.

［53］孙立平．重建社会：转型社会的秩序再造［M］．北京：社会科学文献出版社，2009.

［54］孙立平．失衡：断裂社会的运作逻辑［M］．北京：社会科学文献出版社，2004.

［55］沙依仁，等．社会工作管理［M］．台北：五南图书出版股份有限公司，2004.

［56］谈志林．走向公民社会：地方社团发展的制度分析——以北京市、温州市、哈尔滨市社团为例［M］．北京：中国社会出版社，2010.

[57] 吴晓波．历代经济变革得失［M］．杭州：浙江大学出版社，2013.

[58] 王爱平．中国社会福利政策研究［M］．北京：中国社会出版社，2013.

[59] 王名．社会组织论纲［M］．北京：社会科学文献出版社，2013.

[60] 王名．英国非营利组织［M］．北京：社会科学文献出版社，2009.

[61] 王浦劬、［美］萨拉蒙．政府向非营利组织购买公共服务研究——中国与全球经验分析［M］．北京：北京大学出版社，2010.

[62] 王思斌．社会工作导论［M］．北京：北京大学出版社，2011.

[63] 王小章．经典社会理论与现代性［M］．北京：社会科学文献出版社，2005.

[64] 文贯中．吾民无地：城市化、土地制度与户籍制度的内在逻辑［M］．北京：东方出版社，2014.

[65] 萧功勤．超越左右激进主义——走出中国转型的困境［M］．杭州：浙江大学出版社，2012.

[66] 阎明．中国社会学史：一门学科与一个时代［M］．北京：清华大学出版社，2010.

[67] 俞可平．治理与善治［M］．北京：社会科学文献出版社，2000.

[68] 袁方．社会研究方法教程［M］．北京：北京大学出版社，1997.

[69] 翟学伟．人情、面子与权力的再生产［M］．北京：北京大学出版社，2005.

[70] 张静．法团主义——及其与多元主义的主要分歧［M］．北京：中国社会科学院出版社，1998.

[71] 张静．社会学论文写作指南［M］．上海：世纪出版集团，2008.

［72］郑功成．社会保障学［M］．北京：中国劳动社会保障出版社，2005.

［73］郑功成．从企业保障到社会保障——中国社会保障制度变迁与发展［M］．北京：中国劳动社会保障出版社，2009.

［74］郑杭生．社会学概论新修（第四版）［M］．北京：中国人民大学出版社，2013.

［75］郑杭生．李迎生．中国社会学史新编［M］．北京：高等教育出版社，2000.

［76］中国社团研究会．中国社团发展史［M］．北京：当代中国出版社，2001.

［77］中国社会组织年鉴编委会．中国社会组织年鉴 2012［M］．北京：中国社会出版社，2013.

［78］周其仁．城乡中国［M］．北京：中信出版社，2014.

［79］周志忍．当代国外行政改革比较研究［M］．北京：国家行政学院出版社，1999.

［80］［丹麦］戈斯塔·埃斯平·安德森．福利资本主义的三个世界［M］．苗正民，等译．北京：商务印书馆，2010.

［81］［丹麦］戈斯塔·埃斯平·安德森．转型中的福利国家——全球经济中的国家调整［M］．杨刚译．北京：商务印书馆，2010.

［82］［德］马克斯·韦伯．社会科学方法论［M］．李秋零，等译．北京：中国人民大学出版社，1999.

［83］［德］马克思、恩格斯．共产党宣言［M］．北京：中央编译出版社，2005.

［84］［德］Franz－Xaverkaufmann 著，施世骏译．德国福利国家的挑战［M］．台北：五南图书出版公司，2002.

［85］［德］乌尔里希·贝克，等著，李荣山等译．个体化［M］．北京：北京大学出版社，2011.

［86］［法］E. 迪尔凯姆著，狄玉明译．社会学方法的准则［M］．北京：商务印书馆，1995.

[87] [法] 费尔南·布罗代尔著，常绍民等，译．文明史 [M]．北京：中信出版社，2014.

[88] [法] 让·卡泽纳弗著，杨捷译．社会学十大概念 [M]．上海：上海人民出版社，2011.

[89] [法] 托克维尔著，马丽仪译．论美国的民主 [M]．北京：国家行政学院出版社，2013.

[90] [美] 艾尔·巴比著，李银河编译．社会研究方法 [M]．成都：四川人民出版社，1987.

[91] [美] 彼得·埃文斯等编著，方力雄等译．找回国家 [M]．北京：三联书店，2009.

[92] [美] 彼得·布劳马歇尔·梅耶著，马戎等译．现代社会中的科层制 [M]．上海：学林出版社，2011.

[93] [美] 彼得·德鲁克著，蔡文燕译．下一个社会的管理 [M]．北京：机械工业出版社，2007.

[94] [美] 彼得·M. 布劳著，李国武译．社会生活中的交换与权力 [M]．北京：商务印书馆，2008.

[95] [美] 丹尼尔·A. 雷恩著，赵睿，等译．管理思想的演变 [M]．北京：中国社会科学出版社，2000.

[96] [美] 丹尼尔·贝尔著，高铦，等译．后工业社会的来临——对社会预测的一项探索 [M]．北京：新华出版社，1997.

[97] [美] 戴维·奥斯本特德·盖布勒著，周敦仁，等译．改革政府：企业家精神如何改革着公共部门 [M]．上海：上海译文出版社，2006.

[98] [美] 戴维·S. 兰德斯著，门洪华，等译．国富国穷 [M]．北京：新华出版社，2010.

[99] [美] 弗朗西斯·福山著，刘榜离，等译．大分裂：人类本性与社会秩序的重构 [M]．北京：中国社会科学出版社，2002.

[100] [美] KathleenMcInnis - Dittrich 著，胡慧荧，等译．整合社会福利政策与社会工作实务 [M]．台北：扬智文化事业股份有限公

司，1999.

［101］［美］克莱·舍基著，胡泳，等译．未来是湿的：无组织的组织力量［M］．北京：中国人民大学出版社，2009，

［102］［美］拉尔夫·多戈夫，等著，隋玉杰译．社会工作伦理实务工作指南（第七版）［M］．北京：中国人民大学出版社，2005.

［103］［美］鲁斯·华莱士，等著，刘少杰等译．当代社会学理论：对古典理论的拓展（第六版）［M］．北京：中国人民大学出版社，2006.

［104］［美］罗纳德·英格尔哈特著，严挺译．现代化与后现代化：43 个国家的文化、经济与政治变迁［M］．北京：社会科学文献出版社，2013.

［105］［美］马克·罗伯特，兰克著，屈腾龙译．国富民穷：美国贫困何以影响我们每个人［M］．重庆：重庆大学出版社，2014.

［106］［美］尼尔·吉尔伯特等著，黄晨熹，等译．社会福利政策导论［M］．上海：华东理工大学出版社，2003.

［107］［美］乔尔·S. 米格代尔著，李杨，等译．社会中的国家：国家与社会如何相互改变与相互构成［M］．南京：江苏人民出版社，2013.

［108］［美］乔纳森·特纳等著，侯钧生，等译．社会学理论的兴起（第五版）［M］．天津：天津人民出版社，2006.

［109］［美］萨拉蒙著，田凯译．公共服务中的伙伴［M］．北京：商务印书馆，2008.

［110］［美］塞缪尔·P. 亨廷顿著，王冠华，等译．变化社会中的政治秩序［M］．上海：上海世纪出版集团，2008.

［111］［美］斯塔夫里阿诺斯著，吴象婴，等译．全球通史：从史前史到 21 世纪（第 7 版）［M］．北京：北京大学出版社，2005.

［112］［美］W. 理查德·斯科特，等著，高俊山译．组织理论：理性、自然与开放系统的视角［M］．北京：中国人民大学出版社，2011.

［113］［美］威廉·曼彻斯特．广州外国语学院英美问题研究室翻译组等译．光荣与梦想——1932—1972 年美国社会实录［M］．海口：海南出版社，2006.

[114]［美］西达·斯考切波．何俊志译．国家与社会革命：对法国、俄国和中国的比较分析［M］．上海：上海人民出版社，2013.

[115]［美］英格尔斯．殷陆君译．人的现代化——心理·思想·态度·行为［M］．成都：四川人民出版社，1985.

[116]［美］詹姆斯·米奇利．苗正民译．社会发展——社会福利视角下的发展观［M］．上海：格致出版社，2009.

[117]［美］珍妮特·V. 登哈特、罗伯特·B. 登哈特．丁煌译．新公共服务：服务，而不是掌舵［M］．北京：中国人民大学出版社，2010.

[118]［美］詹姆斯·C. 斯科特，王晓毅译．国家的视角——那些试图改善人类状况的项目是如何失败的（修订版）［M］．北京：社会科学文献出版社，2012.

[119]［英］安东尼·吉登斯著，文军等译．社会理论与现代社会学［M］．北京：社会科学文献出版社，2003.

[120]［英］艾伦·迪肯著，周薇等译．福利视角思潮、意识形态及政策争论［M］．上海：上海人民出版社，2011.

[121]［英］贝弗里奇著，劳动和社会保障部社会保险研究所组织翻译．贝弗里奇报告（社会保险和相关服务），［M］．北京：中国劳动社会保障出版社，2004.

[122]［英］弗里德里希·奥古斯特·哈耶克著，王明毅等译．通往奴役之路［M］．北京：中国社会科学出版社，1997.

[123]［英］哈特利·迪安著，岳经纶等译．社会政策学十讲［M］．上海：格致出版社，2009.

[124]［英］马丁·鲍威尔著，钟晓慧译．理解福利混合经济［M］．北京：北京大学出版社，2011.

[125]［英］马歇尔著，陈良壁译．经济学原理（上卷）［M］．北京：商务印书馆，2005.

[126]［英］内维尔·哈里斯等著，李西霞等译．社会保障法［M］．北京：北京大学出版社，2006.

[127]［苏］A. M. 奥马罗夫著，王思斌等译．社会管理［M］．杭

州：浙江人民出版社，1987.

［128］［苏］阿法纳西耶夫著，贾泽西译．社会管理中的人［M］．北京：知识出版社，1983.

中文期刊

［1］陈树强．增权：社会工作理论与实践的新视角［J］．社会学研究，2003（5）：70～83.

［2］陈少强，宋斌文．政府购买社会工作服务初步研究［J］．财政研究，2008（6）：51～54.

［3］陈为雷．政府和非营利组织项目运作机制、策略和逻辑——对政府购买社会工作服务项目的社会学分析［J］．公共管理学报，2014（7）：93～105.

［4］崔正，王勇，魏中龙．政府购买服务与社会组织发展的互动关系研究［J］．中国行政管理，2012，（8）：48～51.

［5］窦玉沛．中国社会福利的改革与发展［J］．社会保障研究（北京），2006（12）：5～9.

［6］代曦．政府购买社会工作服务长效机制建设探析［J］．领导科学，2010（12）：47～48.

［7］代曦．政府购买社工服务的模式选择［J］．今日中国论坛，2011（7）：58～59.

［8］邓国胜．公共服务提供的组织形态及其选择［J］．中国行政管理，2009（9）：125～128.

［9］邓国胜．政府与NGO的关系：改革的方向与路径［J］．中国行政管理，2010（4）：32～35.

［10］丁学娜，李凤琴．福利多元主义的发展研究——基于理论范式视角［J］．中南大学学报（社会科学版），2013（12）：158～164.

［11］范燕宁．政府购买公共服务“双主体”政策背景下社会工作专业机构面临的机遇与挑战［J］．社会工作，2013（5）：14～20.

［12］方舒．论后危机时代中国社会政策的发展条件与目标定位［J］．

开发研究，2015（2）：162～178.

［13］费梅苹．社会转型中政府与社团组织关系研究［J］．华东理工大学学报（社会科学版），2006（3）：12～17.

［14］费梅苹．政府购买社会工作服务中的基层政社关系研究［J］．社会科学，2014（6）：74～83.

［15］顾东辉．社会工作的价值观、冲突及对策［J］．北京科技大学学报（社会科学版），2004（2）：1～4.

［16］顾东辉．政府委托社会组织服务是文明的重要品性［J］．中国社会工作，2013（12上）：46～51.

［17］顾江霞．政府购买服务契约的权力运作逻辑——基于珠三角B市购买社会服务的研究［J］．广东工业大学学报（社会科学版），2013（7）：34～41.

［18］顾平安．推进政府公共服务的合同制管理［J］．理论前沿，2008（9）：25～26.

［19］顾朝曦．以意见为指导 积极稳妥推进购买服务［J］．中国社会组织，2013（10）：1.

［20］关信平．论我国社区服务的福利性及其资源调动途径［J］．中国社会工作，1997（11）：15～19.

［21］郭小聪，聂勇浩．服务购买中的政府－非营利组织关系：分析视角及研究方向［J］．中山大学学报（社会科学版），2013（4）：155～162.

［22］韩俊奎．当前我国非政府组织参与政府购买服务的模式比较［J］．经济社会体制比较，2009（6）：128～134.

［23］韩央迪．从福利多元主义到福利治理：福利改革的路径演化［J］．国外社会科学，2012（3）：42～49.

［24］何增科．国家和社会的协同治理——以地方政府创新为视角［J］．经济社会体制比较，2013（9）：109～116.

［25］何红锋．我国政府采购法律体系的构建和完善［J］．中国政府采购，2010（3）：72～74.

［26］何立军，罗飞．中国社会空心化问题及其治理［J］．中国民政，2015（4）：29～32.

［27］胡薇．政府购买社会组织服务的理论逻辑与制度现实［J］．经济社会体制比较，2012（6）：129～136.

［28］黄家亮，郑杭生．社会资源配置模式变迁与社区服务发展新趋势——基于北京市社区服务实践探索的分析［J］．社会主义研究，2012（3）：70～74.

［29］黄家亮．论社区服务中国家、市场与社会的互构——以北京市96156社区服务模式为例［J］．北京社会科学，2013（3）：41～46.

［30］黄胜伟．我国社会工作职业化发展评析［J］．重庆社会工作职业学院学报，2004（3）：2～5.

［31］贾海薇．政社合作：广东探索共建社会治理新格局［J］．行政管理改革，2014（5）：41～48.

［32］贾西津．"伙伴关系"——英国政府与社会关系的启示［J］．学会，2006（6）：31～34.

［33］贾维周．福利多元主义视角下的城市社区服务［J］．重庆职业技术学院学报，2003（4）：21～24.

［34］姜向群．养老转变论：建立以个人为责任主体的政府帮助的社会化养老方式［J］．人口研究，2007（4）：57～62.

［35］敬乂嘉．从购买服务到合作治理——政社合作的形态与发展［J］．中国行政管理，2014（7）：54～59.

［36］景天魁．社会学必须回答实践提出的新问题［J］．学术界，2014（9）：50～54.

［37］李景鹏．后全能主义时代的公民社会［J］．中国改革，2005（11）：36～37.

［38］李军鹏．政府购买公共服务的学理因由、典型模式与推进策略［J］．改革，2013（12）：17～29.

［39］李慷．关于上海市探索政府购买服务的调查与思考［J］．中国民政，2001（6）：23～25.

［40］李立国．改革社会组织管理制度　激发和释放社会发展活力［J］．求是，2014（10）：20～24.

［41］李立国．创新社会治理体制［J］．求是，2013（24）：14～18.

［42］李龙，夏立安．论结社自由权［J］．法学，1997（12）：5～8.

［43］李培林．我国社会组织体制的改革和未来［J］．社会，2013（3）：1～10.

［44］李强，邓建伟，晓筝．社会变迁与个人发展：生命历程研究的范式与方法［J］．社会学研究，1999（11）：19～28.

［45］李迎生．西方社会工作发展历程及其对我国的启示［J］．学习与探索，2008a（7）：120～127.

［46］李迎生．构建本土化的社会工作理论及其路径［J］．社会科学，2008b（5）：77～80.

［47］李迎生．国家、市场与社会政策：中国社会政策发展历程的反思与前瞻［J］．社会科学，2012（9）：50～64.

［48］李迎生．中国普惠型社会福利制度的模式选择［J］．中国人民大学学报，2014a（5）：53～61.

［49］李迎生．探索社会工作介入社会治理创新的有效路径［J］．社会工作与管理，2014b（5）：23～28.

［50］李迎玖．推进政府购买服务的政府采购管理创新［J］．中国政府采购，2014（4）：39～40.

［51］李友梅．城市基层社会的深层权力秩序［J］．江苏社会科学，2003（6）：62～67.

［52］李友梅．社区治理：公民社会的微观基础［J］．社会，2007（2）：159～169.

［53］林尚立．轴心与外围：共产党的组织网络与中国社会整合［J］．复旦政治学评论，2008（11）：340～348.

［54］刘斌志．政府购买社会工作服务模式探讨——以灾难性突发事件精神救助为例［J］．陕西行政学院学报，2008（8）：6～8.

［55］刘昆．贯彻落实三中全会精神　大力推广政府购买服务［J］．

中国财政，2014（4）：8～14.

［56］刘继同，冯喜良．转型期多元福利实践与整体性福利理论框架［J］．北京大学学报（哲学社会科学版），2005：（5）：129～135.

［57］刘少杰．当代中国社会转型的实质与缺失［J］．学习与探索，2014（9）：33～39.

［58］刘淑琼．依赖与对抗——论福利服务契约委托下政府与民间单位间的关系［J］．社区发展（台湾），1997（80）：23～29.

［59］刘威．解开中国慈善的道德枷锁——从“恻隐之心”到“公共责任”的价值跃迁［J］．中州学刊，2013：（10）：66～71.

［60］刘蔚玮，唐钧．政府购买服务：打破福利服务资金瓶颈的突破口［J］．中国党政干部论坛，2012（1）：39～41.

［61］柳拯．机构社会工作的实现方式［J］．社会福利，2010（3）：11～12.

［62］柳拯．黄胜伟，刘东升．中国社会工作本土化发展现状与前景［J］．广东工业大学学报（社会科学版），2012a（7）：5～16.

［63］柳拯．黄胜伟，刘东升．关于深化我国社会体制改革的几点思考［J］．广东工业大学学报（社会科学版），2012b（9）：5～12.

［64］楼继伟.建立现代财政制度［J］.中国财政,2014(1):10～12.

［65］罗观翠．政府应向谁购买社会工作服务［J］．中国社会导刊，2008（12）：30.

［66］罗观翠．政府购买服务的香港经验和内地发展探讨［J］．学习与实践，2008（9）：125～130.

［67］罗平飞．政府如何购买服务是重中之重［J］．社会与公益，2012（8）：18～20.

［68］马凤芝．社会发展视野下的社会工作［J］．广东社会科学，2014（1）：222～228.

［69］马贵侠，叶士华．政府向社会工作机构购买服务的运作机制、困境及前瞻［J］．广东工业大学学报（社会科学版），2014（1）：49～55.

［70］马海涛，王东伟．完善政府购买公共服务制度的思考［J］．中

国政府采购，2014（4）：12~19.

［71］马俊达，政府购买服务问题研究（上）［J］．中国政府采购，2011（6）：64~66.

［72］马俊达．试析政府购买服务的过程管理——政府购买服务问题研究（下）［J］．中国政府采购，2013a（4）：37~39.

［73］马俊达．关注政府购买服务的社会政策导向［J］．中国政府采购，2013b（10）：27~29.

［74］马俊达．运用社会治理理念　推进政府购买服务［J］．中国民政，2014a（1）：26~28.

［75］马俊达．发挥政府购买服务的资源配置功能［J］．中国政府采购，2014b（2）：72~75.

［76］马俊达．日本非营利组织发展进程（上）［J］．中国社会组织，2014c（4上）：46~47.

［77］马俊达．日本非营利组织发展进程（下）［J］．中国社会组织，2014d（4下）：54~55.

［78］马俊达．刍议民政领域政府和社会资本合作模式［J］．中国民政，2014e（11）：13~15.

［79］民政部社会福利和慈善事业促进司慈善和社会捐助处．社会企业的渊源及中国实践［J］．社会福利，2014（6）：26~27.

［80］彭华民．福利三角——一个社会政策分析的范式［J］．社会学研究，2006a（4）：157~168.

［81］彭华民．福利多元主义：福利提供从国家到多元部门的转型［J］．南开学报（哲学社会科学版），2006b（6）：40~47.

［82］彭浩．借鉴发达国家经验推进政府购买公共服务［J］．财政研究，2010（7）：48~50.

［83］潘屹．社会福利思想和福利制度辨析［J］．社会福利，2014（7）：4~15.

［84］青连斌．当前中国社会稳定的影响因素及其对策［J］．科学社会主义，2012（2）：103~106.

[85] 史柏年．教师领办服务机构：中国社会工作专业化的理性选择[J]．华东理工大学学报（社会科学版），2013（3）：30～35.

[86] 生键红．执政党与非政府组织之间的关系[J]．上海党史与党建，2007（8）：37～39.

[87] 沈新华，马树海．政府购买服务：从“纸面”规定走向“地面”落实[J]．中国社会组织，2015（1下）：12～15.

[88] 宋义武．以项目为抓手力推政府购买服务向纵深发展[J]．中国政府采购，2014（8）：29～31.

[89] 苏明，贾西津，孙洁，韩俊魁．中国政府购买公共服务研究[J]．财政研究，2010（1）：9～17.

[90] 苏学愚．民政事业单位转型为社会工作机构的对策探析[J]．湘潮，2012（5）：53～55.

[91] 孙莹．政府购买社会工作服务政策研究[J]．社会与公益，2012（8）：23.

[92] 唐斌．社会工作机构与政府组织的相互嵌入及其影响[J]．社会工作，2010（7）：9～12.

[93] 唐德龙．政府与第三部门的伙伴关系：基于本土个案的理论分析——以SQ社会工作服务社运作模式为例[J]．北京科技大学学报（社会科学版），2008（12）：25～31.

[94] 童敏．东西方融合：社会工作服务的专业化和本土化[J]．厦门大学学报（哲学社会科学版），2007（4）：121～128.

[95] 童远忠．广深社会工作模式及其优化路径探讨[J]．社会工作与管理，2014（9）：25～30.

[96] 田北海，钟涨宝．社会福利社会化的价值理念——福利多元主义的一个四维分析框架[J]．探索与争鸣，2009（8）：44～49.

[97] 王春光．农村流动人口的“半城市化”问题研究[J]．社会学研究，2006（5）：107～122.

[98] 王建军．论政府与民间组织关系的重构[J]．中国行政管理，2007（6）：54～57.

[99] 王名，乐园．中国民间组织参与公共服务购买的模式分析 [J]．中共浙江省委党校学报，2008 (7)：5～13.

[100] 王思斌．中国社会工作的嵌入性发展 [J]．社会科学战线，2011 (2)：206～222.

[101] 王思斌．中央财政支持社会组织服务意义重大 [J]．中国社会工作，2012a (19)：32.

[102] 王思斌．政府购买服务与加强社会服务评估 [J]．中国社会工作，2012b (22)：36～37.

[103] 王思斌．高校教师领办社会工作服务机构的跨域实践 [J]．江苏社会科学，2013a (5)：114～119.

[104] 王思斌．社会治理体制建设视角下社会工作的发展 [J]．中国社会工作，2013b (12)：58～59.

[105] 王思斌．购买服务还是委托服务 [J]．中国社会工作，2013c (31)：47～48.

[106] 王思斌．政府购买社会服务的多重效果 [J]．中国社会工作，2013d (25)：42.

[107] 王思斌．政府购买社会组织服务中的公平性问题 [J]．中国社会工作，2013e (31)：39.

[108] 王思斌．社会治理结构的进化与社会工作的服务型治理 [J]．北京大学学报（哲学社会科学版），2014a (11)：30～37.

[109] 王思斌．社会服务的结构与社会工作的责任 [J]．东岳论丛，2014b (1)：5～11.

[110] 王思斌．关注政府购买公共服务中的公正性 [J]．《中国社会工作，2014c (4)：59.

[111] 王思斌．政府购买公共服务的有效性和目标偏离 [J]．中国社会工作，2014d (13)：42～43.

[112] 王思斌．政府购买服务中社会工作的主体性 [J]．中国社会工作，2014e (19)：41～42.

[113] 王思斌．政府购买服务中的创新和陷阱 [J]．中国社会工作，

2014f（32）：45～46.

［114］王松．基于共生理论对政府购买服务的实践性反思——以湘川情社会工作服务中心为例［J］．社会工作，2010（4）：30～32.

［115］汪大海，张建伟．福利多元主义视角下社会组织参与养老服务问题——“鹤童模式”的经验与瓶颈［J］．华东经济管理，2013（2）：118～122.

［116］汪鸿波．中国社会工作发展模式综述［J］．社会福利，2013（7）：60～63.

［117］卫小将．土生化：中国社会工作发展路径之构想［J］．中南民族大学学报（人文社会科学版），2014（6）：110～111.

［118］卫小将．中国社会工作发展模式与检视——基于上海、深圳和万载的探索分析［J］．开发研究，2014（10）：77～80.

［119］温颖娜．资源依赖视角中的 NGO 与政府关系——以 Y 机构“一个社工多个婆婆”现象为例［J］．社会工作，2010（7）：4～8.

［120］吴明儒．社区治理模式之探究与政策启示［J］．中国民政，2015（1）：39～42.

［121］夏建中．从街居制到社区制：我国城市社区 30 年的变迁［J］．黑龙江社会科学，2008（5）：14～19.

［122］肖北庚．走向政府采购主导的政府购买公共服务模式［J］．中国政府采购，2014（4）：20～22.

［123］向木杨．政府购买社工服务的“深圳模式”实践［J］．社会工作，2009（8）：11～14.

［124］徐家良，赵挺．政府购买公共服务的现实困境与路径创新：上海的实践［J］．中国行政管理，2013（8）：26～30.

［125］许芸．从政府包办到政府购买——中国社会福利服务供给的新路径［J］．南京社会科学，2009（7）：101～105.

［126］闫伟．对于“政府购买社工服务”模式的构想［J］．社会工作，2007（11）：8～9.

［127］鄢勇兵．机构社会工作发展路径分析——以试点机构为研究对

象［J］．社会福利，2010（7）：20～25.

［128］阳光．我国政府购买公共服务的经验总结与问题分析［J］．中国政府采购，2014（4）：37～38.

［129］易松国．民办社会工作机构的问题与发展路向——以深圳为例［J］．社会工作，2013（5）：21～25.

［130］易志坚，汪晓林，王丛虎．政府购买公共服务的几个基本概念界定［J］．中国政府采购，2104（4）：23～25.

［131］杨君,徐永祥.新社会服务体系:经验反思与路径建构——基于沪深两地政府购买服务的比较研究[J].学习与实践,2014(10):101～107.

［132］余冰，郭伟信．政府购买服务的理论与实践探讨——以广州仁爱社会服务中心的社工服务购买为例［J］．广东工业大学学报（社会科学版），2012（1）：46～50.

［133］虞维华．政府购买公共服务对非营利组织的冲击分析［J］．中共南京市委党校学报，2006（4）：46～51.

［134］于显扬，宋雪飞．社区民间组织发展及其功能解析［J］．江苏行政学院学报，2009（2）：68～72.

［135］岳经纶，郭英慧．社会服务购买中政府与 NGO 关系研究——福利多元主义视角［J］．东岳论丛，2013（7）：5～14.

［136］岳经纶，谢菲．政府向社会组织购买社会服务研究［J］．广东社会科学，2013（6）：182～188.

［137］詹成付．关于社区建设的几个问题［J］．中国非营利组织评论，2009（11）：121～140.

［138］张和清，杨锡聪，古学斌．优势视角下的农村社会工作——以能力建设和资产建立为核心的农村社会工作实践模式［J］．社会学研究，2008（6）：174～193.

［139］张林江．社会福利制度演进的内在逻辑［J］．中共中央党校学报，2013（8）：91～95.

［140］张秀兰，徐月宾．我国社会福利社会化的目标及途径探讨［J］．江苏社会科学，2006（2）：42～48.

［141］张兴杰，肖小霞，张开云．政府购买社会工作服务——实践检视与未来政策走向［J］．浙江学刊，2013（5）：198～203.

［142］张学东．社会工作承运中政府与机构的契约关系及重构［J］．社会工作，2014（3）：3～9.

［143］张耀华．深圳社会工作模式生成的制度同构理论分析［J］．社会工作，2011（11）：54～57.

［144］甄炳亮．关于发展社会服务的几个问题——试探新时期民政工作的发展方向［J］．中国民政，2011（6）：7～10.

［145］朱眉华．政府购买服务——一项社会福利制度的创新［J］．社会工作，2004（8）：8～11.

［146］朱希峰．政府购买社工服务从“四性”向“四化”转变［J］．社会工作（实务），2007（11）：17～19.

［147］周俊．政府购买公共服务的风险及其防范［J］．中国行政管理，2010（6）：7～8.

［148］周雪光．社会建设之我见：趋势、挑战与契机［J］．社会，2013（3）：11－17.

［149］周学荣．英国公共服务改革及其启示［J］．国家行政学院学报，2010（12）：34～39.

［150］周悦，崔炜．浅析中西社会福利文化的特点和培育传承［J］．福利中国，2014（1）：28～30.

［151］赵一红．政府购买社会工作服务模式分析［J］．社会工作，2012（4）：44～48.

［152］郑赞源．既竞争又合作、既依赖又自主：社会福利民营化过程中政府与民间非营利组织之角色与定位［J］．社区发展（台湾），1997（80）：67～75.

［153］朱健刚，陈安娜．嵌入中的专业社会工作与街区权力关系——对一个政府购买服务项目的个案分析［J］．社会学研究，2013（1）：43～64.

［154］朱健刚，陈安娜．社工机构的NGO化：专业化的另一条思路［J］．华东理工大学学报（社会科学版），2014（1）：28～36.

[155] [美] IdaPruitt 著．谷晓阳等译．北平协和医院社会服务部 1927～1929 年度报告 [J]．社会福利，2014 (5)：2～16.

论文集

[1] 杜维明．多样现代性：东亚现代性涵义初步探讨 [M] // [美] 塞缪尔·亨廷顿．文化的重要作用：价值观如何影响人类．北京：新华出版社，2010：314～315.

[2] 罗观翠．香港的非政府组织：社会角色与未来展望 [M] //中国文化大学社会福利学系．社会福利策划与管理．台北：扬智文化事业股份有限公司，2002：401～413.

[3] 潘建雷．简论传统中国社会服务的伦理基础与组织载体 [M] //李兵．社会服务研究．北京：知识产权出版社，2012：33～46.

[4] 全汉昇．中国行会的起源 [M] //李培林．中国社会学经典导读（下册）．北京：社会科学文献出版社，2009：970～975.

[5] 吴缚龙. 退离全能社会:建设中的中国城市化[M]//[美]张伟庭，等. 城市读本(中文版). 北京:中国建筑工业出版社,2013:611～615.

[6] 王思斌．中国社会福利的内卷化及发展 [M] //王思斌．中国社会工作研究（第八辑）．北京：社会科学文献出版社，2012：1～39.

[7] 吴水丽．发展福利产业的前提和议题——以香港的经验为例 [M] //中国文化大学社会福利学系．社会福利策划与管理．台北：扬智文化事业股份有限公司，2002：331～341.

[8] 熊跃根．经济不安全和全球化背景下变迁的中国福利体制：政策与实践 [M] //王卓祺．东亚国家和地区福利制度：全球化、文化与政府角色．北京：中国社会出版社，2011：261～270.

[9] 许纪霖．启蒙如何虽死犹生? [M] //秦晓．当代中国问题：现代化还是现代性．北京：社会科学文献出版社．2009：154～158.

[10] 袁方．民政工作与社会学 [M] //中国民政理论与社会福利研究会．民政和社会保障文选（一九八五年卷）．内部发行，1986：13～17.

[11] 朱传一．包护服务——具有中国特色的社区服务 [M] //张蕴

岭．北欧社会福利制度及中国社会保障制度的改革．北京：经济科学出版社，1993：217～222.

［12］朱健刚．政府与 NGO 之间的关系转：对三个组织案例的研究［M］//王思斌．中国社会工作研究（第八辑）．北京：社会科学文献出版社，2012：240～242，

［13］［英］艾伦·沃克．社会质量取向：连接亚洲与欧洲的桥梁［M］//张海东．社会质量研究：理论、方法与经验．北京：社会科学文献出版社，2011：129～132.

［14］［美］金斯利·戴维斯．人口城市化［M］//［美］张伟庭，等．城市读本（中文版）．北京：中国建筑工业出版社．2013：20～24.

外文原著

［1］Bartlett，W. & LeGrand. Quasi－markets and Social Policy［M］. London：Palgrave Macmillan，1993.

［2］Don，Eberly. The Essential Civil Society Reader［M］. Maryland：Rowman & Little field Publishers，2000.

［3］Frederic G，Reamer. Social Work Values and Ethics（3rd edition）［M］. NewYork：Columbia University Press，2005.

［4］Benjamin，Gidron. Ralph M，Kramer & Lester M，Salamon，Government and the Third Sector：Emerging Relationships in Welfare States，San Francisco，Jossey－Bass Publishers，1992.

［5］Ivar Lφdemel. The Welfare Paradox：Income maintenance and Personal Social Service in Norway and Britain，1946～1966，Oslo，Scandinavian University Press，1997.

［6］Johnson，N. The Welfare State in Transition：The Theory and Practice of Welfare Pluralism，Brighton，Wheatsheaf Books，1987.

［7］Kenneth R，Wedel. ArthurJ，Katz，Ann Weick，Social Services by Government Contract，NewYork，Praeger Publishers，1979.

［8］Means，R，& Smith，R. Community Care：Policy and Practice

(2ed), London, Macmillan Press, 1998.

[9] O' Brien, Martin. Sue Penna, Theorising Welfare: Enlightenment and Modern Society, London, SAGE Publications, 1998.

[10] Petter, M & Kettner. Lawence L Martin, Purchase of Service Contracting, California , SAGE Publications, 1987.

[11] Rose, R, & R, Shiratori. The Welfare State East and West, Oxford, Oxford University Press, 1986.

[12] Smith, Steven, R & Lipsky, Michae, Nonprofits for Hire: The Welfare State in the Age of Contracting, Cambridge, Harvard University Press, 1993.

[13] Titmuss, R. M. The Gift Relationship: from Human Blood to Social Policy, London, George Allen and Unwin, 1957.

外文期刊及论文

[1] Baginda, A, M, Enhancing the Roles of NGOs and Strengthening Government - NGO Cooperation in Social Development. In the context of poverty eradication and provsion of basic social services, Papers presented at the meeting of the 27th Asia and Pacific Regional Conference of ICSW, Jakarta, 1997, 20 ~ 28.

[2] Wedel, Kenneth Richard, Government Contracting for Social Services: Purchase of Service in States' Public Assistance Program, University of Pittsburgh , Ph, D,, 1973. 1 ~ 49.

[3] Erving Goffman, The Nature of Deference and Demeanor, American Anthropologist, Vol. 58, 1956, 473 ~ 502.

[4] Evers, A, Shifts in the Welfare Mix. : Introducing a New Approach for the Study of Transformations in Welfare and Social Policy, In Evers, A, &H, Wintersberger. Shifts in the Welfare Mix, 1988, 25 ~ 32.

[5] Hansmann, Henry . The Evolving Law of Nonprofit Organizations: Do Current Trends Make Good Policy?, Case Western Law Review, Vol. 39, 1989, 807 ~ 814.

[6] Kendall, J, & Knapp, M, Providers of Care for Older People: The Experience of Community Care, in M, Harris & C, Rochester, Voluntary Organisations and Social Policy in Britain, Hanpshire, Palgrave, 2001, 108 ~ 123.

[7] Najam, ADIL, The Four – C's of Third Sector – government Relations. Cooperations, Confrontation, Complementarity, and Cooperation, Nonprofit Management & Leadership, 10 (4), 2000, 375 ~ 396.

[8] O'Connel, B, A Major Transfer of government Responsibility to Voluntary Organizations? Proceed with Caution, Public Administration Review, 56 (3), 1994, 222 ~ 225.

[9] Salamon, M, S, Partners in Public Services: The Scope and Theory of Government – Nonprofit Relations, In Walter, W, Powell, The Nonprofit Sector. A Research Handbook, New Heaven, Yale University Press, 1987, 99 ~ 117.

[10] Smith, Steven, R, The Changing Politics of Child Welfare Service: New roles for the government and the nonprofit sectors, Child Welfare LXVIII (3), 1989, 289 ~ 299.

[11] Titmuss, R. M., The Social Division of Welfare. Some Reflections on the Search for Equity, in Essays on the Welfare State (2nd). London. George Allen and Unwin, 1955, 103 ~ 105.

[12] Young, Dennis R, Alternative Modles of Government – Nonprofit Sector Relations. Theoretical and International Perspectives, Nonprofit and Voluntary Sector Quarterly, 29 (1), 2000, 149 ~ 172.

其他文献（含电子出版物）

[1] 潘维. 政治常识：世界各国政府的社会谱系（下），北京大学中国与世界研究中心研究报告，2013 年第 3 期（总第 69 号）.

[2] 张时飞. 战略购买、块状运作、伙伴关系——政府购买社会工作服务体制机制研究，民政部人事司（社会工作司）2009 年委托课题研究报告（内部资料）.

［3］民政部民间组织管理局赴丹麦考察报告（2013）（内部资料）.

［4］中华人民共和国统计年鉴（2014）.

［5］中国民政统计年鉴（2014）.

［6］广东统计年鉴（2014）.

［7］欧盟政府采购网站 Public Procurement Guidelines — Competitive Process http：//www. etenders. gov. ie.

［8］英国全国志愿组织联合会公民社会年鉴（NCVOUK Civil Society Almanac）. http：//data. ncvo. org. uk/category/almanac/voluntary ~ sector/big – picture.

［9］香港社会福利署 2011 年报 www. swd. gov. hk/doc ____ sc/annreport/SWD ____ Review ____ 2009 – 10 ____ and ____ 2010 – 11 ____ txt. pdf.

后 记

这本基于博士论文的专著是对近年来个人学业的一个回应和交代。高分子材料与工程专业本科毕业、放弃保送工学研究生资格后，我转攻考入南开大学法学院经济法专业的法学硕士。研究方向除了公司法、证券法、金融法、房地产法外，重点跟随何红锋教授研究政府采购法，侧重在经济政策方面作一些思考、探索和积淀。2006 年，拿到司法考试资格证书、通过政府采购议题的硕士论文答辩后，在毕业季“阴差阳错”却也“生逢其时”地入职民政部，进入全新而陌生的社会政策领域，参与和见证了我国社会工作制度建设及非营利组织的发展。

民政就是中国的社会工作。而对于社会学、社会政策、社会工作方面的专业理念和知识，坦白地说，报到上班第一天时一无所知，错误地认为自己曾从事的学生干部工作就是社会工作；但当天就得参与文件起草与讨论，必须在学中干、干中学，干一行、钻一行。因此，羞于也耻于“非专业出身”“外行领导内行”，渴望成为“行家里手”“又红又专”，宽视野跨学科的苦读研习成为必由之路。2011 年，承蒙李迎生教授不弃，考取进入中国人民大学社会学系，成为一名博士生，开始了一段对社会工作、社会政策、社会学相关理论较为系统和用心的研习。记得当年报考填交相关表格，涉及今后研究意愿的栏目时，就结合业务工作需要和以前专业基础，填写了拟研究政府购买社会工作服务的想法。到了完成课程学习与综合考试，进入开题阶段，这个想法得到了导师的理解与支持，并按照学术研究的方法和规则，明确为政府购买非营利组织社会服务议题，聚焦在对地方政府购买民办社工机构社会服务的案例研究上。

关于政府购买非营利组织社会服务尤其是社会工作服务购买的议题，耳濡目染了好几年，也较早地从2007年开始，写了些豆腐块文章。但正儿八经开始研究，还是在2013年博士论文开题之后，经过导师多个场合、多个节点的指引，逐步明确了理论范式、框架和思路后，更加有针对性地按图索骥，读完一些书和文章之后，利用年休假去地方深入调研，掌握到了一些以前走官样文章调研所不曾了解到的情况，并收获了很多友谊。尤其难忘深山阴雨连绵天、夏日炎炎城中村的日子里，与年轻社工们近距离接触，与乡民居民们面对面喝茶话家常，让我感受到了埋头于职场办公室不曾体会到的温馨感与真实感，更加体会到社会工作及社会服务所闪耀的专业精神和人性光芒。而这种温暖，更加激励着愚笨和慵懒的我，在尽职履责做好本职工作之余，真诚地、竭尽全力用自己粗浅的语言在博士论文中去描述这种感受、体会及一些浅薄和稚嫩的观点，也正是这种温暖让自己面对着无形的压力、行将的崩溃、庞杂的数据、先后40万码字的一次次自我推翻与大删大改，虽着急上火、一宿宿通宵熬夜、先后拔了两颗牙，但不曾犹豫和放弃，沉下心来利用两个春节等节假日及双休日、下班之后的时间闭关于办公室并夜踱于单位庭院之中，最终形成这30万余字的定稿（正文24万字）。在此过程中，诸位师长的关怀、督促、指正，给予了我不敢懈怠的动力，以及对完美的追求、对学问与科学的敬畏。

若按传统套路，在著述的最后拉上致谢名单的话，那么，这篇短短的后记将会成为新的一章。这些年，对于个人来说，学业与工作、生活及社交融为一体，无论天南海北还是车上飞机上，无论教室还是办公室、会议室乃至餐厅饭桌、门前屋后，都是个人求教和修身的课堂。三人行必有我师。老师、领导和同事、同学、同门给予我的关怀、教导、指导及包容与批评，如父辈，如兄长，如诤友，体现在方方面面。中国人民大学郑杭生先生开创的社会运行学派，及旗下诸位教授的言传身教、严格要求，让我领略到什么叫“学高为师、身正为范”，并对“实事求是”校训有了新的领会。并肩致力中国社会工作发展的诸多高校院所的专家们及社工机构的同人们更是手把手地指引我由一个门外汉变成了准社工。供职单位风清气正、学风浓郁、充满友爱，鼓励干部学习，政策理论研究高手如云，领导和同事们在百忙之中亦眷顾于我，即便驻足于楼道里的几句交流、叮咛与关切，对我便是点拨与鼓励。整理出书阶段，中国社会出版社诸位编辑的严谨细致工作，更显示出他们在中国社会建设与治理领域出版界的权威性和专业性，使得学术著作更加具有可读性。至于在开题、调研、撰写、3%以下文字重复率的查重、预答辩、盲评、答辩及多方讨教、征求意见过程中，电话、电邮、即时通信、当面麻烦的人士，更不止百人。你们睿智的面容和鼓励的眼神在我脑海一一浮现，你们的名字在我心中默默记诵；你们的著述和言论多次有意识地在正文中引用，并以此种方式致以敬意。感谢你们（包括盲审严厉的五位匿名评审专家），正因为你们，正因为有您，让我更加懂得感恩和对当下的珍惜、对未来的珍重。

圆满是种理想状态，孜孜不倦方是常态。博士论文撰写及翻来覆去修改的过程，是除却狷狂、静拾初心的过程，是痛苦思考、绝望之时又破茧而出的过程，更是认识观和方法论不断跃进的过程，有艰辛，有收获，有长进，更有遗憾和不足。最大的遗憾，是在短暂几年里，没有非常努力地跟随社会学（社会政策、社会工作）界的师长们，进行全面扎实的学术训练，尤其在社会学研究的方法论上开窍晚，所得所悟仍是皮毛，离“文章不写半句空”的要求亦有差距。相应地，博士论文完成之后，还需理论联系实际，扎根现实社会，继续深化研究，提高外语水平，更多地去读应读的书，思考应思考的问题。诚如傅斯年所言，“一天只有21小时，剩下3小时是用来沉思的”。在这方面，更需向师长、领导及周边先进、同龄人学习，进一步清除急功近利的“快文化”流弊，静下心来读书和做事，在“诚”“勤”“精”“实”“博”等方面多下功夫，多点书香味，少些书生气，进一步锤炼好“士”的品行与作风。

幸运的是，除了学习、工作与生活的大家庭给了自己良好环境之外，青灯夜读之下有人相伴。这么多年来，家人亲朋对我学业及工作支持背后的辛酸、包容与牺牲，使我更加体会到责任与担当的重要性，更加认识到对涉及每个家庭每个国人切身实际的社会服务、社会福祉政策议题的诚挚追求和身体力行，可能是履行对家对国责任担当的一种很好表现方式。

桃李春风一杯酒，江湖夜雨十年灯。对个人而言，学习如同画圆，圆越大、知越多，接触的未知领域也就越广；博士毕业及学位的取得，仅是追求学问与修身、追崇科学与真理的新的开始，在性质上与小学毕业并无大异。何况，本书还有精进的空间与必要，诚恳期待各方“拍砖”与赐教。带着兴趣与担当在社会的大学堂里谦虚前行，未来的漫漫路还需继续埋头走，未尽的研究与修炼也需在师长、领导和诸位同仁的指点与帮助下，进一步深化与精进。

学为用，尚需习。是为记。

2015 年 11 月 16 日

于东华门北河沿大街 147 号院

电子邮箱：mjd18291@126. com